AF723209

© Penguin Random House/Amanda Dahms

Chris Paul ist Soziale Verhaltenswissenschaftlerin und Heilpraktikerin für Psychotherapie mit dem Schwerpunkt Trauerberatung. Als Trainerin, Fachautorin und viel gefragte Referentin setzt sie sich seit über 20 Jahren für die angemessene Begleitung trauernder Menschen ein. Ihre Bücher sind Standardwerke, und sie gilt über Fachkreise hinaus als eine der renommiertesten Trauerexpertinnen Deutschlands. In ihrem eigenen Trauerinstitut in Bonn bietet sie Langzeitfortbildungen an. Mit szenischen und musikalischen Vorträgen engagiert sie sich für ihren Leitspruch: »Trauern ist die Lösung, nicht das Problem!«

www.chrispaul.de

Fortbildung und Beratung

Vorträge, Inhouseschulungen und Weiterbildungen zur Konstruktiven Schuldbearbeitung »Schuld Macht Sinn« durch das Team der schuld*werker*innen: https://chrispaul.de/schuld/

Chris Paul

Schuld | Macht | Sinn

Arbeitsbuch für die Begleitung von Schuldfragen im Trauerprozess

Der Verlag behält sich die Verwertung des urheberrechtlich geschützten Inhalts dieses Werkes für Zwecke des Text- und Data-Minings nach § 44b UrhG ausdrücklich vor. Jegliche unbefugte Nutzung ist hiermit ausgeschlossen.

MIX
Papier | Fördert gute Waldnutzung
FSC® C014496

Penguin Random House Verlagsgruppe FSC® N001967

8. Auflage, 2026
Copyright © 2010 Gütersloher Verlagshaus, Gütersloh,
in der Penguin Random House Verlagsgruppe GmbH,
Neumarkter Straße 28, 81673 München
produktsicherheit@penguinrandomhouse.de
(Vorstehende Angaben sind zugleich
Pflichtinformationen nach GPSR.)

Umschlagmotiv: Martina Markmeier, Gütersloh
Druck und Bindung: GGP Media GmbH, Pößneck
Printed in Germany
ISBN 978-3-579-06833-6
www.gtvh.de

Inhalt

Vorwort

»Schuldgefühle« belasten, können jahrelang auf der Seele liegen und haben oft selbstzerstörerische Kraft. Mitarbeitende in Krisenintervention, Notfallseelsorge und Trauerbegleitung waren deshalb lange bemüht, Schuldgefühle möglichst schnell und nachhaltig zu entmächtigen und zu beseitigen. Es sollte Licht in das kasteiende Dunkel der Selbstbezichtigungen, Anklagen und Vorwürfe gelangen. Kaum ein plötzlicher Todesfall, der liebende Menschen zurücklässt, in denen diese Zuweisungen nicht auftreten.
Chris Paul hat die Farbskala der Schuldwahrnehmung neu sortiert. Zum finsteren, blockierten Raum der Schuld und Schuldvorwürfe wurde die Tür geöffnet.

»Schuld macht Sinn« – dieser Satz gehört nun zur Grundausbildung für alle, die trauernde Menschen begleiten. Jede Schuldkonstruktion erwächst aus einer sehr individuellen, mit dem bisherigen Leben in enger Verbindung stehenden Weltsicht, die Fragen nach Sinn und Gerechtigkeit aufwirft. Schuldvorwürfe und Anklagen sind allzu oft der Preis einer intensiven, fortdauernden Liebe nach dem Tod eines Menschen, mit dem man das eigene Leben geteilt hat. Solche beraubte Liebe stellt die Frage nach Schuld, Macht und Sinn. Es gilt, diese Zuweisungen wahrzunehmen und zu respektieren – und sie auszuhalten.

Präzise, einfühlsam, anschaulich und geschöpft aus jahrelangen Erfahrungen in der Trauerbegleitung hat Chris Paul ihre neue Perspektive auf die Schuldwahrnehmung entwickelt. Diese Sicht in den geöffneten Raum der lebendigen, in allen Farben sich entwickelnden Gefühle, Sinnstiftungen und Bedürfnisse in der menschlichen Trauer erschöpft sich nicht in der akkuraten Beschreibung von Schuldkonstruktionen. Dieses Buch ist eine Sehhilfe – und zugleich eine Gehhilfe: Hinweise für die Praxis ermöglichen einen neuen Umgang mit der Schuldwahrnehmung, eine Haltung des Respekts und der Bereitschaft zur Annahme des Menschlichen. Dieses Buch kann helfen. Wer trauernde Menschen begleiten will, muss es vorher lesen. Es ist tatsächlich ein Arbeitsbuch.

Dr. Uwe Rieske
(Landespfarrer für Notfallseelsorge im Rheinland)

Vorwort

Die Zeit hat mir gezeigt, dass das vorliegende Buch ein »Arbeitsbuch« ist – weit mehr, als ich gedacht hatte. Viele Rückmeldungen beschreiben, dass Lesende davon profitieren, wenn sie es in Etappen lesen. Ein Buch mit dem Titel »Schuld Macht Sinn« kann keine einfachen Lösungen anbieten, sondern fordert zum Zweifeln, Umdenken und Hinterfragen auf. Die Themen Verzeihen und Versöhnen kommen mit Bedacht erst im letzten Drittel zu Wort, denn sie sind meiner Ansicht nach nicht die einzige Antwort auf einen Schuldvorwurf. »Konstruktive Schuldbearbeitung« habe ich die hier aufgeführten Beobachtungen und Vorschläge zusammenfassend genannt. »Konstruktiv« im Sinne von positiv unterstützend, aber auch als Hinweis darauf, dass alles, was wir denken, eine Konstruktion ist, etwas Gebautes und Zusammengesetztes, das mit einem anderen Bauplan auch eine andere Form haben könnte.

Mit großer Freude sehe ich auf die letzten zehn Jahre zurück, in denen dieses Buch mit den darin vertretenen Sichtweisen viele Menschen bereichert und angeregt hat. Fortbildungsreihen und eine Vortragsperformance sind entstanden. Zwei KollegInnen unterstützen mich inzwischen bei Vorträgen und Schulungen zum Thema »Konstruktive Schuldbearbeitung«; wir denken, konstruieren und verstehen zusammen immer besser, was Schuldzuweisungen bewirken, welche Alternativen es dazu gibt und wie wir das Trauernden ebenso wie ihren BeraterInnen vermitteln können. Aus dem niederdrückenden Koloss »Schuld« ist so für mich etwas geworden, das Kreativität und Begegnung hervorbringt. Mein Dank gilt wie immer den MitarbeiterInnen des Gütersloher Verlagshaus und meiner Frau Ida-Maria alias Clownin Aphrodite. Hinzugekommen sind Dr. Tanja M. Brinkmann und Jan Möllers, die mich als Teil der »schuld*werker*innen« inspirieren und wichtige Beiträge leisten.

Chris Paul, im Januar 2019

Einführung

Dieses Buch hat eine lange Reifungs- und Entstehungszeit hinter sich. Den Anstoß für diesen Prozess gab ein Vortrag, den ich 2002 auf der Jahrestagung des Vereins »Angehörige um Suizid (AGUS) e.V.« gehalten habe. Darin heißt es: »Es gibt einen therapeutischen Grundsatz, der besagt, dass alles Verhalten, Denken und Fühlen – egal wie seltsam oder schmerzhaft es uns erscheinen mag – einen Sinn für uns erfüllt und eine Funktion in unserem Leben übernimmt. Welchen Sinn und welche Funktion können Schuldgefühle in einem Trauerprozess haben, das war die Frage, die ich mir stellte.«

Damals glaubte ich noch, dass Schuldzuweisungen typisch für Trauerprozesse nach einem Suizid seien und für andere Trauernde keine Rolle spielen würden. Das änderte sich zwei Jahre später als ich gebeten wurde, eine Unterrichtseinheit in einem Palliative Care Kurs zu übernehmen. Mein Büro lag damals neben den Unterrichtsräumen des PalliativZentrum Bonn, ein Referent war plötzlich erkrankt und die VeranstalterInnen baten mich einzuspringen. Ich übernahm den Unterricht und bot an, meine Überlegungen zum Thema ›Schuld‹ vorzutragen. Zu meiner großen Überraschung waren die Teilnehmenden begeistert und berichteten, dass Schuldzuweisungen ein alltägliches und sehr belastendes Thema auf Palliativstationen und in Hospizen sei. Gleichzeitig besuchte ich eine Fortbildung zur Trauma-Arbeit und hörte immer wieder, dass Trauma und Schuld so etwas wie siamesische Zwillinge seien. Mir wurde klar, dass Schuld keineswegs nur das Thema einer kleinen Gruppe von Trauernden nach Suizid war, sondern vielmehr ein Lebensthema für viele unterschiedliche Menschen. Ich begann, das Thema Schuld regelmäßig in Pallitiv Care Kursen zu unterrichten. Auch in den von mir geleiteten Qualifizierungen zur Trauerbegleitung gab ich dem Thema mehr Raum und entwickelte eine mehrtägige Fortbildung, die ich für verschiedene Träger in Deutschland und Österreich unterrichtete. 2005 stellte ich das Konzept auf der International Conference on Grieve and Bereavement on Contemporary Society in London vor und bekam von KollegInnen aus verschiedensten Ländern positive Rückmeldungen darauf. Voller Elan entwarf ich danach ein Buchkonzept.

Doch ich kann nicht »nebenbei« schreiben und erst 2009 hatte ich die richtige Zeit und den richtigen Ort gefunden, um dieses Buch zu Papier zu bringen. Alle Diskussionen und Erfahrungen mit KlientInnen, KursteilnehmerInnen und KollegInnen verdichteten sich. In den Freiräumen, die ich mir geschaffen hatte, kamen noch einmal wichtige neue Erkenntnisse hinzu. Entstanden ist nun dieses Buch, das sich als Arbeitsbuch in erster Linie an TrauerbegleiterInnen richtet. Für mich und die Menschen, die ich fortbilde, ist Trauerbegleitung eine qualifizierte Beratungstätigkeit. Einige der methodischen Vorschläge, die ich im Mittelteil des Buches mache, erfordern daher eine therapeutische oder beraterische Grundausbildung. Andere sind auch im qualifizierten Ehrenamt umsetzbar. Auch KollegInnen aus allen beratenden, seelsorgerischen und therapeutischen Berufen können sicherlich von den hier vorgestellten Ideen profitieren.

Ist dieses Buch für Betroffene geeignet?

Darauf gibt es zwei Antworten. Die erste heißt: dies ist kein Selbsthilfebuch wie »Warum hast du uns das angetan? (Paul, 2006)«. Für Trauernde, die unter ihren Schuldzuweisungen leiden, wird vor allem der erste, eher theoretische Teil gewinnbringend sein, um zu einem neuen Verständnis ihrer Schuldzuweisungen zu gelangen. Der mittlere Teil wird für Trauernde am ehesten in den Fallbeispielen Möglichkeiten zur Identifikation bieten. Von den abschließenden drei Kapiteln werden die zu Trauer nach Suizid und Kindertrauer nützliche Hinweise enthalten.

Die zweite Antwort heißt: Wir sind alle Betroffene.

Schuldzusammenhänge durchdringen unseren Alltag in Beruf und auch im Privatleben. Die Auseinandersetzung mit Schuldfragen von KlientInnen oder KollegInnen setzt eine Beschäftigung mit den eigenen Schuldkonstrukten in Gang. Deshalb weise ich innerhalb dieses Buches immer wieder auf drei Grundhaltungen hin, die mir im Lauf der Jahre zur Bedingung aller beratenden Arbeit geworden sind.

Dieses Buch hat drei große Abschnitte. In den ersten vier Kapiteln werden die gedanklichen Zusammenhänge und Hintergründe dargelegt, die dem Rest des Buches zugrunde liegen. Die Begriffe Schuldkonstrukt, Schuldmechanismus, Schuldzusammenhang und vagabundierende Schuld, und vor allem die Unterscheidung zwischen Instrumentellen und Normativen Schuldvorwürfen werden hier erläutert. Die umfangreichen Kapitel 5 bis 7 zeigen detaillierte Arbeitsmöglichkeiten mit Schuldfragen von trauernden Menschen auf. Auch Überlegungen zu den heiklen und wichtigen Themen Verzeihen und Versöhnen finden hier ihren Platz.

In den abschließenden Kapiteln gehe ich ausführlich auf Schuldzuweisungen bei Suizidtrauernden, im palliativen Kontext und bei Kindern ein. Hier werden noch einmal Beobachtungen und praktische Hinweise zusammengebracht.

Dieses Buch ist im besten Sinne ein empirisches Buch. Es ist entstanden durch Beobachtung, Zuhören, Ausprobieren und gedankliche Verknüpfung des Erlebten und Beobachteten.

Mein Dank gilt zuallererst allen trauernden Menschen, die mir in den vergangenen Jahren ihr Vertrauen geschenkt haben. Schuldzusammenhänge schaffen starke Scham und diese erschwert den direkten und ehrlichen Austausch. Trotzdem ist es vielen Trauernden gelungen, mir in die Augen zu sehen, ihr Gesicht zu zeigen und sich anzuvertrauen. Das ist ein sehr beglückendes Erlebnis, und vielleicht der wichtigste Gewinn aus dieser Arbeit. Alle Fallbeispiele habe ich anonymisiert und verfremdet. Meine KursteilnehmerInnen haben mir mit ihren kritischen Nachfragen ebenso wie mit ihren positiven Rückmeldungen sehr weitergeholfen. Verschiedene KollegInnen haben mir mit Literaturhinweisen Anregungen gegeben. Besonderer Dank gilt Dami Charf für ihre Hinweise. Sie hat ebenso wie Elisabeth Brockmann, Martina Burkat-Paul, Conny Kehrbaum und Peggy Steinhauser frühe Versionen dieses Buches gelesen und mir mit ihren Kommentaren Ermutigung gegeben. Jackie Gayard war ein rettender Engel, als ich einen brauchte. Meinem Lektor Diedrich Steen danke ich für Diskussionsbereitschaft und die Entdeckung des Lobes.

Meiner Partnerin Ida-Maria Paul danke ich für ein Zusammenleben, das über weite Strecken ein »Raum ohne Strafe« ist, was mich heilt und hält.

Informationen über Fortbildungen und Vorträge zum Thema finden Sie unter www.chrispaul.de und www.trauerinstitut.de.

Chris Paul — Bonn, im Mai 2010

1. Schuld als Deutungsmuster verstehen

Vor vielen Jahren bekam ich eine Spieluhr geschenkt. Auf einer runden Platte stehen drei Holzfiguren, in der Mitte über ihnen schwebt ein Drachen, der an einem Stab befestigt ist. Der Mechanismus kann unter der Spieldose aufgezogen werden, aber damit er in Gang kommt, muss ein kleiner Holzspan gezogen werden. Dann beginnt sich die Scheibe zu bewegen, und die Holzfigürchen drehen sich um die eigene Achse, jeweils eine volle Drehung vor und zurück und vor und zurück.

Diese Spieluhr kam mir in den Sinn, als ich nach einem Bild suchte für Schuld, wie ich sie inzwischen verstehe. Ich habe auch an Geisterbahnen gedacht, an Kettenkarussells und Achterbahnen. Oder an eine Wasserturbine, die ich in einem Industriemuseum besichtigt habe. Diese Wasserturbine war schon lange stillgelegt, sie bestand aus schweren Maschinen, die eindrucksvoll, aber rätselhaft waren.

Für viele Menschen und AutorInnen ist Schuld etwas wie diese Maschine: unbewegt und eindeutig. Sie stehen vor dem Thema Schuld wie vor einer stillgelegten Maschinerie, beeindruckt von ihrer Masse, aber ohne Einblick in das, was sie bewirken kann. Doch Schuld ist meiner Ansicht nach viel besser zu verstehen, wenn wir sie als einen Mechanismus begreifen, als etwas, was geschieht und dabei etwas bewirkt. Denn – Schuld ist ein produzierender Mechanismus, Schuld erzeugt, verbraucht und bewegt.

Zurück zu meiner Spieldose. Sie ist ein gutes Bild dafür, wie uns Schuldmechanismen oft in Trauerprozessen begegnen. Da bewegt sich etwas, aber es sieht nicht aus wie eine kraftvolle Maschinerie. Vielmehr sehen wir ein nicht endendes Drehen um die eigene Achse, vor und zurück und vor und zurück. Eine Verhaltenssequenz wird von vorn bis zum Ende abgespult, ohne dass etwas erkennbar vorwärtsgeht. Es bleibt scheinbar nur die immerwährende Wiederholung des eingespielten Programms. Diese Erfahrung hat mich – wie viele KollegInnen – lange ratlos gemacht. Gleichzeitig hat sie mich neugierig gemacht und angeregt, genauer hinzusehen. Eine Art von innerer Forschungsreise begann. Im Lauf dieser Forschungsreise habe ich meine Ratlosigkeit weitgehend hinter mir lassen können und Schuld anders verstehen gelernt. Damit ist auch meine Reaktion auf geäußerte Schuld eine andere geworden. Ich lade Sie ein, meine Reise nachzuvollziehen, und hoffe, dass Sie genauso davon profitieren werden wie ich.

Am Ausgangspunkt steht die Beschäftigung mit zwei Grundannahmen zum Thema Schuld, die weit verbreitet sind.

Die Vorstellung von der realen Schuld

Es gibt eine Grundannahme zum Thema Schuld, die mir bei allen GesprächspartnerInnen und AutorInnen begegnet ist. Sie lautet: *Schuld existiert tatsächlich*.

Alle sind überzeugt davon, dass es etwas gibt, was wir ohne jeden Zweifel als Schuld erkennen. Wir sprechen von »schuldig sein« und »Schuld haben«, als sei Schuld etwas wie ein unverwechselbares Persönlichkeitsmerkmal. Etwas Eindeutiges, das jemand hat/ist oder nicht.

Es gibt viele verschiedene Definitionen für das, was als »Schuld« bezeichnet wird. Manche gehen von einem bestimmten Verhalten aus, andere von Einstellungen und Gedanken, die dazu führen, dass ein Mensch »Schuld auf sich lädt«.

Wieder andere gehen so weit, eine »Urschuld« anzunehmen, mit der jeder Mensch zur Welt kommt. Gleichzeitig existieren komplizierte Verfahren, um die Schuld oder Unschuld eines Menschen im juristischen Bereich festzustellen. Gerichtsverfahren können sich über Jahre hinziehen, und bis zum Urteilsspruch gilt die Unschuldsvermutung. Auch im religiösen Bereich ist die Frage nach Schuld oder Nicht-Schuld eine, die in verschiedenen Instanzen geklärt werden kann.

Angesichts der Vielfalt von Konzepten über »die Schuld« wurde mir deutlich: Offensichtlich ist es doch nicht so eindeutig und allgemein zugänglich, wie Schuld zu definieren ist. Trotzdem bleibt es bei der allgemeinen Grundüberzeugung: Da gibt es etwas, das ist »wirkliche« Schuld.

Da ich in der Begleitung und Beratung von Trauernden arbeite, interessiert mich auch, wie andere Menschen aus Beratung und Therapie mit dem Thema Schuld umgehen. In diesem Bereich fällt auf, dass es neben der »wirklichen Schuld«, von der auch hier ausgegangen wird, etwas geben soll, was »eingebildete Schuld« genannt wird. Oder die »nur gefühlte Schuld«. Oder die »irreale Schuld«. Häufig wird begrifflich getrennt zwischen »Schuld« (angeblich real) und »Schuldgefühl« (angeblich eingebildet).

Für die Begleitung von Trauernden hat diese Form der Unterscheidung eine große Bedeutung, denn sehr viele Menschen gehen davon aus, dass die meisten Trauernden nur unter (eingebildeten) »Schuldgefühlen« leiden und gar keine bzw. nur sehr geringe (reale) »Schuld« haben. Die jeweilige Klassifizierung hat entscheidende Auswirkungen auf die Begleitung.

Beispielhaft zitiere ich eine Textpassage des Autors, Psychologen und Trauertheoretikers W. Worden: »Nach einem Verlust können aus mancherlei Gründen Schuldgefühle entstehen ... was immer die Gründe sein mögen – diese Schuld ist weitgehend irrational und kreist um die Todesumstände. Hier kann der Berater helfen, da sich die irrationale Schuld durch Realitätsprüfung entkräften lässt ... Nun gibt es aber tatsächlich so etwas wie richtige Schuld, wirkliche Schuldhaftigkeit, und der ist viel schwerer beizukommen.« (Worden, S. 54f.)

Ähnlich unterteilt der Psychoanalytiker Mathias Hirsch in seinem Buch »Schuld und Schuldgefühl«: »Schuld ist nicht ungeschehen zu machen oder sonst aufhebbar – im Gegensatz zum irrationalen, neurotischen Schuldgefühl, dessen Sinn verstanden und dessen unbewusste Motive analysiert und aufgegeben werden können, sodass das Schuldgefühl wegfällt.« (Hirsch, S. 50)

Interessanterweise wird selten darüber nachgedacht, woher jemand die Sicherheit nimmt, zwischen eingebildeter (irrationaler) und realer Schuld zu unterscheiden. Ich habe keinen Artikel gefunden, in dem der Autor oder die Autorin die eigenen Maßstäbe bei ihrem Urteil über das Vorhandensein von Schuld selbstkritisch hinterfragt hätte. Auch die beiden eben zitierten Autoren tun das nicht.

Zweifel an den eigenen Bewertungen entwickeln diese beiden nicht. Es bleibt bei einem ebenso vagen wie unhinterfragten: »Das weiß man doch, wenn da jemand wirklich schuldig ist oder nicht.«

Mein Eindruck ist: »Man« weiß es eben nicht.

Es ist tatsächlich ungewöhnlich, wie schnell wir in Beratungsgesprächen diese Entscheidungen treffen und unsere raschen Urteile für unfehlbar halten. In keiner anderen Disziplin, die sich mit dem Thema »Schuld« beschäftigt, geht es so schnell. Ein Blick in den Bereich der Rechtsprechung lehrt uns den komplizierten und langwierigen Weg von einer Ermittlung bis zu einer Verhandlung hin zu einem differenzierten Urteil über Schuld, Mitschuld, Schuldunfähigkeit oder Unschuld. Eine solche »Schuldfeststellung« kann Jahre dauern und mehrere Male angefochten werden.

Wir könnten uns auch in der Beratung mehr Zeit nehmen und weniger schnell mit unserer persönlichen Bewertung zur Hand sein. Wie wäre es, wenn wir für unsere Beratungssituationen die gewohnte Unterscheidung zwischen »realer« und »eingebildeter« Schuld für einen Augenblick beiseite ließen. Im Gegensatz zu einem Gerichtsverfahren können wir es uns sogar auf Dauer leisten, unparteilich zu bleiben, schließlich ist es gar nicht unsere Aufgabe, die »Wirklichkeit« eines Schuldvorwurfs zu ergründen. Vielmehr haben wir uns auf eine respektvolle und annehmende Grundhaltung verpflichtet, die die Meinungen und Erlebnisse der KlientInnen ohne Be- und Abwertung stehen lässt. An der Stelle einer kaum begründbaren Aufteilung in »wirkliche« und »eingebildete« Schuld könnten wir als Arbeitshypothese annehmen, dass jede Zusprechung von Schuld eine Frage der Bewertung und der Interpretation sei. Ob etwas »schuldig macht« oder jemand »Schuld hat«, wäre dann innerhalb des Beratungsgesprächs zunächst einmal eine Einstellungssache. Jede Äußerung des Klienten zum Thema Schuld würde als Ausdruck des individuellen Erlebens und Bewertens ernst genommen – wie jede andere Äußerung auch. Die Beratungssituation wäre frei von den einmischenden Bewertungen und Richtsprüchen der Beraterin – auch ein Urteil wie »Da hat doch keiner Schuld« wäre unmöglich als Antwort auf ein »Ich bin schuld«. Wir würden uns zunächst einmal einlassen auf das, was der Mensch, der uns gegenübersitzt, sagen möchte, ohne eine innere Vorauswahl zu treffen, was davon »real« und was »eingebildet« ist. Das heißt auch, wir würden unserem eigenen Urteil nicht mehr Gewicht geben als dem des Trauernden selbst. Wir würden zunächst einmal innehalten und Interesse zeigen.

Dieser Gedanke führt zu einer inneren Einstellung, die ich Ihnen vorschlagen möchte. Sie besteht aus drei miteinander verbundenen Komponenten. Diese Grundhaltung ist unmittelbar verknüpft mit Ihrem Verhalten den KlientInnen und auch sich selbst gegenüber.

Grundhaltung für die Begleitung

Innehalten

Wer sich für etwas interessiert, nimmt sich Zeit, es zu betrachten und langsam immer besser kennen zu lernen.
Deshalb ist mein erster Schritt in der Begegnung mit dem Begriff »Schuld« ein Innehalten. *Meiner Erfahrung nach ist das nicht die übliche Reaktion auf Schuld, sobald sie geäußert wird. Gewöhnlich reagieren wir schnell, wenn z. B. eine Witwe sagt, sie fühle sich schuldig am Tod ihres Mannes, oder wenn ein Vater den behandelnden Ärzten die Schuld am Tod seiner Tochter gibt, um zwei Beispiele aus der Sterbe- und Trauerbegleitung zu nennen. Unsere Reaktion auf solche Schuldvorwürfe gegen sich selbst oder gegen andere braucht in der Regel kein Nachdenken und auch kein Hinterfragen. Konfrontiert mit solchen Schuldzuweisungen, sind wir meist ganz sicher, dass der Begriff »Schuld« hier unangebracht und Schuld nicht vorhanden sei.*
Ich möchte Ihnen vorschlagen, es in Zukunft etwas langsamer angehen zu lassen.

Versuchen Sie, das Thematisieren von Schuld erst einmal unkommentiert stehen zu lassen, sonst nichts. Versuchen Sie, keine eigene Meinung zu haben, ob da jemand schuldig ist oder nicht. Und selbst, wenn Sie eine haben, versuchen Sie, die nicht zu äußern. Halten Sie inne. (Versuchen Sie das ruhig auch, wenn Schuld in Ihrem eigenen Leben zum Thema wird, ganz besonders, wenn Sie innerhalb einer Beratungssituation Schuldzuweisungen an sich selbst oder den Klienten empfinden.) Versuchen Sie, nicht sofort in Verteidigung oder Anklage zu gehen. Lassen Sie die Gedanken und Gefühle zu. Entwickeln Sie Interesse für das, was da passiert.

Für viele Menschen stellt das eine große Herausforderung dar, weil sie fest an die Existenz einer universellen Schuld glauben. Wenn Sie zu diesen Menschen gehören, überlegen Sie bitte, ob Sie für den begrenzten Rahmen einer Gesprächs- und Begleitsituation auf eigene Wertungen und Urteile verzichten können. Das ist den meisten Menschen ohne große Schwierigkeiten möglich.

Abstand halten

Das Interesse an der Schuld-Thematik der GesprächspartnerInnen, wie ich es vorgeschlagen habe, sollte unbedingt wertfrei sein. Bewertungen, die zu Urteilen führen, sind Bestandteil jeder Schuld-Thematik, das heißt, sie gehören unmittelbar zu dem, was unsere GesprächspartnerInnen als Problem benennen. Sobald wir uns wertend oder urteilend zu diesem Problem äußern, sind wir Teil der Problematik geworden. Jeder Versuch, Schuld auszureden oder richtigzustellen, enthält ein Werturteil und damit die Anmaßung, über Schuld oder Unschuld entscheiden zu können. Damit ist GesprächspartnerInnen, die ernsthaft über Schuld sprechen möchten, nicht gedient.

Auch wenn die Geschichte unseres Gegenübers grundsätzliche und uns tief bewegende Fragen nach Gerechtigkeit und Sinn aufwirft, ist in der Beratungssituation unsere bedingungslose Kon-

zentration auf die individuelle Geschichte des Gesprächspartners gefordert. In der Konfrontation mit der Schuld-Thematik anderer Menschen heißt Abstand halten, auf Urteile zu verzichten und die Fragen nach Schuld und Unschuld ebenso beim Gesprächspartner zu lassen wie das damit verbundene Leid. Für Helfende bedeutet das – die Individualität der jeweiligen Geschichte anerkennen und das Leid bzw. die selbst empfundene Verstrickung des Klienten nicht mit den eigenen Werten und Erinnerungen zu vermischen.

Aushalten

Wenn Schuld von einzelnen Menschen angesprochen wird, sind Schmerz und Leid spürbar. Das gilt es auszuhalten.
Der dritte Schritt nach dem Innehalten *und* Abstand halten *angesichts des Themas Schuld ist daher das* Aushalten *der damit verbundenen Schmerzen. Das ist schwer für die KlientInnen, die Schuld für ihr eigenes Leben und Handeln thematisieren, weil es heißt: Es gibt keinen schnellen Ausweg aus dem erlebten Leid. Es ist auch schwer für die Beratenden, die zuhören und unterstützen möchten, weil es heißt: Ich kann nicht so rasch und effektiv dazu beitragen, einen Schmerz zu verringern, wie ich gern möchte. Der Schmerz, die Verwirrung und Hilflosigkeit gehören zum Leben der KlientInnen und kommen mit ihnen in den Beratungsraum. Beratende werden dabei zusätzlich mit den Grenzen der eigenen Wirksamkeit konfrontiert. Beides auszuhalten, ohne mit schnellen Lösungen oder auch latenter Aggression zu reagieren, ist eine große Herausforderung.*

Die Vorstellung, Schuld sei ein Gefühl

Worden und Hirsch, die ich oben zitiert habe, benutzen den Begriff »Schuldgefühl« als Abgrenzung zwischen eingebildeten und realen Schuldanteilen. Der Begriff »Schuldgefühl« wird auch für die Vorwürfe benutzt, die ein Mensch gegen sich selbst richtet. Tatsächlich wird »Schuld« im Zusammenhang mit Trauerprozessen stets unter der Rubrik »Gefühle« erwähnt. Aber ist Schuld tatsächlich ein Gefühl?

Wenn Schuld als Gefühl benannt wird, schwingt darin mit, Schuldgefühle seien irrational. Damit wäre auch eine Strategie zur Schwächung, wenn nicht gar Auflösung von Schuldgefühlen vorgegeben: wenn wir die Vernunft ins Spiel bringen und sachlich darüber reden könnten, dann würde sich das unvernünftige, unrealistische Schuldgefühl in Nichts auflösen. Im Folgenden schauen wir uns diese beiden Grundannahmen an – ist Schuld ein Gefühl, das im Widerspruch zur Vernunft und zum rationalen Denken steht? Und gibt es damit doch einen klar erkennbaren Unterschied zwischen »gefühlter Schuld« und »wirklicher Schuld«?

Schuld und Gefühl

Bevor wir klären können, ob Schuld ein Gefühl ist, müssen wir uns kurz damit beschäftigen, wie das, was wir als »Gefühl« bezeichnen, eigentlich zu Stande kommt. Es muss Gemeinsamkeiten geben zwischen den vielen unterschiedlichen Dingen, die wir fühlen können, z. B. die Müdigkeit nach einer zu kurzen Nacht, Freude und Stolz über ein Kompliment, das schlechte Gewissen angesichts einer Notlüge, Angst vor einer Prüfungssituation, Wut über ungerechte Behandlung, Zufriedenheit mit einer gelungenen Arbeit, Sehnsucht nach einem verstorbenen Freund ... Worin diese Gemeinsamkeit liegen könnte, wird deutlicher, wenn wir uns einmal eine Definition des Begriffes der »Emotion« anschauen:

Emotionen

Thomas Hülshoff definiert: »Emotionen sind körperlich-seelische Reaktionen, durch die ein Umweltereignis aufgenommen, verarbeitet, klassifiziert und interpretiert wird« (Hülshoff S. 14). Die umgangssprachliche Trennung von »Kopf« und »Bauch«, Gefühl und Gehirn wird hier nicht geteilt. Das Zustandekommen von Emotionen wird beschrieben als ein Zusammenspiel von sinnlichen Wahrnehmungen, kognitiver Verarbeitung und körperlichem Ausdruck. Zu den grundlegenden Emotionen zählen die meisten AutorInnen: Angst, Ekel, Wut/Aggression und Freude. Neuere Autoren unterscheiden zwischen den bereits genannten »Grundemotionen« und »Gefühlen«. Zu Letzteren zählen sie auch Freude, Geborgenheit, Liebe und Trauer. Emotionen und Gefühle sind bei Menschen und höher entwickelten Tieren zu beobachten, sie sind stets ein Zusammenspiel zwischen körperlichen, seelischen und kognitiven Funktionen. Die Grundemotionen Angst, Aggression, Ekel und Freude sind bei jedem Menschen vorhanden – unabhängig vom Intelligenzquotienten oder der Erziehung, sie sind schon bei Kleinkindern zu beobachten. Andere Emotionen oder Gefühle formen sich erst im Lauf des Erwachsenwerdens. Scham und Schuld sind solche »Gefühle«, die sich erst im Rahmen von Erziehung und Älterwerden ausdifferenzieren. Sie sind affektiv-kognitive Konstrukte (Hülshoff), die nur entstehen können, wenn der jüngste Teil unseres Gehirn, die Großhirnrinde, aktiv wird.

Reptilienhirn – Überleben

Der älteste Teil des Gehirns ist das so genannte Stammhirn oder auch Reptilienhirn. Das Stammhirn regelt alles, was wir zum Überleben brauchen, es steuert Herzschlag, Atemfunktion und Verdauung. Diesen Teil des Gehirns besaßen bereits die Dinosaurier – daher der Name Reptilienhirn, er ist ca. eine Million Jahre alt. Auf Umweltreize, die das Überleben betreffen, reagiert das Stammhirn ohne Verzögerung mit der unmittelbaren Ausschüttung von Botenstoffen, die festgelegte Handlungen ermöglichen und auslösen. Dazu gehören Flucht und Angriff in lebensbedrohlichen Situationen. Wir reagieren reflexartig, ohne Nachdenken und bewusste Entscheidung, tatsächlich sind die Reaktionen des Stammhirns kaum durch Gedanken oder Willen beeinflussbar. Das rettet uns auch heute noch manchmal das Leben, wenn wir z. B. einem entgegenkommenden Fahrzeug blitzschnell ausweichen und anschließend mit rasendem Herzklopfen, leichtem Zittern und erschrocken am Straßenrand stehen, bevor wir überhaupt verstanden haben, was da passiert ist. Diese Form von instinkthaften Reaktionen auf lebensbedrohliche Umweltreize haben wir gemeinsam mit den urtümlichsten Tieren unserer Erde, wie Schildkröten und Echsen. Diese Tiere verfügen nur über den uralten Teil des Gehirns, das Reptilienhirn (oder Stammhirn).

Haben diese Tiere Schuldgefühle? Nichts in ihrem Verhalten deutet darauf hin, dass diese Tiere »Schuldgefühle« haben können – auf der Ebene des Stammhirns gibt es keine Schuld, zum physischen Überleben ist Schuld nicht notwendig.

Limbisches System – Gefühle im Körper ausdrücken

Ein jüngerer Teil des Gehirns ist das limbische System, es ist ca. 200.000 Jahre alt, und wir finden es bei höher entwickelten Säugetieren, z. B. bei unseren Haustieren Hund und Katze. Dieser Gehirnteil ermöglicht das Empfinden grundlegender Emotionen wie Wut, Lust und Angst, einen ersten Teil des Lernens, des Erinnerns und der Kommunikation. Das limbische System sorgt dafür, dass die grundlegenden Emotionen sich auf unverwechselbare Weise im Gesichtsausdruck, in der Körperhaltung und der Stimmlage zeigen. Es ist das limbische System, das uns ein herzliches Lachen mit strahlenden Augen überall auf der Welt als Ausdruck von Lebensfreude erkennen lässt, ebenso wie wir ein verweintes Gesicht mit hängenden Mundwinkeln und hochgezogenen Schultern weltweit als Ausdruck von Traurigkeit identifizieren können. Dieser Mitteilungscharakter ist wichtig. Wir alle kennen die Demutshaltung, die junge Hunde einnehmen, wenn sie im Spiel mit älteren zu weit gegangen sind, sie legen sich auf den Rücken und bieten ihre Kehle dar, das stoppt unweigerlich jede Aggression des überlegenen Tieres. Als Demuts- und Unterwerfungsgeste ist bis in unseren modernen Sprachgebrauch hinein der »eingezogene Schwanz« bekannt. Das Zusammenleben in einer größeren Gruppe, z. B. einem Wolfsrudel, wird durch diese festgelegten Ausdrucksformen von Zuständen erst möglich. Das limbische System ist also verantwortlich für vieles, was wir »nonverbale Kommunikation« nennen, den Austausch von Informationen ohne Worte. Tiere, die auf dieser Entwicklungsstufe leben, zeigen manchmal schuldbewusstes Verhalten. Gut zu beobachten ist das bei einem Hund, der mit eingezogenem Schwanz und hängendem Kopf reagiert, wenn er dabei ertappt wurde, etwas Verbotenes zu tun.

Lassen Sie uns diese Vorgehensweise auf uns Menschen anwenden und überprüfen, ob Verhalten, Gestik und Mimik eines Menschen eindeutig auf das Vorhandensein von »Schuldgefühlen« schließen lassen.

Hängende Schultern oder eine verkrampfte Haltung können für eine Vielzahl von Stimmungen stehen, die durch Stress und Angst charakterisiert sind. Das gilt auch für die selbst empfundenen körperlichen Begleiterscheinungen von Schuld wie Magendrücken, Kloß im Hals, Kopfschmerzen, Atemnot, Verspannungen. Die Körperreaktionen wie Erröten und gesenkter Blick sind für Scham typisch und kommen bei »Schuldgefühlen« nur vor, wenn Scham ebenfalls eine große Rolle spielt.

Die auf Schuldgefühle hinweisenden Körperreaktionen sind demnach eine Mischung aus Reaktionen, die durch Scham, Unterwerfung und Stress ausgelöst werden, eine eindeutige körperliche Ausdrucksform von »Schuld« gibt es nicht.

Limbisches System – Lernen

Im limbischen System ist auch die Fähigkeit zur Erinnerung und damit zum Lernen angelegt. Es ist damit eine zentrale Voraussetzung für die Entwicklung von Schuldsystemen. Hier werden Regeln für die kleinen und die großen Dinge des Lebens gespeichert – von »Hände waschen vor dem Essen« bis »Du sollst nicht töten«. Jeder einzelne Mensch hat Hunderte von Regeln in sich, die er z. B. in der Familie, der Schule, dem Kindergottesdienst, der Clique, in

Büchern, Filmen, Feriencamps, im Musikunterricht und im Sportclub gelernt hat. Manche dieser Regeln werden ausgesprochen, andere werden nie formuliert und sind doch allen Beteiligten klar.

Regeln werden nur dann gelernt und eingehalten, wenn ihre Befolgung belohnt bzw. ihre Übertretung bestraft wird. So geschieht auch das Erlernen menschlicher Regeln. Angesichts der Vielzahl von Regeln, die unser Alltagsleben betreffen, ist es unmöglich, ständig jede dieser Regeln zu kontrollieren. Stellen wir uns z. B. vor, bei jedem Geschäftsessen und jeder Party käme jemand, um zu kontrollieren, ob wir uns auch vorher die Hände gewaschen haben. Das wäre nicht machbar. Trotzdem nehmen die meisten von uns ihre Mahlzeiten mit sauberen Händen ein, sogar die, die allein essen, bei denen also niemand kontrollieren könnte. Wir halten das für »richtig« und »zivilisiert«, »man macht das eben so«. Essen mit schmutzigen Händen ist vielen unangenehm. Eine Regel, die so tief in uns verankert ist, dass sie ganz selbstverständlich und automatisch auch ohne Bestrafung und Belohnung eingehalten wird, haben wir »internalisiert«. Das heißt, wir haben sie in uns hineingenommen. Für die Befolgung internalisierter Regeln benötigen wir keine äußeren Konsequenzen (Strafe/Belohnung) mehr, denn wir haben die Kontrollinstanz in uns hineinverlegt. Die Selbstverständlichkeit, mit der wir alltäglich Hunderte von internalisierten Regeln befolgen, verleitet uns zu der Annahme, wir handelten »aus dem Bauch raus«, rein gefühlsmäßig. Aber ohne die Funktion des Gehirns wäre dieses umfangreiche verinnerlichte Regelwerk nicht möglich.

Das »schlechte Gewissen« als anderer Begriff für »Schuldgefühl« ist nur als eine Folge verinnerlichter (internalisierter) Regeln möglich. Denn »schlechtes Gewissen« entsteht, auch wenn niemand außer mir selbst von einer Regelübertretung weiß. »Schuldgefühle« sind sogar sehr widerstandsfähig gegenüber lauten Beteuerungen durch andere Menschen, es läge keine Schuld vor. Es sind die verinnerlichten Regeln, die unser Gewissen und unsere Moralvorstellungen ausmachen, irgendwann haben wir sie gelernt. Manche sind uns buchstäblich »eingeprügelt« worden, andere sind uns gar nicht bewusst, trotzdem formen sie unsere Vorstellungen von

»richtig« und »falsch«, »schicklich« und »unangemessen«. Auch wenn sich das nach tiefer Empfindung anfühlt, ist es eine Folge von Denken und Erinnern.

Großhirnrinde – Bewusstsein

Der entwicklungsgeschichtlich jüngste Teil des menschlichen Gehirns ist das Großhirn. Es entstand vor ca. 100.000 Jahren, es findet sich bereits bei entwickelten Säugetieren wie Elefanten und Delphinen, die für ihre Lernfähigkeit bekannt sind. Am stärksten ausgeprägt ist diese Großhirnrinde bei Menschenaffen und Menschen. In diesem Gehirnteil sind die sprachliche Kommunikation, das abstrakte Denken, das Bewusstsein und die soziale Kompetenz verortet. Hier werden wir uns unserer Emotionen bewusst, hier können wir darüber reflektieren, was wir fühlen und tun. Erlerntes und Wahrgenommenes werden hier abgeglichen und bewusste Entscheidungen können gefällt werden. Hier werden Schlüsse gezogen und Zusammenhänge hergestellt oder gelöst, das sind im weitesten Sinne kognitive Leistungen. Sie sind für die Aktivierung von Schuldkonstrukten und die Herstellung von Schuldzusammenhängen notwendig. Schuldzuschreibungen sind Deutungen, Interpretationen und Bewertungen von Situationen, keine unmittelbaren Wahrnehmungen. Deshalb sind Schuldzuweisungen so veränderlich und werden immer wieder angezweifelt. Trauernde, die mit Schuldfragen in die Begleitung kommen, sprechen von quälenden Gedankenkreisen und der immer wiederkehrenden gedanklichen Rekonstruktion bestimmter Erlebnisse. Sie leiden unter Fragen und Zweifeln, sie »machen sich Gedanken«. Die körperlichen Entsprechungen sind eine Folge dieser quälenden kognitiven Aktivitäten, nicht ihre Ursache. Es braucht die Möglichkeiten der Großhirnrinde, um Schuld zuweisen und »empfinden« zu können. Daher werden im deutschen Rechtssystem alle Einschränkungen der kognitiven Leistungsfähigkeit als Schuldunfähigkeit oder verminderte Schuldfähigkeit bewertet. Schuldunfähigkeit liegt nach § 20 StGB vor, wenn ein Mensch wegen eines niedrigen Intelligenzquotienten (unter 70) oder einer schwerwiegenden psychischen Störung/Erkrankung dauerhaft unfähig ist, bestimmte Regeln als solche zu verstehen oder sich an sie zu halten. Verminderte Schuldfähigkeit liegt vor, wenn die kognitive Leistung vorübergehend, z. B. durch Alkohol- oder Drogenkonsum beeinträchtigt ist (§ 21 StGB). Auch wenn es in diesem Buch nicht um juristische Schuldbegriffe geht, ist doch die eindeutige Zuschreibung von kognitiver Leistungsfähigkeit als Voraussetzung für Schuldbewusstsein eindrucksvoll.

Die erste Frage, die dieses Kapitel bestimmt: »Ist Schuld ein Gefühl in direktem Widerspruch zum rationalen, vernünftigen Denken?« kann aus meiner Sicht verneint werden.

Was wir vorschnell als »Schuldgefühle« bezeichnen, sind viel eher »Schuldgedanken«, die Gefühle und Körperreaktionen auslösen.

Was heißt das für die Arbeit mit Trauernden, die sich oder anderen Schuld zuweisen? Schuldgedanken sind eine Leistung des Verstandes – das bestätigen viele Trauernde, die darunter leiden, wie ihre Gedanken in den immer selben Bahnen verlaufen. Es könnte demnach sein, dass der Verstand der Verbündete von Schuldkonstruktionen ist und nicht der Weg, um sie zu erleichtern. Eine intellektuelle und argumentierende Intervention als Antwort auf Äußerungen von Schuld bei unseren KlientInnen könnte genau das Gegenteil von dem bewirken, was wir möchten. Wenn Schuldvorwürfe mehr Gedanken und bewertende Interpretationen sind als ein Grundgefühl, dann wäre die Frage nach den zugrunde liegenden Gefühlen und Bedürfnissen, dem »Woher« und »Wozu« ein interessanter Arbeitsansatz. Diesem Ansatz gehe ich im Abschnitt »Instrumentelle Schuldvorwürfe«, S. 64ff., und »Indirektes Arbeiten«, S. 123ff. weiter nach. Zunächst möchte ich zum Bild der Spieluhr zurückkehren.

2. Schuld als Mechanismus verstehen

Erinnern Sie sich an die Spieluhr, von der ich im ersten Kapitel erzählt habe? Oder an die große stillgelegte Turbine? Diese beiden Bilder stehen für wichtige Aspekte von Schuld, die ich im Folgenden erläutern möchte.

Es gibt etwas Ruhendes und beinahe Statisches im Zusammenhang mit Schuldvorwürfen – diesen Teil nenne ich Schuldkonstrukt. Das Schuldkonstrukt ist die Turbine oder die Spieluhr im Ruhezustand.

Doch beide sind dazu da, sich zu bewegen, die Spieluhr zeigt den Aspekt des Kreisens, der Wiederholung, der vielen Schuldvorwürfen anhaftet. Die Turbine verkörpert den Aspekt der Produktion, es gibt einen Arbeitvorgang oder einen Entstehungsprozess, der bestimmte Materialien benötigt, um ein Ergebnis bzw. Produkt herzustellen. Diesen aktiven Aspekt nenne ich Schuldmechanismus. (So haben Sie Schuldvorwürfe wahrscheinlich noch nicht betrachtet – ich hoffe, Ihnen plausibel machen zu können, dass diese Sichtweise viele Vorteile birgt.)

Zwischen dem Ruhepol – also dem Schuldkonstrukt – und der Aktivität des Schuldmechanismus liegt als drittes Element der Schuldzusammenhang. Er aktiviert die ruhende, bereitstehende Schuldkonstruktion und setzt den Schuldmechanismus in Gang.

Diesen Bewegungen spüre ich in den folgenden Kapiteln nach. Für die Begegnung mit trauernden Menschen, die unter Schuldvorwürfen leiden, ergeben sich aus diesen Beobachtungen neue und differenzierte Möglichkeiten der Unterstützung.

Schuldkonstruktion

Jeder Mensch hat eine eigene Schuldkonstruktion, die sich an vielen Stellen mit denen anderer Menschen deckt, aber doch insgesamt einzigartig ist. Schuldkonstruktion nenne ich hier ein Konstrukt aus zwei großen Einzelteilen

- den verinnerlichten Regeln
- den potenziellen Strafmaßnahmen für die Übertretung von verinnerlichten Regeln, die individuell für angemessen gehalten werden.

Verinnerlichte Regelwerke

Da sind zunächst diejenigen Regeln, Gesetze, Glaubenssätze und Überzeugungen, die ein Mensch verinnerlicht hat. Sie setzen sich zusammen aus Bruchstücken der Regeln, die uns in unserer Familie, bei Freunden, im Kindergarten und der Schule, in Vereinen und Kirchengemeinden beigebracht wurden. Auch unausgesprochene Verhaltensregeln aus Büchern, Fernsehsendungen, Comics, Liedern, Theaterstücken usw. mischen sich in unsere verinnerlichten, also von uns selbst für gültig erklärten Regelwerke. Unsere jeweiligen Schuldkonstruktionen werden stark beeinflusst von den Verletzungen, die wir erfahren, von körperlicher und emotionaler Gewalt, von Vernachlässigung und Unterdrückung. Aber auch die Liebe und Unterstützung, die wir erleben, die Stabilität und Treue in unserem Leben tragen zu unseren ganz persönlichen Schuldkonstruktionen bei. Sie alle zusammen formen das, was jede/r Einzelne für sich als recht und als gerecht empfindet. (Wobei dieses subjektive »Empfinden« ein kompliziertes Zusammenspiel von Denken und Fühlen ist, vgl. S. 22f.).

Potenzielle Strafmaßnahmen

Neben diesem subjektiven Regelkanon enthält die individuelle Schuldkonstruktion die Reaktionen auf Regelübertretungen. Diese Reaktionen beziehen sich auf Regelverletzungen durch andere und auch Regelverstöße, die der/die Einzelne selbst begeht. Die individuelle Schuldkonstruktion definiert die jeweilige Grenze, ab der reagiert wird, und die Art der Reaktion. Die Schuldkonstruktion legt damit Formen von Bestrafung fest. Sie sind vielfältig und reichen von einfachen Maßnahmen wie schimpfen, aus dem Weg gehen, Fernsehverbot, über Prügel bis hin zu Kontaktabbruch oder Rufmord. Nicht nur die Art der Bestrafung wird von der individuellen Schuldkonstruktion festgelegt, sondern auch ihre Dauer von einmalig bis lebenslänglich.

Innehalten

Nehmen Sie sich einen Augenblick Zeit und überlegen Sie, wann es für Sie ganz persönlich »zu weit geht«. Welches Verhalten, welche Wortwahl ist in Ihren Augen »falsch« oder sogar »inakzeptabel«? Wie reagieren Sie darauf?
Was tun Sie, wenn jemand Sie beleidigt? Wie reagieren Sie, wenn Ihre Kinder sich nicht an vereinbarte Schlafenszeiten oder Aufgaben im Haushalt halten? Wie bestrafen Sie andere Menschen?

Vermutlich hat jeder Mensch eine Schuldkonstruktion. Bei manchen scheint sie allerdings nicht zu existieren, wenn wir z. B. an Serienmörder oder Kriegsverbrecher denken. Diese Menschen verstoßen gegen Regeln, Gesetze und Gebote, die das Töten und Quälen anderer Menschen verbieten. Diese Gesetze, religiösen Gebote und ethischen Richtlinien teilen die meisten Menschen. Sie gehören zum verinnerlichten Regelkanon so vieler Menschen, dass wir vergessen könnten, dass es sich auch bei diesen Grundsätzen »nur« um Vereinbarungen handelt, die Menschen treffen können – oder auch nicht. Menschen, die gegen grundlegende ethische, religiöse und juristische Regeln verstoßen, sind nicht zwangsläufig ohne innere Regelwerke. Ihre Regelwerke sind anders, ihre Loyalität und Treue gilt anderen Gesetzen, anderen Autoritäten oder ihre Regeln erlauben weitgreifendere Sanktionen, als das für die meisten von uns gilt. Das ist eine erschreckende Einsicht, auch für mich, die ich sehr starke Überzeugungen habe von dem, was Recht und was Unrecht ist. Ich glaube jedoch, dass ich diese Überzeugungen mit Argumenten ausreichend begründen und verteidigen kann und mich dazu nicht auf ein »angeborenes Gerechtigkeitsgefühl« berufen muss.

Meiner Beobachtung nach ist die Fähigkeit, eine individuelle Schuldkonstruktion zu erwerben, angeboren und auch die Notwendigkeit, das zu tun. Diese Fähigkeit, Regeln zu internalisieren und voraussehbar zu handeln, ist die Voraussetzung für das Zusammenleben in Gruppen. Menschen brauchen standardisierte Vereinbarungen, die den Umgang miteinander regeln, und auch standardisierte Formen der Reaktion auf Regelverstöße. Im Gegensatz zu höher entwickelten Säugetieren haben wir größere Möglichkeiten, diese standardisierten Regelungen individuell auszugestalten. Und da jede/r von uns in einer Vielzahl von verschiedenen Untergruppen mit je eigenen Regelungen lebt (z. B. in Familie, Kindergarten, Clique, Schule, Kirchengemeinde, Sportverein, Chor, Uni, Ausbildungsbetrieb, WG, Partei, Freundeskreis ...), entsteht in jedem einzelnen Menschen eine einzigartige Mischung von Regelwerken und potenziellen Sanktionen. Kein Schuldkonstrukt ist mit einem anderen hundertprozentig identisch.

Deshalb müssen wir in der Arbeit so aufmerksam sein, um einen Einblick in die Schuldkonstruktion unseres Gegenübers zu bekommen – mit unserem eigenen Schuldkonstrukt können wir nicht hilfreich sein. Es ist nicht möglich, etwas so lange Gewachsenes und Komplexes wie ein persönliches Schuldkonstrukt einfach durch ein anderes zu ersetzen. Änderungen sind nur *innerhalb* eines persönlichen Schuldkonstrukts möglich, und solche Anpassungen brauchen in der Regel Zeit! Im Rahmen einer Trauerbegleitung arbeiten wir *mit* den Mustern des Denkens, Fühlens und Verhaltens, die ein Mensch mitbringt, wir orientieren uns an der Gegenwart. Es wäre vermessen, die lebenslang erlernten und auch bewährten Muster eines trauernden Menschen verändern zu wollen. Schuldvorwürfe, die im Trauerprozess gegen sich selbst erhoben werden, weil z. B. eine internalisierte Regel des »Perfektseins« oder der »bedingungslosen Liebe um jeden Preis« verletzt wurden, müssen in einem psychotherapeutischen Rahmen bearbeitet werden. Nur dort können die prägenden Kindheitssituationen und

Familienkonstellationen angemessen rekonstruiert werden. Und selbst dort ist die Umformung tief verinnerlichter Regelwerke nur stückweise möglich.

Manchmal ändert sich das Un-/Rechtsempfinden von trauernden Menschen durch das Verlusterlebnis selbst. Um in unserem Bild zu bleiben, bricht dann angesichts des Verlusts ein Teil der Schuldkonstruktion in sich zusammen. Als Beispiel hier die Aussage einer Altenpflegerin nach dem Tod ihres Mannes: »Ich dachte immer, ich tue irgendwie mehr Gutes als andere Menschen und habe dadurch, wie soll ich sagen, ein Recht auf ein ruhiges Leben. Jetzt weiß ich nicht mehr, wozu ich das alles mache.« Wenn wir die Aussage dieser Frau mit der Vorstellung vom Schuldkonstrukt zusammenbringen, heißt das: In der Schuldkonstruktion dieser Frau gab es eine Regel, die besagte: »Wer Gutes tut, wird mit einem Leben ohne Leid und Verlust belohnt.« Umgekehrt hieß das – ein Leben mit Leid und Verlust ist die Folge, wenn man zuwenig Gutes oder sogar Schlechtes tut. In ihrem sozialen Beruf sah sie die perfekte Erfüllung der Regel »Gutes zu tun« und erwartete dafür ein weitgehend sorgenfreies Leben. Da sie nun Unglück erlebte, ohne etwas falsch gemacht zu haben, war ihre bisherige Weltsicht in Frage gestellt.

Ähnlich geht es manchen gläubigen Menschen, wenn sie äußern: »Ich habe mein Leben lang an einen guten und gerechten Gott geglaubt. Aber wenn der ein kleines Kind wie mein Enkelchen einfach so sterben lässt, das ist nicht der Gott, zu dem ich gebetet habe!«

Diese Menschen erleben den Zusammenbruch eines vorher gültigen Erklärungszusammenhangs für ihre Welt. Den erleben sie als schmerzhaft und verwirrend, aber diese beiden hier zitierten Menschen stellen sich der Veränderung und werden im Lauf ihres Trauerprozesses neue Erklärungsmuster für die Welt und das Leben finden. Sie passen ihre Erklärung dem Erlebten an. Glück oder Unglück werden dann nicht länger als Belohnung oder Bestrafung für ein bestimmtes Verhalten angesehen. Die individuelle Schuldkonstruktion würde sich damit stark verändern, um im Bild zu bleiben: die Turbine würde umgebaut, die Spieluhr bekäme eine neue Farbe oder eine neue Melodie. Am Vorhandensein eines Schuldkonstrukts an sich würde sich dadurch nichts ändern.

Andere Menschen ändern dagegen nicht eine einzige Kleinigkeit an ihrem Schuldkonstrukt – nicht einmal, wenn die erlebte Wirklichkeit den subjektiv gültigen Regeln und Zusammenhängen widerspricht. Festinger nennt diesen Zustand des Widerspruchs zwischen dem Tatsächlichen und dem Geglaubten, zwischen dem Erlebten und der Überzeugung »Kognitive Dissonanz«. Für viele Menschen ist die Überzeugung wichtiger als das Erlebte, und sie passen ihre Erlebnisse an ihre Überzeugungen an. Am Beispiel der oben genannten Altenpflegerin würde das heißen, an der Zuschreibung von »Glück = Belohnung, Unglück = Bestrafung« festzuhalten. Das erlebte Unglück könnte dann nur als Bestrafung interpretiert werden, und die Frau müsste davon ausgehen, etwas Schuldhaftes getan zu haben, wofür sie mit dem Tod ihres Mannes bestraft worden ist. Viele Trauernde klagen folgerichtig und fragen: »Womit habe ich das verdient?«

In diesem Fall bleibt die Schuldkonstruktion unangetastet, sie bestimmt sogar die Sicht auf eine Situation, die zunächst gar nicht mit Schuld in Verbindung gebracht wurde, und definiert das, was ein Mensch für »wirklich« hält.

Schuldzusammenhänge

Stellen wir uns vor, die komplexe Schuldkonstruktion ruht. Sie ist da, aber nicht aktiv. So ist das in glücklichen Zeiten unseres Lebens. Wir wissen, was richtig und falsch ist, und gerade ist alles richtig. »Alles ist gut.« Wir sind »zur richtigen Zeit am richtigen Ort«. Aber die Schuldkonstruktion steht bereit, in Aktion zu treten, sobald sie gebraucht wird. Denn immer wieder passiert etwas, das uns »aus dem Gleichgewicht« bringt – z. B. eine Beförderung wird zurückgenommen, eine Lüge kommt ans Tageslicht, es gibt Streit. Noch existenzieller: Ein wichtiger Mensch erkrankt, stirbt. Das führt zu unglücklichen Zeiten, wir fühlen uns »aus dem Gleichgewicht« und verwirrt. In dieser Verwirrung können wir auf die ruhende Schuldkonstruktion zurückgreifen, sie wird aktiviert von Verunsicherung und Unklarheit. Jeder beliebige Sachverhalt kann als »Schuldzusammenhang« interpretiert werden. Erinnern Sie sich an das Beispiel von der Altenpflegerin, die den Tod ihres Mannes als Strafe für irgendeinen für sie noch nicht erkennbaren eigenen Fehler interpretierte. Schuldzusammenhänge sind eine Frage der Betrachtung, keine Frage des »Seins«. Ich beschreibe Ihnen zwei Beispiele von trauernden Menschen, die Sterbesituationen einmal als schuldhaft interpretieren und in einem anderen Fall Schuld ausschließen, beide Interpretationen waren für mich beim ersten Lesen unerwartet: Schuldzuweisungen sind subjektive oder kollektive Interpretationen, und jede beliebige Situation kann so gesehen werden, dass es Opfer und Täter, Regelbruch und Bestrafung darin gibt.

Das folgende Zitat stammt von einem Mann, dessen fast vierjähriger Sohn an einem Badesee verschwand und ertrank, während seine Mutter und zwei ältere Geschwister in der Nähe waren.

»Ich selber war zum Zeitpunkt des Unglücks bei der Arbeit. Im Grunde genommen bin ich im Nachhinein froh, nicht dabei gewesen zu sein. Ich habe manchmal noch Angst, wenn ich darüber nachdenke, wie es gewesen wäre, wenn wir beide am See gewesen wären und wir zum Beispiel Zeitung gelesen hätten und uns nachher den Vorwurf gemacht hätten: Warum haben wir an uns gedacht und nicht auf unseren Sohn aufgepasst? Ich weiß nicht, wie sich der Unfall abgespielt hat, doch ich glaube, dass wir es an einem sonnigen Sommernachmittag nicht in der Hand hatten, das Unglück zu verhindern.« (Fleck-Bohaumilitzki, Fleck, S. 127)

Dieser Mann beschreibt eindringlich, wie er das große Unglück, das ihn und seine Familie getroffen hat, mit seiner Schuldkonstruktion abtastet. Er untersucht sehr genau, ob er sich oder seiner Frau Schuldvorwürfe machen kann oder muss. Und er entscheidet sich dagegen. Er wendet das Schuldkonstrukt nicht auf seine Frau an, nicht auf seine überlebenden Kinder, nicht auf sich und auch auf keine anderen Badegäste oder die Rettungskräfte. Das Geschehen bleibt in seiner Sicht ohne Schuldige, er stellt keinen Schuldzusammenhang her. Im Gegensatz zur Polizei, die gegen die Mutter eine Untersuchung wegen möglicher Verletzung der Aufsichtspflicht einleitete. Doch die Untersuchung wurde eingestellt. Auch von dieser Seite unterblieb die Herstellung eines Schuldzusammenhangs.

Der Tod des kleinen Jungen wurde von den Eltern als Unfall, als Unglück bewertet – »… ich glaube, dass wir es nicht in der Hand hatten, das Unglück zu verhindern«. Zur großen Entlastung der Eltern und Geschwister blieb die Schuldkonstruktion für diese Familie ausgeschaltet.

Ganz anders war das für eine Frau, deren Tochter im Alter von 15 Monaten an einem Gehirntumor starb. Sechs Jahre später entschloss sie sich zur Adoption eines Kindes. Über die ersten Begegnungen mit dem Kind schreibt sie:

»Bei unserer dritten Begegnung trug ich sie auf meinem Arm und machte einen kleinen Spaziergang. Nur wir beide. Sie lehnte ihr Köpfchen an mich und schlief ein. Und da wusste ich, dass ich Karen lieben würde, nicht weniger als Elena, sondern genauso selbstverständlich und unendlich. Nach ein paar Tagen träumte ich, ich hätte zwei Töchter. Elena lachte und sprang über eine Wiese davon. Vielleicht war das die Absolution, auf die ich Jahre gewartet hatte. Nun darf ich ein neues Kind lieben.« (Fleck-Bohaumilitzki, Fleck, S. 98)

Das Thema Schuld wird nicht ausgesprochen, und dennoch geht es dieser Frau um »Absolution«, die sie braucht, um ein neues Kind lieben zu »dürfen«. Irgendwo ist ein Schuldzusammenhang verborgen in dieser Geschichte, der ihren Schuldmechanismus in Gang gesetzt hat.

Ich habe diese beiden Geschichten ausgewählt, weil sie dem widersprechen, was wir »vernünftigerweise« an Schuldzuweisungen erwarten würden. Unsere eigenen Richterinstanzen vermuten bei einem Badeunfall viel eher schuldhaftes Verhalten als bei der Tumorerkrankung eines Kleinkinds. In Fallbesprechungen mit KollegInnen habe ich mehrfach erlebt, wie die Vorannahmen der Begleitenden die ganze Begleitung in eine Richtung gebracht haben, die nichts mit den Bedürfnissen der Trauernden zu tun hatte. Schuld wurde aus Sicht der Begleitenden zugeteilt, das ist meiner Ansicht nach aber immer eine Sackgasse. Die beiden oben erwähnten Zitate zeigen uns, dass es in einer Trauerbegleitung nicht auf *unser* (Schuld-)Urteil und *unsere* von unseren individuellen Schuldkonstrukten gefärbte Sicht auf die Dinge ankommt. Die sind genauso subjektiv wie die der Beteiligten und haben daher auch keinen größeren Anspruch auf Richtigkeit. Was zählt, ist die subjektive

Einordnung, mit der die Betroffenen ihr Schicksal werten. Stellen sie einen Schuldzusammenhang her oder nicht? Für jede Geschichte gib es beide Möglichkeiten. Wir sind nicht Richter, nicht Ankläger oder Verteidiger. Wir sind Begleitende auf dem Weg, den die Trauernden, die wir begleiten, einschlagen.

Schuld als Mechanismus

Sehen wir uns nun an, was geschieht, wenn das individuelle Schuldkonstrukt durch einen subjektiv hergestellten Schuldzusammenhang in Aktivität versetzt wird. Als Beispiel kommen wir auf die Frau aus dem vorangegangenen Abschnitt zurück, deren kleine Tochter an einem Gehirntumor gestorben war. Diese Tatsache hat sie in einen Schuldzusammenhang mit ihrem eigenen Handeln gebracht. Sie interpretiert sich selbst als Täterin, die den Tod ihrer Tochter auf irgendeine Art verschuldet hat. Der von ihr selbst hergestellte Schuldzusammenhang löst Handlungen aus – in diesem Fall ist es eine selbst auferlegte Strafe für ihr selbstempfundenes Schuldigsein am Tod ihrer kleinen Tochter: Sie verbietet sich selbst liebevolle Gefühle für andere Kinder. Viele Trauernde kennen diesen Mechanismus des »nicht mehr Liebens«. Der hat unter anderem den Aspekt des »Treuseins« über den Tod hinaus oder der Angst, erneut verlassen zu werden, aber häufig bedeutet er eine Form von Buße für die subjektiv zugeschriebene (Mit-)Schuld am Tod eines geliebten Menschen.

Der Schuldmechanismus setzt die im Schuldkonstrukt zuvor festgeschriebenen Straf- oder Bußaktionen in Gang.

Das Ziel dieser Aktivitäten ist ein »Abbüßen«, ein »Freiwerden von Schuld«. Angesichts des hohen Leidensdrucks, den solche Straf- und Bußaktivitäten bewirken, vergessen wir in der Regel, welch hohen positiven Nutzen sie für die Betreffenden haben sollen. Ich schreibe bewusst »sollen«, weil viele Straf- und Bußaktivitäten sich verselbstständigen und ihren ausgleichenden Charakter verlieren. Sie werden dann zu lebenslangen Bußübungen, die kein Ende finden oder zu einer verinnerlichten Lebenseinstellung werden, zu einem »Lebensmuster Schuld« gehören (vgl. S. 79; eine ausführliche Betrachtung möglicher Strafaktivitäten finden Sie ab S. 42).

Schuldmechanismen lösen aber nicht nur Aktivitäten bei den unmittelbar Betroffenen aus. Auch Außenstehende, die weder beschuldigt werden noch selbst anklagen, reagieren auf geäußerte Schuldvorwürfe.

Das geschieht in privaten Gesprächen ebenso wie in Beratungssituationen. Aktive Schuldmechanismen haben eine große Kraft, wieder neue Schuldmechanismen in Gang zu setzen, als ob die Begegnung mit dem Schuldmechanismus eines anderen unsere eigenen Schuldkonstrukte aktivieren würde. Am Beispiel der trauernden Mutter, die sich schuldig sprach am Tod ihres tumorerkankten Babys, würde das heißen: Freunde oder auch eine Beraterin würden fragen, was denn die Frau dafür könne, dass ihr Baby erkrankt und gestorben sei. Da gebe es keine »wirkliche Schuld«. GesprächspartnerInnen würden ärgerlich werden, wenn die betreffende Frau das nicht einsehen wollte. Sie würde als verbohrt eingeschätzt, es gäbe abwertende Urteile über ihre Uneinsichtigkeit, ihr »Festhalten« an unsinnigen Selbstvorwürfen, ihre mangelnde Bereitschaft, wieder am Leben teilzunehmen. In einer Beratung gäbe es womöglich Gedanken wie: »Die sitzt hier nur ihre Zeit ab und arbeitet gar nicht richtig mit.« Mit solchen Gedanken sagen BeraterInnen mehr über ihre eigenen Regeln und Normen aus als über die trauernde Mutter. Sie messen sie an den eigenen Maßstäben für »richtiges« Trauern und angemessenes Beratungsverhalten. Der Schuldmechanismus hat sie in seinen Bann gezogen, die Beratung ist nicht mehr wertfrei und akzeptierend, sondern bewertend und ab-urteilend.

Ist das hilfreich für Trauernde?

Ich behaupte: Nein, es setzt sie nur unter Druck und macht ihnen zusätzliche »Schuldgefühle«. Gleichzeitig bestimmt das Urteil den Kontakt. Auch Beratende müssen mit diesem »Urteil« nach einem Strafmechanismus suchen. Das kann das Stöhnen über die schwierige Klientin sein oder der innere Rückzug aus der Begleitung. Andersherum sind KlientInnen, die eine starke Schuldthematik einbringen, oft die, die in uns Selbstzweifel auslösen und das Bewusstsein, den eigenen Ansprüchen an unsere Wirksamkeit in der Begleitung nicht gerecht zu werden – und somit selbst »schuldig« zu werden. Wenn beide – BeraterIn und KlientIn – leicht zu aktivierende Schuldmechanismen besitzen, kann es auch zu heftigen Schuldvorwürfen innerhalb der Begleitung kommen. Schuldmechanismen setzen sich gegenseitig in Gang, es ist wie bei einer Kette von Dominosteinen, wenn der erste fällt, reißt er den nächsten mit und so weiter. Schuldmechanismen sind ansteckend!

Innehalten

Regelmäßiges Innehalten ist ein guter Schutz vor dem raschen Aufbau immer neuer Schuldzusammenhänge zwischen KlientIn und BeraterIn. Innehalten heißt: langsam bleiben, genau hinsehen, neugierig auf den Menschen bleiben. Innehalten ermöglicht einen Blick auf die ruhende Schuldkonstruktion, Aktionismus setzt sie in Gang.

Abstand halten

Abstand wahren ist die Voraussetzung für eine akzeptierende, wertschätzende Arbeit mit KlientInnen, die mit einem aktivierten Schuldmechanismus in die Beratung kommen. Abstand halten heißt, die Gedankenkreise, sich wiederholenden Fragen und Zweifel der Klientin als Ausdruck ihrer Not zu verstehen, nicht als Bitte um eine Antwort oder Korrektur.

Strafe muss sein

In diesem Abschnitt vertiefe ich die Betrachtung der Straf- und Bußaktivitäten, die durch einen aktivierten Schuldmechanismus ausgelöst werden. Das Vorhandensein von Bestrafung ist der zentrale Unterschied zwischen den Prinzipien der Schuld und der Verantwortung. Wenn ich für ein Ereignis »verantwortlich« bin, muss ich nur »die Folgen tragen«. Wenn ich an einem Ereignis »schuldig« bin, muss ich über die möglichen Folgen hinaus noch eine Bestrafung akzeptieren.

Ein bekanntes Symbolbild zeigt Justitia mit der Waage, sie hält sie blind im Gleichgewicht. So soll es sein, ausgewogen. Andere nennen diesen ausgewogenen Zustand den der Gerechtigkeit. Gerechtigkeit ist auch ein Idealzustand, wir fordern unter anderem eine »gerechte Gesellschaft«, »gerechte Güterverteilung«, weil wir wissen, dass dieser ideale Zustand nicht existiert. Die »himmlische Gerechtigkeit« erwarten viele als einen Zustand, in dem die Unausgewogenheiten des irdischen Lebens ausgeglichen oder »zurechtgerückt« werden.

Den Begriff »Gerechtigkeit« wenden wir selten direkt auf das persönliche Leben und Schicksal an, solange es uns gut geht. Das Erleben von Harmonie, Gleichklang und Ausgewogenheit bezeichnen wir als Glück und Zufriedenheit, nicht als Gerechtigkeit. Das ändert sich, sobald wir mit Sorgen und Unglück konfrontiert werden. »Das ist nicht gerecht«, sagen wir dann, oder: »Das habe ich nicht verdient.« Wir können das entweder hinnehmen und sagen: »So ist das Leben eben« und hoffen, dass sich dieser unausgewogene Zustand irgendwie wieder einpendelt. Als Alternative haben wir die Möglichkeit, das Erlebnis der Unausgewogenheit in ein Weltbild einzufügen, in dem es für alles eine Ursache und auch eine Lösungsmöglichkeit gibt. In diesem Weltbild gibt es einen nachvollziehbaren Weg von der ins Ungleichgewicht geratenen Waage zurück zur ausgewogenen Situation zwischen den beiden Waagschalen. Ist das nicht ein großartiger Gedanke?

Ein Mechanismus, der aus der Ungerechtigkeit zurück in die Gerechtigkeit führt, aus dem Ungleichgewicht in die Ausgewogenheit – so ein Mechanismus ist für Menschen mit dem subjektiven Erleben eines »zu Unrecht erlittenen Schicksals« ebenso interessant wie für ganze Staatssysteme. Dieser Mechanismus ist die Idee von der »gerechten Strafe«.

Sie beschreibt einen Weg, wie wir vom Ungleichgewicht zur Ausgewogenheit, vom Unrecht zum Recht zurückfinden sollen. Im Bild der Waage hieße das – bei Unglück/Unrecht sind die Waagschalen aus dem Gleichgewicht, eine wiegt schwerer als die andere. Nun wird auf die andere etwas gelegt, was die beiden Waagschalen wieder ins »rechte Gleichgewicht« bringt.

Innehalten

Nehmen Sie sich einen Moment Zeit und überlegen Sie, wann Sie das letzte Mal gedacht haben: »Das zahl ich diesem Menschen heim!« oder: »Die wird schon sehen, was sie davon hat!« Wissen Sie noch, wie Sie das machen wollten mit dem Heimzahlen?

Die »gerechte Strafe« wird nur dann verhängt, wenn ein Unrecht stattgefunden hat, wenn also der ideale Zustand von Gleichklang und allgemeinem Wohlergehen verletzt wurde. Als »gerecht« gilt eine Strafe, weil sie in den Zustand des »rechten« Gleichklangs zurückführt. Gerecht ist sie aber vor allem, weil sie in ihrer individuellen Gestaltung bereits das Prinzip des gerechten Ausgleichs zeigt – für große Ungerechtigkeiten gibt es gravierendere Strafen als für kleine Nachlässigkeiten.

»Strafe muss sein«, heißt es – in dieser Weltsicht gibt es gar keine andere Möglichkeit, den Ausgleich wiederherzustellen, als die Bestrafung. Für jeden Fehler gibt es die eine »gerechte Strafe«. Was ein Fehler ist und wie die Strafe dafür auszusehen hat, bestimmt die individuelle bzw. die kollektive Schuldkonstruktion (mehr dazu ab S. 58).

Ausgleichskonten für getanes Unrecht

Womit wird Böses vergolten? Wie bringt Justitia die Waage wieder ins Gleichgewicht, wenn gestohlen, misshandelt oder gar gemordet wurde? Rache, Strafe, Buße, Reue, Wiedergutmachung – alle sind sie Folgen von Schuld und dazu da, die Schuld zu tilgen.

Gleiches mit Gleichem, dieses Strafprinzip ist im Alten Testament beschrieben – ein Auge gegen ein Auge, einen Zahn um einen Zahn. Genau so viel und kein bisschen mehr. Das war bereits ein Fortschritt gegenüber dem Prinzip der Blutrache, die nicht Gleiches mit Gleichem vergilt, sondern eine Spirale wachsender Gewalttätigkeit entfachen kann. Diese beiden Strafprinzipien sind sehr alt, sehr direkt, aber auch sehr verlustreich für die gesamte Gesellschaft.

Heute wird meistens ein Strafprinzip angewandt, in dem noch *Schlechtes mit Schlechtem* vergolten wird, aber die Vergeltung abstrakter durchgeführt wird als in den zuvor beschriebenen Formen. Es werden sozusagen »Strafwährungen« eingeführt, in die das getane Unrecht umgerechnet wird, um die gerechte Strafe zu benennen. Heute ist das der Freiheitsentzug oder schlicht das Geld. Für eine Geschwindigkeitsüberschreitung, einen Versicherungsbetrug oder berufliches Fehlverhalten werden wir mit der Zahlung einer bestimmten Geldsumme oder im schlimmsten Fall mit Gefängnisaufenthalt bestraft. Beides ist klar definiert und irgendwann abbezahlt oder »abgesessen«. Danach sollte die Waage wieder im Gleichgewicht sein. Leider ist es in der Realität oft nicht so. Menschen werden weder durch einen Freiheitsentzug noch durch eine Geldstrafe geläutert, sondern eher persönlich gebrochen und mit einem dauerhaften Makel im Lebenslauf versehen, der einen ganz neuen Start unmöglich macht. Das Festhalten unserer Gesellschaft an dieser Bestrafungsform muss etwas mit dem Bedürfnis nach Ausgleich in möglichst wiedererkennbarer Form von »Gleiches mit Gleichem«, also »Schlechtes mit Schlechtem« zu tun haben.

Anderenfalls wäre die dritte Form der ausgleichenden Handlungen, die Schlechtes mit der Auflage, Gutes zu tun, vergilt, weiter verbreitet. Die *Wiedergutmachung* rechnet in einer anderen Währung als die Geld- oder Freiheitsstrafe. Hier zählt nicht in erster Linie der Schaden, der dem Schuldigen durch die Strafe entsteht. Sie soll unangenehm sein, aber im Vordergrund steht der Nutzen, den er mit seinem Tun oder seinem Geldbetrag anderen zukommen lässt.

Wenden wir diese drei Strafprinzipien auf Trauernde an.

Gleiches mit Gleichem vergelten – Rache: Nach z. B. einem Unfall, bei dem jemand durch die Unachtsamkeit eines anderen zu Tode gekommen ist, haben die Angehörigen tatsächlich manchmal das Bedürfnis nach Blutrache und den Wunsch, Gleiches mit Gleichem zu vergelten. Die Rachephantasien von Hinterbliebenen sind gar nicht so selten und können auch Ärzte, Psychologen, Schwiegereltern und andere treffen, die für den Tod eines Angehörigen verantwortlich gemacht werden. Nur sehr selten werden diese Rachephantasien auch ausgelebt!

Schlechtes mit Schlechtem vergelten – Strafe: Im Umgang mit denen, die für den Tod und/oder das Leiden der Verstorbenen schuldig gemacht werden, sind vielfältige Bestrafungen möglich. In Familien und Partnerschaften wird häufig der Kontakt zu den »Schuldigen« abgebrochen oder eingeschränkt. Was kann man seinen Schwiegereltern, die man für mitschuldig am Suizid des eigenen Mannes hält, Schlimmeres antun als ihnen den Kontakt zu den Enkeln verwehren? Die »haben es nicht verdient«, heißt es dann. Oft werden einfach vorher gewährte Vergünstigungen aufgekündigt, freundliche Selbstverständlichkeiten unterlassen oder die positiven Ausgleichskonten (S. 44f.) als gegenstandslos angesehen. Neben diesem »Liebesentzug« gibt es die Möglichkeit, Menschen zu denunzieren, also abfällig über sie zu sprechen, ihr Verhalten und ihre Grundeinstellungen öffentlich in Frage zu stellen.

Im Umgang mit Berufsgruppen, die mit körperlich und seelisch erkrankten Menschen zu tun haben, wird zusätzlich die Möglichkeit der juristischen Klage genutzt. Manche Trauernde suchen hier nach Gerechtigkeit, also nach Ausgleich der Schuldkonten und ruhen nicht, ehe sie alle Instanzen durchschritten haben – selbst wenn es keine juristische Bestätigung ihres Schuldvorwurfs gibt.

Innehalten

Nehmen Sie sich einen Augenblick Zeit und überlegen Sie, wie Sie reagieren, wenn Ihnen jemand »auf den Schlips tritt«. Welche »kleinen Gemeinheiten« benutzen Sie, um es denen heimzuzahlen, von denen Sie sich verletzt fühlen? Wie machen Sie das in der Partnerschaft? Wie am Arbeitsplatz? Und welche Strafen haben Ihre Familienangehörigen und Arbeitskollegen Ihnen gegenüber »auf Lager«?

Alles, was wir anderen »Schlechtes« tun können, gilt auch in der Anwendung auf uns selbst. Die Selbstbestrafung ist für manche Menschen eine Selbstverständlichkeit, anderen ist es überhaupt nicht bewusst, dass sie Strafmechanismen gegen sich selbst besitzen. Selbstbestrafungen können wie Fremdbestrafungen mit dem Entzug von kleinen Vergünstigungen beginnen. Die Extra-Pause oder das Stück Lieblingskuchen werden gestrichen. Für größere Vergehen werden Beschäftigungen, die glücklich machen, aufgegeben. Das erleben wir bei Trauernden, die sich die Schuld am Tod von Angehörigen geben. Dazu können Isolation und die Vernachlässigung der eigenen Gesundheit treten.

Wiedergutmachung: Viele Trauernde bezichtigen sich selbst eines Versagens in Krankheits- und Sterbeprozessen ihrer Angehörigen und Freunde. Solch ein Versagen wird oft darin gesehen, in der Sterbestunde nicht dabei gewesen zu sein. Das selbst so benannte Versagen bezieht sich manchmal sogar auf die eigene Unfähigkeit, die tödliche Krankheit aufzuhalten. Da wird für manche das gesamte gemeinsame Leben auf den Prüfstand gehoben. Streitgespräche, Zurückweisungen, Egoismen und Nachlässigkeiten werden im Rückblick zu schuldhaftem Versagen, wenn nicht gar zu Ursachen von Krankheit und Tod umgedeutet. Menschen, die sich selbst für schuldig halten (an einem Tod oder an anderen Dingen), wählen oft unbewusst den Weg der Wiedergutmachung, um wieder »mit sich selbst ins Reine« zu kommen. Oft entsteht ein soziales Engagement oder eine verstärkte Unterstützung für lebende Freunde und Verwandte, die zuvor wenig Beachtung fanden. Das ist meiner Ansicht nach eine sehr bedeutsame und nützliche Form der Schuldbewältigung. Wohlgemerkt – ich spreche hier nicht von »wirklicher« Schuld, sondern von dem subjektiven Schuldkonstrukt, das jeder Mensch in seiner eigenen Ausprägung besitzt.

Positive Ausgleichskonten

Es gibt auch positive Ausgleichskonten – wir alle kennen den Ausdruck: »Eine Hand wäscht die andere«. Wir zählen innerlich mit, wem wir noch einen Gefallen »schuldig« sind, wem ein teures

Geschenk, damit wir dann »quitt« sind. Das gesamte gesellschaftliche Leben dreht sich um diese Austauschleistungen, im Extremfall bis hin zu Bestechungsskandalen. »Wie du mir, so ich dir.« »Wie man in den Wald hineinruft, so schallt es heraus.« Gleiches wird auch mit Gleichem vergolten, wenn es um Gefälligkeiten und Vergünstigungen geht.

Innehalten

Nehmen Sie sich einen Moment Zeit und überprüfen Sie für sich, wie ist das bei Ihnen mit den positiven Ausgleichskonten?

- *bei Freunden, z. B. hat meine Freundin mir beim Umzug geholfen, da werde ich wohl beim Renovieren ihres Hauses Hand anlegen (müssen);*
- *in der Familie, z. B. ist mein Bruder in der Trennung immer für mich da gewesen, da werde ich ihn natürlich bei seiner Insolvenz unterstützen;*
- *im Job, z. B. hat diese Kollegin sich schon so oft bereiterklärt, Dienste mit mir zu tauschen, da muss ich jetzt nachgeben, wenn es um die Urlaubsplanung geht;*
- *in der Partnerschaft;*
- *in anderen Bereichen.*

Auch positive Ausgleichskonten können in dauerhafte Schieflage geraten. Wenn zu viele Gefallen nicht erwidert werden, zu viele Einladungen nicht mit einer Gegeneinladung beantwortet und langjährige Aufopferungen nicht gebührend gewürdigt werden, kann das leicht zur Grundlage eines Schuldzusammenhangs werden. Die zugrunde liegende Regel des positiven Ausgleichs gilt dann als verletzt und erfordert den Ausgleich durch Rache, Strafe oder Wiedergutmachung.

Selbstbestrafung

Besonders einschneidend für die gesamte Lebensführung ist es, wenn Trauernde den Weg der Selbstbestrafung wählen. Wenn

Sie nicht selbst zu den Menschen gehören, die diese Form des Ausgleichs wählen, fragen Sie sich wahrscheinlich, wie das geht. Vielleicht haben Sie noch nie auf etwas verzichtet, weil Sie der Überzeugung waren, es nicht wert zu sein. Dann sind Sie ein beneidenswerter Mensch. Bitte gehen Sie nicht davon aus, dass alle Menschen in dieser Hinsicht so sind wie Sie. Nehmen Sie zum Beispiel diese Sätze einer jungen Frau, deren Bruder bei einem Unfall ums Leben kam:

»Eine der schmerzhaftesten Erfahrungen in der Trauer war für mich, dass ich tatsächlich viel vergaß, ich wusste eines Tages nicht mehr, wie er roch, dann wieder erinnerte ich mich nicht mehr an sein Lachen. Es gab Phasen, da war mir sein Gesicht verschwommen. Ich empfand das als unglaublichen Verrat an ihm, der Verlust der Erinnerung war bei mir stark mit Selbsthass verknüpft.« (Fleck-Bohaumilitzky, Fleck, S. 85) Hier fühlt sich eine Trauernde schuldig, für etwas in unseren Augen ganz Normales – sie vergisst, Erinnerungen verschwimmen, der verstorbene Bruder gerät für Momente in den Hintergrund.

Ich bitte Sie jetzt, Abstand zu nehmen von dem Urteil, das Sie beim Lesen dieser Zeilen wahrscheinlich blitzschnell gefällt haben. Das sind »irreale« Schuldgefühle, haben Sie vermutlich gedacht und sie für unsinnig, nutzlos und eingebildet gehalten. Versuchen Sie, innezuhalten, Ihr eigenes Urteil nach hinten zu stellen und dieser jungen Frau unvoreingenommen zuzuhören:

Sie verspürt ein tiefes Bedürfnis, den toten Bruder jederzeit, mit allen Sinnen in Erinnerung zu behalten. Wenn ihr das nicht gelingt, empfindet sie das als Verrat. Verrat an ihm, an der Liebe zu ihm, an der selbst auferlegten Verpflichtung, ihm über den Tod hinaus ganz nah zu sein. Und dieser Verrat, diese selbst zugeschriebene Schuld führt dazu, dass sie sich selber hasst. Das ist die Folge, die die Schuldzuschreibung für sie hat, sie lehnt sich ab, sie gestattet sich keine Freude, sie lebt im Krieg gegen sich selbst.

Das ist für viele Trauernde eine andauernde Realität!

Die Selbstbestrafung wird selten bewusst gewählt, aber das Bewusstsein für den Mechanismus liegt meist so nah unter dem Alltagsbewusstsein, dass es durch die einfache Frage danach ans Licht geholt werden kann. Auf die Frage: »Haben Sie eine Vorstellung davon, wie Sie sich bestrafen für das, was Sie sich vorwerfen?« antworten viele Trauernde mit einem nachdenklichen oder auch erschrockenen Nicken. Trauernde sollten auf keinen Fall bedrängt werden, ihre Strafmechanismen aufzuzählen, wenn sie das nicht von sich aus anbieten. Sie empfinden es möglicherweise als beschämend, was sie tun, und es besteht die Gefahr, dass sie ihre Selbstbestrafungen zum Anlass für neue Selbstbezichtigungen nehmen. Hilfreich ist dann ein wertfreies informatives Aufzählen von Strafmechanismen, die bei Trauernden möglich sind, sodass der/die Einzelne sich als »normal« erleben kann (vgl. Psychoedukation S. 100ff.).

Viele Verhaltensweisen, die wir von Trauernden kennen, sind auch (nicht nur, aber auch) durch Selbstbestrafungsanteile verursacht. Da wird das gute Essen eingestellt, das Aussehen wird vernachlässigt, Unternehmungen werden abgesagt, Kontakte abgebrochen, Hobbys werden nicht mehr gepflegt. Dinge und Tätigkeiten, die früher besonders viel Zufriedenheit und Freude gebracht haben, werden gemieden, »geopfert«. Freude und Entspannung, gar ein Lachen verbieten sich diese Trauernden selbst als ungehörig und beschämend. Wenn es doch einmal dazu kommt, dass sie für Minuten unbeschwert sind, ist das ein erneuter Anlass, sich schuldig zu fühlen, und damit ein erneuter Anlass, die Selbstbestrafung zu vertiefen.

Noch einmal zur Erläuterung: Diese Verhaltenweisen können auch Ausdruck für tiefen Schmerz oder Orientierungsschwierigkeiten im veränderten Alltag sein. Manchmal ist es für die Trauernden selbst kaum mehr zu unterscheiden, wo der Rückzug aus Selbstschutz aufhört und der Kontaktabbruch zur Selbstbestrafung anfängt.

Das Leiden unter Schuldzuschreibungen wird zum großen Teil durch diese Aktivitäten zum »Ausgleich durch Bestrafung« verursacht. Das Leiden daran ist sehr groß und kann ein Leben dauerhaft einschränken. Für Außenstehende ist es dieses tiefe Leiden, das am schwersten auszuhalten ist. Wir möchten, dass die Betroffenen »einfach damit aufhören«. Sie sollen die unsinnigen Schuldgefühle ablegen und wieder »normal« sein. Wenn Sie Menschen kennen, die mit einem aktivierten Schuldmechanismus und dadurch veranlassten Straf- und Bußaktivitäten leben, dann werden Sie wissen, dass es diesen Menschen kaum möglich ist, »einfach damit aufzuhören«. Sonst hätten sie es längst getan, Schuld ist für niemanden ein leichtfertig in Gang gesetzter Mechanismus.

Vagabundierende Schuld

Den Begriff »Vagabundierende Schuld« hat ein Trauernder geprägt. Er beschreibt eine weitere bemerkenswerte Seite von Schuldvorwürfen, Schuldzusammenhängen und Schuldmechanismen: Sie sind nicht stabil, sie bleiben nicht, wie sie sind, sondern sie vagabundieren herum, gehen mal in diese Richtung, mal in eine andere.

Ein vereinfachtes, aber lebensnahes Beispiel dafür ist folgende Geschichte:

Eine fünfzigjährige Frau erfährt durch den Anruf ihrer Nachbarin, dass ihr Mann soeben gestorben ist, er habe einen Unfall im Haushalt gehabt, sie habe ihn gefunden und versucht, ihn wiederzubeleben, was ihr aber genauso wenig wie den Notärzten gelungen sei. In dieser akuten Situation ist die Ehefrau voller Zorn auf die Notärzte und auch auf die Nachbarin, die ihren Mann nicht retten konnten, auf die Nachbarin ist sie zusätzlich wütend, dass diese sie nicht eher benachrichtigt habe. Sie beschuldigt die Nachbarin, ihr den Abschied genommen zu haben, und die Notärzte der Fahrlässigkeit bei der fehlgeschlagenen Rettung ihres Mannes.

Bereits am nächsten Tag entschuldigt sie sich bei der Nachbarin und dankt ihr für die Erste-Hilfe-Maßnahmen. Ihr Misstrauen gegen die Notärzte bleibt aber bestehen, bis sie mit dem Einsatzleiter sprechen kann, der ihr den Ablauf des Einsatzes minutiös erklärt. Daraufhin entschuldigt sie sich auch bei ihm für ihre Vorwürfe, die sie nun für ungerechtfertigt hält. In der Zwischenzeit entwickelt sie große Wut auf ihren Mann, der ihrer Ansicht nach unvorsichtig war und den Unfall provoziert hat. Sie findet, dass er mit seinem unnötigen Tod ihr Leben zerstört hat. Die Wochen und Monate vergehen, sie sieht ihren Mann nicht mehr so einseitig und gibt ihm nur noch wenig Schuld an seinem Tod. Stattdessen kommen ihr immer mehr Zweifel an sich selbst: Hätte sie sich mehr für ihren Mann interessieren sollen, damit er besser auf sich achtet? Wäre er vorsichtiger gewesen, wenn sie am Morgen nicht im Streit auseinandergegangen wären? Die Nachbarin tritt wieder in Erscheinung, ganz nebenbei lässt sie Bemerkungen fallen, die darauf hinweisen, dass ihr Mann unglücklich in der Ehe war und dass es vielleicht gar kein Unfall war, dass er womöglich aus Enttäuschung über sie und die Ehe gar keine Lust mehr hatte zu leben. Und so weiter.

Innerhalb weniger Monate hat diese verwitwete Frau alle möglichen Schuldzusammenhänge hergestellt, die mit dem Tod ihres Mannes zu tun haben. In jedem Zusammenhang (also in jeder »Geschichte«, die sie oder jemand anderes zum Tod ihres Mannes erfand) spielte sie eine andere Rolle:

- Sie war Anklägerin gegen ihre Nachbarin, die Notärzte, ihren Mann und schließlich gegen sich selbst.
- Sie war die Beschuldigte durch ihre Nachbarin.
- Sie war das Opfer aller anderen.
- Sie war die Täterin, die den Tod ihres Mannes mit verursacht hat.

Immer war sie die Richterin, die Urteile sprach und Strafen verhängte.

Diese Strafen waren:

- Als sie ihre Nachbarin für nachlässig und rücksichtslos hielt, sprach sie schlecht über sie zu den anderen Nachbarn, sie schrie sie im Treppenhaus an und grüßte sie danach nicht einmal mehr.
- Als sie die Notärzte der unterlassenen Hilfeleistung für schuldig hielt, drohte sie ihnen mit einem Gerichtsverfahren und mit einer Beschwerde bei den Vorgesetzten.
- Als sie glaubte, ihr Mann habe sie mutwillig allein gelassen durch seinen Tod, schimpfte sie viel mit seinem Foto, schmückte das Grab nicht mehr regelmäßig, warf seine Lieblingssachen achtlos weg und erinnerte sich – auch im Gespräch mit anderen – vor allem an die schwierigen Seiten der Beziehung. Sie stürzte sich aus Rache in einen Flirt und genoss das Leben, soweit ihr das in ihrem Kummer möglich war.
- Als sie anfing, sich selbst für mitschuldig an der Achtlosigkeit ihres Mannes zu halten, brach sie sofort den Flirt zu einem

neuen Mann ab. Sie zog sich zurück, versagte sich Dinge, die ihr noch Spaß machten, und schämte sich, wenn es ihr doch einmal etwas besser ging.

– Als die Nachbarin ihr vorwarf, (mit) schuld an einem möglichen Suizid ihres Mannes zu sein, war das begleitet von verächtlichen Blicken und übler Nachrede bei den übrigen Hausbewohnern, die daraufhin begannen, die Witwe zu meiden.

Sobald Schuld einmal »ins Spiel gebracht« wird angesichts eines Todes, bleibt es nicht bei einem einzelnen Schuldvorwurf. Meiner Erfahrung nach erleben sich die meisten Trauernden gleich in allen drei Beschuldigungsrichtungen:

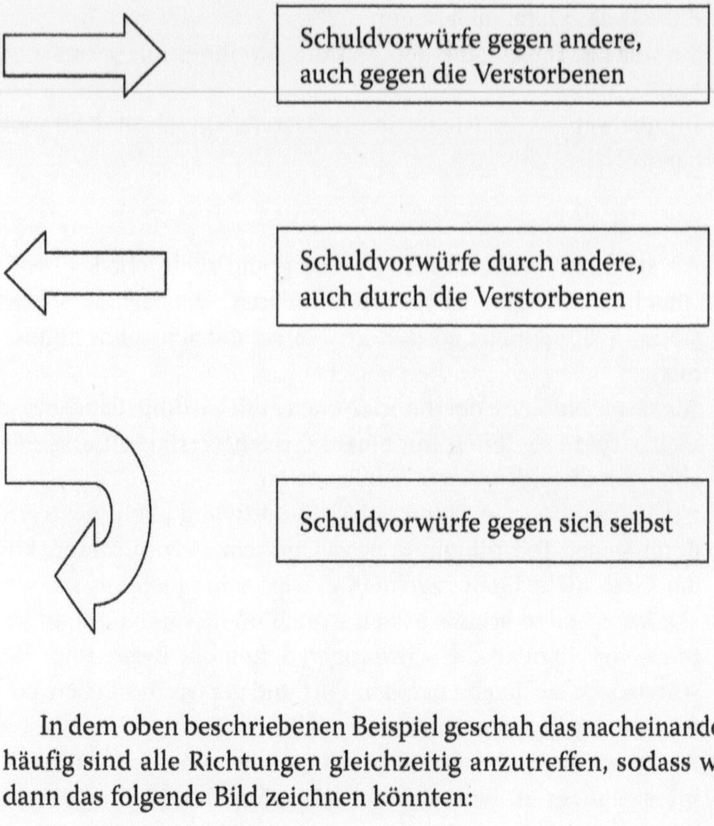

In dem oben beschriebenen Beispiel geschah das nacheinander, häufig sind alle Richtungen gleichzeitig anzutreffen, sodass wir dann das folgende Bild zeichnen könnten:

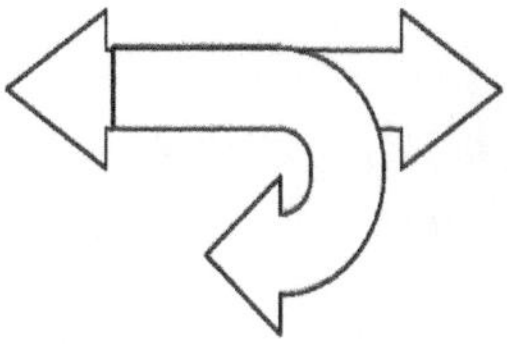

Vagabundierende Schuldvorwürfe innerhalb einer Person:
Schuldvorwürfe gegen andere, durch andere und gegen sich selbst
Entsprechende Bestrafungen in alle Richtungen

Der Begriff »Vagabundierende Schuld« bezieht sich also auf die vielen Richtungen, die Schuldvorwürfe innerhalb einer Person und im Zeitverlauf annehmen können.

Vagabundierende Schuld bezeichnet gleichzeitig die verschiedenen Rollen, die Menschen insgesamt in einer gemeinsam durch Schuldvorwürfe erschwerten Geschichte spielen können, das Bild dafür sähe so aus:

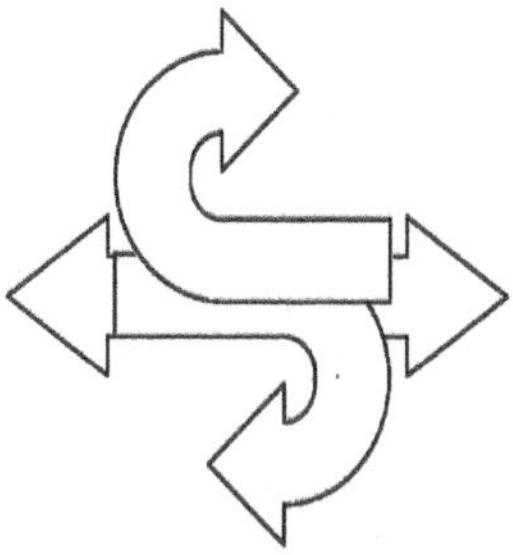

Vagabundierende Schuldvorwürfe innerhalb einer Personengruppe:
Schuldvorwürfe von allen gegen alle, durch alle und von jedem auch gegen sich selbst
Entsprechende Bestrafungen in alle Richtungen

Auch wenn Trauernde zunächst nur Vorwürfe in eine bestimmte Richtung vorbringen, zeigen sie im Laufe einer Beratung meist auch Beschuldigungen in andere Richtungen.

Menschen mit starken Selbstvorwürfen neigen zu hoher Verletzlichkeit und starken Beschuldigungen gegen andere. Diese Vorwürfe können sich gegen Angehörige richten: »Die wollen gar nicht wissen, wie schlecht es mir geht!«, oder gegen den/die Berater/in: »Sie können mir sowieso nicht helfen!« Solche Aussagen rufen schnell Abwehr und wiederum Vorwürfe hervor – die vagabundiere Schuld hat dann Kreise gezogen.

BeraterInnen brauchen eine große innere Stabilität, aber auch eine gut ausgeprägte Kritikfähigkeit, um die Beratung zu einem Raum ohne vagabundierende Schuld zu machen.

3. Normative und Instrumentelle Schuldzuweisungen

Was bringt ein ruhendes Schuldkonstrukt in Bewegung? Was sind die Auslöser für Handlungen der Buße, Strafe, Rache oder Wiedergutmachung? Ich unterscheide zwischen zwei Gruppen von Auslösern. Die einen beziehen sich auf den Bruch von Normen, die anderen sind existenzielle Notsituationen und unerfüllte Grundbedürfnisse. Schuldzuweisungen, die aus einem subjektiv wahrgenommenen Normbruch entstehen, nenne ich »Normative Schuldzuweisungen«. Vorwürfe, die dazu dienen, existenzielle Not zu lindern, nenne ich »Instrumentelle Schuldvorwürfe«, da sie als Instrument oder Werkzeug genutzt werden. Damit wird nicht die Unterscheidung zwischen »wirklicher« und »eingebildeter« Schuld unter anderem Namen wieder eingeführt, mit der sich Kapitel 2 beschäftigt hat. Aus der Sicht der/des Einzelnen ist jeder von ihm hergestellte Schuldzusammenhang wirklich und existent. Die Unterscheidung zwischen Normativen und Instrumentellen Schuldzuweisungen ermöglicht ein vertieftes Verständnis für die KlientInnen und daraus hervorgehend ein differenziertes Angebot an unterschiedlichen Interventionen.

Normative Schuldzuweisungen

Normativ nenne ich die Schuldzuweisungen, die sich auf den Bruch einer Norm, also eines Gesetzes oder einer Regel beziehen. Diese Regel/Norm kann kollektiv oder individuell sein. Der Schuldvorwurf kann in alle vorhandenen Richtungen gehen, gegen sich selbst, gegen andere und von anderen kommend.

Kollektive Normative Schuldvorwürfe beziehen sich auf Fehler und Versäumnisse, die den gesetzlichen Bestimmungen und den Arbeitsanweisungen (Normen) widersprechen. In Krankhäusern, Altenheimen und Hospizen können sie von PatientInnen und deren Angehörigen vorgebracht werden oder von KollegInnen und Vorgesetzten. Für solche nur vermuteten oder nachweisbaren normativen Verstöße gibt es verschiedene Klärungsmöglichkeiten. Das kann die Schiedsstelle innerhalb einer Institution sein, das Arbeits-, Zivil- oder Strafgericht. Dort werden die Vorwürfe überprüft und eine Entscheidung über das Ausmaß der Verfehlung bzw. der Schuld getroffen und eine entsprechende Strafe verhängt.

Alle MitarbeiterInnen im Pflegebereich fürchten normative Vorwürfe durch PatientInnen, Angehörige oder KollegInnen, weil die Konsequenzen vor allem bei einer juristischen Verurteilung gravierend sind.

Normative Schuldzuweisungen, die sich auf den Bruch von moralischen Normen und individuellen Verpflichtungen beziehen, werden eher gegen sich selbst gerichtet. Die Ansprüche an die eigene Perfektion als Mensch und in der beruflichen Rolle haben für viele Menschen normativen Charakter. Jede Schwäche und jedes Versagen entspricht für diese Menschen einem Regelbruch. Die subjektive Schuldkonstruktion wird stark empfunden, auch wenn die gebrochenen Regeln häufig nicht klar benannt werden können oder bei Nachfragen heruntergespielt werden. Das gilt ebenso für moralische Forderungen in Bezug auf PatientInnen, Angehörige und KollegInnen.

Regelwerke sind kompliziert, deshalb gehe ich im Folgenden auf das individuelle und kollektive Erlernen dieser Regelwerke ein, um anschließend das Zustandekommen und den Geltungsbereich von Regeln/Normen zu erläutern.

Regeln lernen

Regeln beschreiben, wie es sein soll. Sie sind die Richtschnur, nach der wir uns richten, wenn wir etwas richtig machen wollen. Sie sind die Richtschnur, nach der wir urteilen – und beurteilt werden. Es reicht aber nicht, sie einmal zu erlernen, denn Regelwerke verändern sich relativ schnell. Nehmen Sie als Beispiel die gesellschaftlichen Anstandsregeln im Bereich des Verhaltens, das für Trauernde vorgeschrieben und »richtig« sein soll. Vor einigen Jahrzehnten galt das Trauerjahr vor allem in ländlichen Gebieten noch als eine Zeit, in der die engsten Verwandten ausschließlich schwarz trugen und keine Feste besuchten. Heute ist das Tragen schwarzer Kleidung nicht einmal mehr bei der Beerdigung verpflichtend, und das Sechswochenamt kann schon mal als Party gestaltet werden.

Auch juristisch bindende Gesetze sind wandelbar, das haben wir in den letzten Jahren im Bestattungswesen erlebt. Die sehr enge rechtliche Begrenzung der Bestattungsmöglichkeiten innerhalb von Friedhofsmauern ist erweitert worden, heute gibt es in Deutschland auch Friedwälder, Mausoleen und Privatfriedhöfe. Es gibt sogar die Möglichkeit, Teile der Asche eines Verstorbenen zu einem Diamanten pressen zu lassen. Das wäre vor zwanzig Jahren genauso undenkbar wie verboten gewesen.

Regeln und Gesetze ändern sich – sie gelten für eine bestimmte Zeit in einem bestimmten Rahmen, und darin wirken sie unumstößlich, ewig gültig. Aber das sind sie nicht.

Sie werden einwenden, dass es aber doch ein paar Dinge gibt, die über alle Zeiten hinweg Gültigkeit haben, z. B. der Satz »Du sollst nicht töten«. In Europa wird rund um das Thema Sterbehilfe seit Jahren intensiv diskutiert, welche Ausnahmen von dieser Regel bei Sterbenden gelten könnten. Gerade an dieser Frage wird deutlich, wie wenig unumstößlich unsere Regeln sind. Wir können behaupten, sie seien es, um unserem jeweiligen Standpunkt mehr Gewicht zu verleihen. Aber wir können nicht umhin zu realisieren, wie veränderlich Regeln und Gesetze tatsächlich sind.

Wieso befasse ich mich hier so ausgiebig mit dem Wesen von Regelwerken?

Weil Regeln die notwendige Voraussetzung für Schuldmechanismen sind. Nur da, wo es Regeln, Gesetze, Normen gibt, wird Schuld denkbar. Ohne das Wissen um die Gültigkeit einer Regelung gibt es keinen Schuldmechanismus.

Wenn Sie Ihrem kleinen Sohn zum ersten Mal sagen, es sei verboten, bei Rot über die Ampel zu laufen, hält er sich daran? Wahrscheinlich nicht. Wahrscheinlich müssen Sie ihn an jeder Ampel wieder daran erinnern. Und wahrscheinlich müssen Sie ihn an jeder Ampel zur Sicherheit an die Hand nehmen, damit er nicht doch losläuft. Vielleicht belohnen Sie ihn durch ein Lob oder ein Bonbon, wenn er bei Rot stehen bleibt. Manchmal werden Sie vielleicht auch laut, wenn er trotzdem losläuft. Und Sie müssen sich selbst daran halten, nur noch bei Grün über die Straße zu gehen, sonst wird Ihr Kind Sie nicht ernst nehmen. Irgendwann wird es gelernt haben, auf die Farbe der Ampelschaltung zu achten und sich an die damit verbundene Verkehrsregel zu halten. Mehr oder weniger. Was ist in der Zwischenzeit geschehen? Das große Thema »Lernen« ist dafür zuständig, Verbotsnormen in Menschen zu verankern, deshalb gehe ich im Folgenden zunächst etwas ausführlicher auf verschiedene Lernformen ein.

Lernen am Modell

Wir lernen, indem wir uns etwas von anderen abgucken, das ist das Lernen am Modell (deshalb bleiben die meisten von uns an allen roten Ampeln stehen, sobald Kinder in der Nähe sind, wir wollen kein schlechtes Beispiel abgeben). Lernen am Modell ist sehr nachhaltiges Lernen, das so Erlernte bleibt fest in unserem Bewusstsein verankert. Was wir uns von anderen abgeguckt haben, gilt uns selbst als unumstößlich, weil wir gar nicht gemerkt haben, dass wir es durch Abgucken gelernt haben. Lernen am Modell erweckt in uns den Eindruck: »So ist das eben.« Alles, was wir uns bei unseren Eltern »abgeguckt« haben, erweckt diesen Eindruck in uns. Dazu gehören auch all die Regeln, die unseren Alltag bestimmen, ohne dass wir sie jemals ausformuliert gehört hätten. Am Modell unserer Eltern und Geschwister, aber auch unserer Lehrerinnen und Mitschüler, der Nachbarn und Freundinnen lernen wir, was gutes und vor allem »richtiges« Benehmen ist. Weitgehend unreflektiert übernehmen wir das Vorgelebte und fragen uns als Erwachsene manchmal verzweifelt, woher unsere eigenen Überzeugungen eigentlich kommen.

Lernen durch Einsicht

Beim Lernen durch Einsicht würde Ihr Sohn irgendwann begreifen, dass es sein Leben retten kann, bei Rot stehen zu bleiben.

Das ist eine komplexe Art des Lernens und wird erst ab dem Grundschulalter möglich. Lerntherapeuten nennen desillusionierende Zahlen über das Lernen durch Einsicht. Lernen durch Einsicht ist bewusstes Lernen, wer damit zu tun hat, weiß, dass er gerade etwas lernt. Lernen durch Einsicht erfordert von Anfang an komplexe Denk- und Bewertungsprozesse. Es ermöglicht darüber hinaus viele Ausnahmen von der ursprünglich aufgestellten Regel (deshalb überqueren die meisten von uns die Straße, wenn das unserer Meinung nach gefahrlos geschehen kann, unabhängig von vorhandenen Ampelschaltungen). Durch Einsicht Erlerntes kann relativ schnell umgeformt werden durch neue Einsichten. In der Begegnung mit Schuldmechanismen ist das eine große Chance!

Lernen durch Strafe und Belohnung

Lernen durch Strafe und Belohnung kann Lerninhalte sehr tief verankern, als Beispiel folgende Geschichte einer Bekannten. Ihr Mann hatte den gemeinsamen Hund sehr streng erzogen. Er hatte ihn mit lauter Stimme und einem heftigen Klaps bestraft, wenn er auf Sessel oder Sofa sprang. Das war so lange geschehen, bis im Gehirn des kleinen Hundes eine direkte Verbindung zwischen der Aktion »aufs Sofa springen« und dem Bestraftwerden entstanden war. Daher vermied er das Sofa unter allen Umständen – auch als sein strenges Herrchen schon gestorben war und ihm von dessen Frau keine Strafe mehr drohte. Im Gegenteil – die Witwe hätte liebend gern mit dem Hund im Arm auf dem Sofa gesessen, doch es gelang ihr nicht, dem Hund das alte Verbot abzugewöhnen.

Auch wir Menschen besitzen etliche solcher »eingebläuten« Verbote und Anweisungen aus unserer Kindheit. In der Trauerbegleitung begegnen wir immer wieder Menschen, die als Kinder für Gefühlsäußerungen und Tränen bestraft und verachtet wurden. Ihre Trauerprozesse als Erwachsene werden von den internalisierten Anweisungen wie »Männer weinen nicht« oder »Reiß dich gefälligst zusammen« erschwert.

Statt einer Bestrafung des unerwünschten Verhaltens kann die Belohnung des erwünschten Tuns ähnliche Folgen haben. Menschen, die stets nur für ihre Leistungen gelobt wurden, etablieren eine innere Regel: »Nur wenn ich etwas leiste, bin ich gut und wertvoll.« Solch eine verinnerlichte Regel macht es für sie sehr schwer, ihrem Bedürfnis nach Rückzug oder Unterstützung im Trauerprozess nachzugeben, ohne sich dafür minderwertig und schlecht zu fühlen.

Ähnlich wie beim Lernen am Modell kann beim Lernen durch Strafe und Belohnung der subjektive Eindruck entstehen, die verinnerlichte Regel sei unumstößlich. Vielleicht haben Sie einmal an sich selbst den inneren Widerstand erlebt, wenn Sie auf einer menschenleeren Kreuzung eine offensichtlich kaputte Ampel, die seit zehn Minuten auf Rot stand, überfahren haben. Die Einsicht in die Richtigkeit Ihres Tuns war da, aber das tiefe »Gefühl«, etwas falsch zu machen wahrscheinlich auch.

Internalisierte Regeln

So lernen wir also, was richtig und was falsch ist: durch Strafe und Belohnung, durch Imitation und manchmal durch Einsicht. Das reine Wissen um eine Norm reicht aber nicht aus für ein Schuldkonstrukt. Subjektiv empfundene Schuld entsteht nur angesichts von Regeln, die so tief in uns verankert sind, dass sie uns in Fleisch und Blut übergegangen sind. Wir sprechen dann von »internalisierten«, also verinnerlichten Regeln. Diese sind im Spiel bei den roten Ampeln, die wir nur mit Bauchschmerzen überfahren. Die sind auch verantwortlich für das rätselhafte Verhalten des kleinen Hundes, der nicht ohne Angst auf einem Sofa sitzen kann. Unser Körper produziert Angst- und Stresssymptome, wenn wir gegen internalisierte Regeln verstoßen. Er erwartet die Strafe, die dem subjektiven Empfinden nach kommen *muss*. Mit anderen Worten: Wir haben dann ein schlechtes Gewissen.

Ohne die Fähigkeit, Strafe vorwegzunehmen, hätten wir keine Veranlassung, uns an Regeln zu halten, die uns unbequem und hinderlich sind. Jeder Mensch hat seinen eigenen Vorrat an internalisierten Regeln, oft wissen wir selbst nicht, was uns alles ein schlechtes Gewissen machen kann.

Innehalten

Überlegen Sie einen Moment, wann Ihr eigenes »schlechtes Gewissen« aktiv wird. Wenn Sie Ihren Sitzplatz in der Bahn behalten, obwohl eine alte Frau Ihnen gegenüber stehen muss? Wenn Sie Ihre Eltern zwei Wochen lang nicht angerufen haben? Oder wenn Sie auf Ihrer Lohnabrechung eine Überstunde entdecken, die Sie gar nicht gemacht haben?

Und sind Sie jemand, der anderen ein schlechtes Gewissen machen kann? Wie machen Sie das?

Regeln, kollektiv und individuell

Im Abschnitt über das Lernen wurde erläutert, dass Regeln durch unterschiedliche Mechanismen gelernt und gelehrt werden – durch das Lernen am Modell, das Lernen durch Belohnung und Strafe und das Lernen durch Einsicht. Hier geht es nun darum, wie weit die Gültigkeit von einzelnen Regeln reicht, also ob sie nur für einen Menschen allein gelten oder für seine Familie, sein Heimatland oder womöglich die ganze Welt. Menschen kennen und befolgen (oder übertreten) eine Vielzahl von Regeln, die unterschiedlich weit reichende Gültigkeit beanspruchen. Jede dieser Regeln fordert etwas ein, das ohne diese Forderung möglicherweise nicht geschehen würde. Im Unterschied dazu stehen Naturgesetze, die schlicht beschreiben, wie etwas ist. Die Schwerkraft z. B. ist auf unserer Erde keine Vorschrift, sondern ein Naturgesetz: ein Ball, der in die Höhe geworfen wurde, wird immer und unter allen Umständen nach unten fallen, bis er aufgefangen wird oder irgendwo aufschlägt. Ob der Ball dafür gelobt oder bestraft wird, ist gleichgültig, denn er kann nicht anders. Manchmal fühlen wir Menschen uns wie solch ein Ball – wir meinen, wir könnten nicht anders denken, handeln und fühlen, als es uns beigebracht wurde. Doch im Gegensatz zu einem der Schwerkraft folgenden Ball können wir die erlernten Regeln zumindest modifizieren. Am schwersten fällt uns diese Einsicht bei Regeln, die für eine große Gruppe von Menschen zeitübergreifende Gültigkeit beanspruchen. Bei diesen *kollektiven Normen* finden wir vier Gruppen:

Kollektive Regeln – religiös und philosophisch

Auf einer übergeordneten Ebene gibt es *religiöse und philosophische Normen*, die für einen ganzen Kulturkreis Gültigkeit beanspruchen. Das wären für unseren Kulturkreis z. B. die Zehn Gebote des Alten Testaments oder der Kategorische Imperativ von Immanuel Kant (»Handle so, dass die Maxime deines Willens jederzeit zugleich als Prinzip einer allgemeinen Gesetzgebung gelten könne«, Schmidt, S. 207). *Philosophische Normen* sind ganz auf das Lernen durch Einsicht und das Lernen am Modell angewiesen, da es keine Instanz gibt, die ihre Übertretung bestraft. Wenn sie von Eltern und anderen Autoritätspersonen vorgelebt werden, erleben Kinder und Jugendliche sie als authentisch und übernehmen sie unhinterfragt. In der Pubertät beginnt eine Auseinandersetzung mit den vorgelebten Normen.

Religiöse Normen können in Deutschland ausschließlich innerhalb von religiösen Gemeinschaften sanktioniert werden: Die katholische Kirche kann eine Exkommunizierung verhängen, kirchliche Arbeitgeber können Angestellte wegen eines Verstoßes gegen religiöse Regeln innerhalb der religiösen Gemeinschaft entlassen, religiöse Gemeinschaften können Mitglieder ausschließen. Der Glaube an eine Bestrafung nach dem Tod durch Fegefeuer und Hölle kommt dazu.

Sowohl religiöse wie philosophische Normen werden oft für Naturgesetze gehalten, aber die Vielzahl der Verstöße gegen religiöse und philosophische Gesetze beweist das Gegenteil. Ein Ball fällt auf der Erde unter allen Umständen nach unten – ein Mensch hat die Wahl, ob er sich an das Gebot: »Du sollst nicht töten« hält.

Kollektive Regeln – Gesetze des Bundes und der Länder

Übergeordnet sind auch die *Gesetze des Bundes und der Länder*. Sie sind exakt schriftlich formuliert, und ihre Einhaltung wird überwacht, denken Sie zum Beispiel an Richtlinien zur Produktion von Lebensmitteln. Ihre Übertretung wird nach genau festgelegten Prinzipien festgestellt und bestraft. Die Bestrafung reicht dabei von kleinen Geldstrafen bis zum lebenslangen Freiheitsentzug. Sie gelten für jeden Menschen, der in Deutschland lebt, es gibt keine Ausnahme. Philosophische und religiöse Regeln haben sich den

Gesetzen des Bundes und der Länder unterzuordnen. Wenn z. B. jemand seine Kinder aus weltanschaulichen oder religiösen Gründen nicht in eine Schule schicken möchte, muss er das trotzdem tun. Die Einhaltung dieser Regelwerke wird durch negative Sanktionen (Strafe) sichergestellt. Diese Gesetze können sich ändern, in Demokratien durch den Beschluss der gesetzgebenden Organe, in Diktaturen durch das Wort eines Herrschers. Diese Regelwerke sind ganz eindeutig von Menschen gemacht und haben daher am wenigsten von allen hier aufgeführten Regeln den Anstrich von Naturgesetzen.

Kollektive Regeln aus Brauchtum, Tradition und sog. Anstandsregeln

Ganz anders ist es mit *Regeln, die sich auf Brauchtum und Traditionen* berufen, und mit *Anstandsregeln*. Die sind nirgendwo schriftlich fixiert und es gibt keine festgelegten Abläufe, die ihre Übertretung feststellen oder bestrafen. Aber sie sind meist durch Lernen am Modell, also durchs Abgucken erlernt und somit sehr tief verankert. Belohnungen für die Einhaltung dieser Regeln sind soziale Anerkennung, Kontaktangebote und Aufstiegschancen. Sanktion für die Übertretung von traditionellen oder Anstandsregeln ist schlimmstenfalls der Ausschluss aus der Gemeinschaft (z. B. aus einem Dorf, einer Firma, der eigenen Familie) mit allen sozialen, beruflichen und finanziellen Folgen.

Kollektive Regeln innerhalb von Gruppen und Familien

Jede Gruppierung, ob Sportverein, Abteilung oder Schulklasse, stellt ihre eigenen Regeln auf. Es ist eines der Merkmale von *Gruppen*, dass sich die Mitglieder dieser Gruppierungen auf einen bestimmten *Kodex des Verhaltens* untereinander einigen. Das geschieht wie bei Brauchtumsregeln meist nonverbal und ohne Entscheidung. Trotzdem gelten diese Regeln sehr fest, und ihre Übertretung wird zunächst mit dem Entzug von vorher bestandenen Vergünstigungen und Zuneigung bestraft, schlimmstenfalls mit Kontaktabbruch und Ächtung.

Familien sind ein unerschöpfliches Anschauungsmaterial für die Regeln, die eine Gruppe sich gibt. Das merken wir meist erst dann, wenn wir eine andere Familie kennen lernen, in der mit gleicher Selbstverständlichkeit ganz andere Regeln gelten. Bei den einen ist der Heiligabend das wichtigste Familienfest. Für die anderen ist es der Geburtstag der längst verstorbenen Großmutter. In einer Familie ist wichtig, zu jedem Fest etwas zu essen mitzubringen, in einer anderen gilt das als Beleidigung. Familienregeln werden am Modell gelernt, wir machen als Kinder nach, was die Erwachsenen oder die älteren Geschwister uns zeigen. Familienregeln werden darüber hinaus mit Strafe und Belohnung verstärkt, das reicht bei den Strafen vom tadelnden Blick über körperliche Gewalt bis zum Verstoßenwerden; bei den Belohnungen vom Lob über Vergünstigungen bis zum Status des Lieblingskindes.

Familienregeln gelten immer nur innerhalb einer Familie, das ist für die Beteiligten manchmal schwer zu verstehen, da Familienregeln sehr tief verankert sind und sich anfühlen wie das einzig Richtige auf der Welt.

Individuelle Regeln

Aus all diesen kollektiv vorgegebenen Regelwerken formt sich in jedem einzelnen Menschen ein einmaliger Mix aus Überzeugungen darüber, was richtig, angemessen, moralisch gut und auch sinnvoll sei. In dieser Mischung sind viele kleine Regeln enthalten, die zum Beispiel die Notwendigkeit von Zahnpflege oder die Angemessenheit von höflichen Begrüßungsworten betreffen. Sie enthalten aber auch sehr tief greifende Regeln, die den meisten Menschen oft erst bewusst werden, wenn sie nicht in der Lage sind, ihre eigenen Regeln zu erfüllen. Eine solche Regel ist für viele Eltern: »Eltern haben unter allen Umständen dafür zu sorgen, dass ihre Kinder gesund, erfolgreich und glücklich sind.« Diese individuelle Regel hat für die betroffenen Eltern den Rang eines Naturgesetzes. Schon die ernsthafte Erkrankung eines Kindes ist für diese Eltern mit einem intensiven und schuldbehafteten Versagensgefühl verbunden. Wenn ein Kind stirbt, ist das für diese Eltern neben dem entsetzlichen Verlust des Kindes auch ein subjektiv zugeschriebenes Schuldigwerden gegenüber sich selbst und sogar der Natur!

Noch schwieriger wird es in diesem Beispiel durch die Tatsache, dass wir an ein Naturgesetz glauben, demzufolge Eltern immer vor ihren Kindern sterben. Das Bewusstsein, gegen ein Naturgesetz zu verstoßen, ist nahezu unerträglich in seiner massiv empfundenen Schuldhaftigkeit. Dass wir es hier aber nicht mit einem Naturgesetz zu tun haben, zeigt ein Blick über die Landesgrenzen hinweg oder in die eigene Geschichte: In Ländern mit einer höheren Kindersterblichkeit durch Mangelernährung und unzureichende medizinische Versorgung gilt es eher als Naturgesetz, dass mindestens ein Drittel aller geborenen Kinder das Schulalter nicht erreicht. Dabei ist es nur üblich und gewohnt.

Individuelle oder subjektive Regeln und Normen fühlen sich für den Einzelnen wie unumstößliche Naturgesetze an. Sie werden deshalb auch weiter befolgt, wenn der ursprüngliche Geltungsbereich einer Regel verlassen wird. Beim Verlassen des Elternhauses und Eintritt in das Zusammenleben mit anderen Menschen wird es oft als befreiend erlebt, bisher gültige (Familien-)Regeln zu brechen, die z. B. die Sauberkeit, die Mahlzeiten, die sexuellen Kontakte und die Schlafenszeiten regelten. Im Lauf der Jahre entdecken die meisten Menschen, dass sie zurückkehren zu den familiär erlernten Regeln – manchmal ist es an Äußerlichkeiten sichtbar, manchmal sind es tiefe Grundüberzeugungen und Werte. Die individuellen Regelwerke eines Menschen sind wie eine Zwiebel aus vielen Schichten – familiäre Regeln, Regeln aus der Studienzeit, Regeln aus der ersten Ehe, Regeln aus der Freizeitgruppe, Regeln, die für ein Geschlecht gelten, Regeln, die für eine Generation gelten, neue Regeln, die in Therapie und Meditation formuliert wurden. Es ist für die/den Einzelne(n) selbst nicht bis in die tiefste Schicht durchschaubar, nach welchen Regeln er/sie funktioniert, die Reaktion in Krisenzeiten zeigt manchmal die weiterbestehende Gültigkeit einer Regel, die als längst überwunden galt. Umso schwieriger ist es für den Außenstehenden nachvollziehbar, welche Regeln ein anderer sich als gültig gesetzt hat.

Was uns in der Trauerbegleitung begegnet und interessiert, sind diese individuellen Regelwerke. Unser offenes Ohr und unsere Neugier gelten dem, was dieser einmalige Mensch, der vor uns sitzt, in seinem bisherigen Leben an Regeln internalisiert hat. Denn diese Regelwerke haben viel Einfluss auf das, was dieser Mensch mit seinen Schuldzuweisungen an sich oder andere meint. Erst wenn wir diese Zusammenhänge verstanden haben, können wir wirksame Entlastungsangebote machen.

Wir sind keine JuristInnen, die über Recht und Unrecht nach den Maßgaben von Bundesgesetzen urteilen müssen. Wir sind keine SeelsorgerInnen, die über theologische Schuld entscheiden, womöglich sogar ihre Vergebung durch Gott in Aussicht stellen (liebe KollegInnen aus der Seelsorge, ich gehe davon aus, dass auch Sie in der Trauerbegleitung manches Mal die Theologie in den Hintergrund stellen). Wir sind Begleitende, Mitmenschen, BeraterInnen, die sich den Luxus erlauben können, unvoreingenommen zuzuhören. Dieses Zuhören ist die Basis des Arbeitens mit Normativen Schuldvorwürfen. Unter bestimmten Umständen ist es möglich, mit Menschen an ihren Normen zu arbeiten, sodass sie ihnen bewusst werden oder sie sogar eine Änderung ihrer verinnerlichten Regeln vornehmen. Die Arbeit mit Normativen Schuldvorwürfen beinhaltet auch die detaillierte Ergründung von Fakten und hergestellten Deutungszusammenhängen. Die Möglichkeiten von Vergebung zu erörtern, das gehört ebenfalls zur Arbeit mit Normativen Schuldzuweisungen. Ich nenne all diese Arbeitsweisen »Direktes Arbeiten«, weil sie sich *direkt* auf den Inhalt der geäußerten Vorwürfe beziehen (mehr dazu s. S. 151ff.). Im Gegensatz dazu steht das von mir so benannte »Indirekte Arbeiten« mit Instrumentellen Schuldzuweisungen.

Instrumentelle Schuldvorwürfe

Wir empfinden Schuldvorwürfe stets als normativ, also als Unterstellung, jemand hätte eine festgelegte Norm oder ein Gesetz gebrochen. Das ist jedoch ein Missverständnis, denn ein Großteil der Vorwürfe, die im Rahmen von Krankheits-, Sterbe- und Trauerprozessen erhoben werden, sind »Instrumente«, die existenzielle Grundbedürfnisse befriedigen sollen. Diese »Instrumentellen Schuldvorwürfe« beziehen sich nicht eigentlich auf den Bruch einer Norm, eines Gesetzes oder eines inneren Anspruchs – auch wenn es so aussieht und so formuliert wird. Vielmehr dienen sie als Mittel zum Zweck, das heißt, sie sind ein meist unbewusst eingesetztes Instrument zur momentanen oder langfristigen Situationsbewältigung. Sie beantworten quälende Fragen und befriedigen existenzielle Grundbedürfnisse, die in krisenhaften Lebenssituationen entstehen:

Diese Grundbedürfnisse sind die nach
- *Erklärungszusammenhängen,*
- *nach Bindung,*
- *nach persönlicher Handlungsfähigkeit.*
- Situativ werden Schuldzuweisungen auch genutzt, um akute Überforderung zu kompensieren (Schuldzuweisungen dienen dann als *kurzfristiges Ventil*);
- oder um andere Gefühle und Gedanken zeitweise zu überdecken (Schuldzuweisungen dienen dann als *Platzhalter*).
- Manche Menschen sind seit ihrer frühen Kindheit mit Normativen Schuldkonzepten z. B. im religiösen oder schulischen Rahmen konfrontiert worden oder sie haben Instrumentelle Schuldvorwürfe (in der Regel gegen sich selbst) genutzt, um Situationen zu überleben, in denen ihre Handlungsfähigkeit oder ihre Bindung zu anderen Menschen nicht mehr gegeben waren. Für diese Menschen ist Schuld ein *Lebensmuster*, das auf jede beliebige Situation angewandt wird und damit selbstverständlich auch auf ihre Trauer.

Schuld schafft Erklärungs-Zusammenhänge

Wie der Begriff »Schuldzusammenhang« schon sagt – hier werden Geschehnisse miteinander in Verbindung gebracht. Schuld ordnet das, was geschehen ist, exakt hintereinander und behauptet ein ursächliches Verhältnis. Schuldzusammenhänge sind das Gegenteil von Zufällen und Beliebigkeit. Damit machen Schuldzusammenhänge undurchsichtige Geschehnisse überschaubar. Schuldzusammenhänge machen die Welt erklärbar.

Das Alte Testament ist wie alle Mythen der Welt voll von dieser Art der Welterklärung: Die große (Sint-)Flut kommt als Strafe für die Bosheit der Menschen im Allgemeinen. Die Ägypter müssen Naturkatastrophen (Plagen) über sich ergehen lassen, weil sie das Volk Israel nicht freigeben. Die Sprachen der Menschen werden verwirrt, weil sie einen zu hohen Turm (zu Babel) bauen usw.

Gleichzeitig erzählt das Alte Testament eindringlich davon, dass Gehorsam und Gottesfurcht allein keine Garantie für ein glückliches Leben sind. Hiob ist das bekannteste Beispiel für einen Mann, der sich an alle Regeln hält und trotzdem von Not und Unglück getroffen wird. Es gibt Unglück ohne vorangegangene Schuld, beschreibt diese Geschichte in einprägsamen Bildern. Doch für die, die nach dem Tod des Kindes, Partners, Geschwisters zurückbleiben, ist das oft nicht aushaltbar. Wenn Unglück nicht als Strafe angesehen werden kann, dann gibt es auch keine Möglichkeit, sich durch gutes, gottgefälliges, ethisch korrektes Verhalten vor Unglück zu schützen. Die existenzielle Unsicherheit, die damit in jedes Leben tritt, ist für die meisten Menschen nicht aushaltbar. Das Bewusstsein von »Ich versteh die Welt nicht mehr« oder »Das kann doch nicht wahr sein« ist in einer Verlustsituation nicht auch noch aushaltbar. Die Ratlosigkeit und Verwirrung angesichts von zunächst nicht erklärbaren Verlusten, Leiden und Abschieden wird durch einen konstruierten Schuldzusammenhang überschaubar. Schuldzusammenhänge können als (unbewusst eingesetztes) Instrument dienen, das Ordnung und Übersicht schafft.

Schuldvorwürfe zur Herstellung und Definition von Verbindung

Schuldvorwürfe sind mit einer starken gedanklichen und emotionalen Beteiligung verbunden. In emotional vorgetragenen Beschuldigungen kann sich daher der Wunsch nach mehr Kontakt ausdrücken. Kranksein, Sterben und Trauern sind Prozesse, die mit dem Verlust von vertrauten Bindungen verbunden sind. PatientInnen ebenso wie ihre Angehörigen und FreundInnen erleben sich vielfach allein mit einem überwältigenden Geschehen, einsamer und unverbundener als zuvor. Beschuldigungen können auch als Kontaktangebot verstanden werden, als Wunsch nach einer intensiven emotionalen Verbundenheit, die auf anderen Wegen nicht mehr erreichbar scheint.

Wer Schuldvorwürfe so versteht, kann statt verletztem oder empörtem Rückzug andere Kontaktmöglichkeiten suchen und anbieten.

Schuldzusammenhänge können Beziehungen aufrecht erhalten oder (wieder) herstellen, gleichzeitig definieren sie die Beziehungen der beteiligten Menschen.

Wenn wir Schuldzusammenhänge als Rollenspiel inszenieren würden, dann gäbe es drei Rollen, die unbedingt besetzt werden müssen: die des Opfers, die des Täters und die des Richters. Nebenrollen, die besetzt werden könnten, sind: Ankläger, Verteidiger, Zeugen und Sachverständige. Stellen Sie sich eine Bühne vor, darauf ein Richtertisch. Dahinter befindet sich der Stuhl des Richters, davor sind die Plätze der beiden Hauptbeteiligten: des Opfers, das einen Schaden erlitten hat, und des Täters, der diesen Schaden zugefügt hat.

Der Mensch, der einen Schuldzusammenhang konstruiert, besetzt nun die einzelnen Stühle und Rollen mit Personen. Stellen wir uns vor, diese konstruierende Person ist eine Frau, deren Mann soeben im Krankenhaus gestorben ist. Sie macht dem behandelnden Arzt Vorwürfe, nicht genug für ihren Mann getan zu haben. Aus dem Blickwinkel des von ihr subjektiv konstruierten Schuldzusammenhangs säßen auf dem

– Platz des Opfers: ihr Mann, denn er hätte länger leben können, wenn der Arzt ihn besser behandelt hätte;
– Platz des Täters: der Arzt, denn er »hat ihren Mann auf dem Gewissen«;
– Platz des Richters: sie selbst, denn sie ver-urteilt die Diagnosen und Behandlungen des Arztes als falsch.

Aus Seminaren mit Ärzten und Pflegenden weiß ich, dass das eine häufige Situation ist. Sie hat oft mit dem oben angesprochenen Bedürfnis nach Erklärung und (Kausal-)Zusammenhang zu tun. An dieser Stelle interessiert mich aber ein weiterer Aspekt. Diese Frau hat den behandelnden Arzt zuvor einige Male für wenige Minuten gesehen, sie kennt ihn nicht, und er kennt sie nicht. Sie wüssten nicht einmal den Namen des anderen, wenn er nicht auf dem

Namensschild des Arztes und in der Akte des soeben verstorbenen Mannes stünde. Trotzdem haben die beiden in diesem Moment einen sehr intensiven Kontakt zueinander. Der gemeinsame Auftritt im Schuldzusammenhang der Frau nimmt ihrer Begegnung das Momenthafte. Für die betroffene Frau ist dieser Arzt plötzlich derjenige, der über Leben und Tod ihres Mannes und damit auch über ihre eigene Zukunft entschieden hat. Für den Arzt stehen Selbstzweifel an seiner Behandlung und die Bedrohung durch ein Disziplinarverfahren im Raum, dazu kommt die heftige und direkt an ihn gerichtete Emotionalität dieser Frau, die den vielleicht nur minutenlangen Kontakt auch für ihn zu einer intensiven Begegnung macht, die er nicht so schnell vergisst.

Schuldzusammenhänge definieren Beziehungen.

Sie können aus Freunden Feinde machen, wenn es etwa um Grundstücksgrenzen oder geliehenes Geld geht. Alles andere ist vergessen, wenn zwei auf der Schuldbühne platziert sind. Dort sitzen sie in ihren jeweiligen Rollen als Opfer, Täter und Richter. Die einzige mögliche Bewegung und Veränderung *innerhalb* des Rollenspiels ist ein Wechsel der Stühle (vgl. »Vagabundierende Schuld«, S. 48ff.). Wie beim »Bäumchen-wechsel-dich«-Spiel wechseln die Vorwürfe gegen andere sich ab mit Vorwürfen gegen sich selbst und dann wieder andere und so fort. Innerhalb des Spiels gibt es nur einen Rollentausch oder die Doppelbesetzung von Rollen.

Gefühle wie Liebe und Vertrauen sind in diesem Gerichtssaal nicht relevant. Grundeinstellungen wie Respekt und Mitgefühl sind innerhalb eines Opfer-Täter-Zusammenhangs nicht möglich, weder für die Opfer noch für die Täter und schon gar nicht für die richtende Instanz. Der Aufbau eines Schuldzusammenhangs bringt Menschen in enge Beziehung zueinander, aber nicht durch Liebe, Respekt oder Vertrauen! Die Nähe, die im gemeinsamen Schuldspiel entsteht, ist geprägt durch Misstrauen, Angst vor Strafe, Rachsucht, Wunsch nach Bestätigung, Zweifel, Scham und Härte.

Das schafft oft Entfremdung zwischen Menschen, die sich eigentlich durch andere Gefühle nah waren und sind. Denken Sie an Ehepartner, nachdem einer eine Affäre hatte und das für mindestens einen von beiden einen Verstoß gegen die Regeln der Beziehung darstellt.

Während das Schuldspiel tatsächlich oft Entfremdung herbeiführen kann, ist es doch auch in der Lage, Nähe zu schaffen, wo sonst keine wäre.

Wenn Partnerschaften zerbrechen und alle ursprünglichen Gemeinsamkeiten und Bindungsfaktoren nicht mehr vorhanden sind, dann dienen Beschuldigungen oft als neues Bindeglied und schaffen damit eine neue intensive emotionale Verbundenheit. Schuldvorwürfe (gegen sich selbst, gegen den anderen, durch den anderen) führen zu einer starken emotionalen und kognitiven Beschäftigung mit dem/der anderen. Schuldzusammenhänge können ein (unbewusst eingesetztes) Instrument zur Herstellung von Nähe und Verbundenheit – auch über Trennung und Tod hinaus – sein.

Schuldzusammenhänge als Bindungsfaktor über den Tod hinaus

Vor einigen Jahren habe ich die folgende Szene erlebt: Nach einem Vortrag konnten Fragen gestellt werden, und in der letzten Reihe stand eine ca. vierzigjährige Frau auf und stellte mir folgende Frage: »Mein Sohn hat sich vor fünf Jahren das Leben genommen und ich fühle mich so schuldig daran. Was soll ich nur tun?« Ich antwortete mit einer Gegenfrage: »Sagen Sie mir doch bitte – was würde geschehen, wenn die Schuld weg wäre?« Die Fragerin wirkte sehr angespannt und antwortete schließlich zu meiner Überraschung: »Dann wäre mein Sohn weg!«

In diesem Moment entstand in mir die Idee, Schuld neu und anders anzusehen. Diese trauernde Mutter hatte mir erlaubt zu verstehen, dass Schuldzusammenhänge einen Nutzen für Trauernde haben können. Die Selbstbezichtigungen dieser trauernden Mutter waren das letzte Bindeglied zu ihrem verstorbenen Sohn. Ohne Schuldzusammenhänge hätte sie keine innere Verbindung zu dem toten Sohn mehr gehabt. Dieser Nutzen war ihr nicht bewusst, vielmehr litt sie unter den Selbstbestrafungen und den damit verbundenen Stresssymptomen. Dennoch konnte kein Mensch dieser Frau den Schuldzusammenhang wegnehmen. Ihr die selbst zugeschriebene Schuld zu nehmen oder auch nur zu erleichtern, das hätte bedeutet, sie noch stärker von ihrem verstorbenen Sohn zu entfernen.

Einige therapeutische Schulen und auch viele TrauerbegleiterInnen stehen diesem Bedürfnis nach Verbundenheit mit den Verstorbenen sehr kritisch gegenüber. Sie raten Hinterbliebenen eindringlich zum »Loslassen« und zum Akzeptieren der Endgültigkeit eines Todes. Trauernde selbst befürworten das – sie möchten gar nicht in Rückblicken oder Illusionen verharren, ihr Interesse an einem erträglichen Weiterleben ist groß. Zu einem aushaltbaren Weiterleben gehört für manche Trauernden jedoch eine innige Verbundenheit mit den Verstorbenen. Diese Trauernden ringen für sich allein um eine Form des Verbundenseins, da es in der christlich geprägten westlichen Gesellschaft wenige kulturelle und spirituelle Angebote gibt, dieses Bedürfnis zu erfüllen.

»In Verbindung bleiben« kann verschiedene Gesichter haben. Als hilfreich werden alle positiven Aspekte einer Bindung erlebt. Angenehme Erinnerungen, das Kopieren von vorbildhaftem Verhalten des Verstorbenen, das Bewusstsein von innerem Reichtum durch gemeinsame Erlebnisse, aber auch die Wahrnehmung einer liebevollen Präsenz, die Vorstellung von Schutzengeln und himmlischen Ratgebern. Leider können auch negative Aspekte einer Beziehung starke Bindungsfaktoren darstellen – darauf haben die Trauertheoretiker bisher wenig geachtet. Hass, Enttäuschung und Schuldzusammenhänge installieren starke bleibende Bindungen. Wir alle haben das schon einmal beim Zerbrechen einer Liebesbeziehung erlebt. Wenn alle positiven gemeinsamen Erlebnisse und Gefühle aufgebraucht sind, ein Paar aber noch nicht ohne einander leben kann/will, dann wird über negative Gefühle eine starke emotionale Verbindung hergestellt. Partner, die in Scheidung leben – und oft lange darüber hinaus –, können sich intensiv miteinander beschäftigen über Rechtsstreitigkeiten, Verbitterung, Eifersucht und Schuldzuweisungen. So ist der jeweils andere weiterhin das emotionale Zentrum des eigenen Lebens und es entsteht eine enge fortgesetzte Bindung, die ohne gemeinsamen Haushalt, geteilten Alltag und ohne Liebe füreinander auskommt.

Dasselbe kann auch geschehen, wenn ein geliebter Mensch erkrankt und schließlich stirbt. Im Verlauf der Erkrankung gehen Bindungsfaktoren Stück für Stück verloren: von gemeinsamen Aktivitäten über geteilte Aufgaben bis hin zu gemeinsamen Zukunftsplänen.

Alles, was zuvor emotional verbunden hat, droht mit diesen Gemeinsamkeiten zu verschwinden. Es fehlt der gemeinsame Alltag mit seinen Sorgen und Selbstverständlichkeiten, es gibt kaum noch geteiltes Glück; die Freude auf den nächsten Urlaub oder die goldene Hochzeit weicht der Erkenntnis, dass es dazu nicht mehr kommen wird. An die Stelle von Liebe, Vertrautheit und Hoffnung treten Überforderung, Widerstand und Hilflosigkeit. Entfremdung entsteht, Kontakt wird immer schwieriger, das Zusammensein mit dem erkrankten Menschen wird mühsam, wir erkennen ihn und uns selbst nicht wieder, wir würden ihm am liebsten aus dem Weg gehen, die Gedanken an seinen elenden Zustand verbannen. Gleichzeitig ertragen wir die Getrenntheit nicht. In dieser Verfassung können wir aus den vielen negativen, belastenden Erfahrungen und Gefühlen einen Schuldzusammenhang weben, der uns wieder in unmittelbare und untrennbare Verbundenheit mit dem anderen bringt. Diese Schuldzusammenhänge heißen z. B.: »Wenn ich nur früher auf diese Anzeichen geachtet hätte, ginge es dir heute nicht so schlecht«, »Wenn du nicht so rücksichtslos auf diese Motorradtour bestanden hättest, müssten deine Kinder jetzt nicht auf ihren Vater verzichten«.

Wir können diesen Menschen, der durch seine Erkrankung von uns abrückt oder im Tod ganz von uns getrennt ist, weiterhin zum Mittelpunkt unserer Gefühle und Gedanken machen. Schuldzusammenhänge geben uns die Möglichkeit, schnell und einfach eine enge Bindung herzustellen zu jemandem, der mir »eigentlich« schon verloren gegangen ist. Das macht Schuld auch hilfreich für Hinterbliebene, die ein Bedürfnis nach fortgesetzten Bindungen zu Verstorbenen haben.

Manche Trauernde empfinden den Tod selbst oder die Art, wie das Sterben geschah, als Verletzung und Angriff. Das ist vor allem bei plötzlichen und traumatischen Todesarten so. Trauernde, die ihre innere Verbindung zu dem Verstorbenen über Schuldzusammenhänge herstellen, erinnern sich vordringlich an belastende gemeinsame Erlebnisse. Die Beziehung wird in der Erinnerung auf negative Anteile reduziert, weil nur die für einen Schuldzusammenhang tauglich sind.

Eine fortgesetzte Bindung über Schuldzusammenhänge ist stark, aber sehr einseitig und belastend. Zu den notwendigen Ausgleichshandlungen (Strafe, Buße, Wiedergutmachung) kommt die Neuformulierung der eigenen Geschichte. Wenn die überlebensnotwendige Bindung an den Verstorbenen über Schuldzusammenhänge hergestellt wird, muss die erinnerte Geschichte mit diesem Verstorbenen auf Schuldzusammenhänge hin »überarbeitet« werden. Dabei werden belastende, enttäuschende und unbefriedigende Beziehungsanteile in den Vordergrund gestellt. Alles, was in der Beziehung als beglückend und bereichernd erlebt wurde, muss in den Hintergrund, weil es den Schuldzusammenhang in Frage stellt. Für Menschen, die ihre bleibende Bindung an den Verstorbenen über Schuld herstellen, ist die Erinnerung nicht tröstlich oder stärkend, sondern niederschmetternd. Aber sie ist stark und damit erfüllt sie ihren Zweck.

In Schuldzusammenhängen gibt es nur Opfer, Täter und Richter. Ein ausgewogener Rückblick auf einen Menschen und eine Beziehung sind im Schuldzusammenhang nicht möglich. Das führt zu einem Teufelskreis – zunächst wird aus Sehnsucht ein Schuldzusammenhang hergestellt, der die innere Bindung an einen Sterbenden oder Gestorbenen aufrechterhält. Dazu müssen negative Erlebnisse und Bilder in den Vordergrund gerückt werden. Um den Bindung erhaltenden Schuldzusammenhang aufrechtzuerhalten, muss die Erinnerung an den Erkrankten/Verstorbenen auf negative und belastende Beziehungsanteile reduziert werden. Schöne Erinnerungen passen nicht ins System und eine differenzierte Sicht auf Menschen und Ereignisse auch nicht. Im Schuldzusammenhang gibt es nur »Gute« und »Böse«, alle Graustufen sind verboten. Das realistische Reflektieren und Ergründen einer Beziehung ist innerhalb des Schuldzusammenhangs nicht möglich. Die innere Verbundenheit wird um den Preis der einseitig auf Negatives gerichteten Erinnerungen und der massiven Abwertung einer Beziehung aufrechterhalten.

In der Begleitung ist es notwendig, das diesem Teufelskreis zugrunde liegende Bedürfnis nach Verbundenheit zu erkennen. Aufforderungen zum Loslassen erreichen da häufig genau das Gegenteil der erwünschten Befreiung. Wenn wir stattdessen das tiefe Bedürfnis nach Bindung mit Verstorbenen ernst nehmen, erhalten wir den Arbeitsauftrag, andere, positivere Bindungsfaktoren freizulegen. Erst wenn es den Angehörigen möglich ist, die Erkrankten oder Verstorbenen so nah bei sich zu spüren, wie sie es brauchen, werden sie den Schuldzusammenhang aufgeben.

Sich selbst Schuld zuweisen als »Ermächtigung«

Schuldzuweisungen gegen sich selbst (umgangssprachlich oft »Schuldgefühle« genannt) sind hartnäckig und erzeugen einen hohen Leidensdruck. Trauernde, die sich selbst die Schuld am Tod des Partners, Elternteils, Kindes oder Geschwisters geben, werden schnell als uneinsichtig abgestempelt. Die Schuld, die sie sich selbst zuschreiben, bezieht sich selten auf klar umrissene juristische Tatbestände, vielmehr werfen sie sich vor, lieblos, ungeduldig, egoistisch und unaufmerksam gewesen zu sein. Das damit verbundene Selbstbild ist negativ, der Selbstwert sinkt durch solche Vorwürfe ständig.

Ich nenne Ihnen zwei Beispiele von KlientInnen:

Herr A. war Lehrer und bekannt dafür, seine Schüler bedingungslos zu unterstützen. Viele junge Menschen denken voll Dankbarkeit an ihn. Sein eigener Sohn erkrankte im Alter von 17 Jahren an einer Jugendschizophrenie und nahm sich zwei Jahre später das Leben. Herr A. warf sich vor, seine Arbeit über seine Familie gestellt zu haben und mit seinem Engagement für andere Jugendliche seinen eigenen Sohn aus den Augen verloren zu haben. Sein Sohn sei nicht erkrankt, vermutete Herr A., wenn er sich mehr um ihn gekümmert hätte. Er glaubte, dass sein Sohn sich auf keinen Fall getötet hätte, wenn er, Herr A., wirklich ein guter Pädagoge wäre. Er zweifelte an seiner viel gerühmten Fähigkeit, zuzuhören, an seiner Integrität und seiner Fähigkeit, junge Menschen positiv zu beeinflussen. Er gab die Arbeit als Vertrauenslehrer auf und erlebte sich im Kontakt zu SchülerInnen und Eltern als ungewohnt unsicher.

Frau M. war eine Geschäftsfrau, die ihr kleines Unternehmen durch viele Krisen gesteuert hatte. Für ihre lernbehinderte Tochter hatte sie eine gute Ausbildung erkämpft und auch in der Lokalpolitik einiges erreicht. Sie war es gewohnt, zu kämpfen und mit harter Arbeit ihre Ziele zu erreichen. Als ihr Mann erkrankte, organisierte sie seine Therapien und unterstützte ihn mit allen Mitteln. Trotzdem starb er innerhalb von zwei Jahren und litt in seinen letzten Monaten große Schmerzen. Frau M. beschuldigte zunächst die behandelnden Ärzte, dann ihre Schwiegerfamilie (vgl. »Vagabundierende Schuld«, S. 48ff.). Wenige Wochen nach dem Tod ihres Mannes begann Frau M. sich selbst anzuklagen. Sie hielt sich für eine schlechte Ehefrau, die mit dem Interesse an ihrem Beruf und der Lokalpolitik ihren Mann vernachlässigt habe. Diese angenommene Vernachlässigung hielt sie für die Ursache seiner Erkrankung. Sie begann zunehmend, auch ihre Reaktion auf seine Erkrankung und schließlich seine Sterbesituation als schuldhaft einzuschätzen. Sie interpretierte ihr Verhalten als oberflächlich, distanziert, ausweichend und lieblos. Schließlich gab sie sich selbst die Schuld an seinen schwer zu lindernden körperlichen Schmerzen, die seien eine Folge ihres »Festhaltens« an ihm gewesen. Frau M. verlor das Vertrauen in sich selbst, verkaufte ihren Laden und zog sich aus der Lokalpolitik zurück.

Was haben die beiden gemeinsam? Herr A. ebenso wie Frau M. sind Menschen, die sich als »selbstwirksam« erleben, ihre Handlungen hatten positive Folgen, sie konnten etwas ausrichten und waren dem Leben nie zuvor hilflos ausgeliefert. Mit dem Tod des Sohnes bzw. Ehemanns mussten die beiden sich in eine Situation fügen, die ihnen großes Leid zufügte, auf das sie aber keinen Einfluss hatten. Ihre Mitwirkungsmöglichkeiten waren eingeschränkt und schließlich nicht mehr existent, irgendwann waren sie den Situationen vollständig ausgeliefert.

Innehalten

Nehmen Sie sich einen Moment Zeit und überlegen Sie, in welchen Situationen Sie ausgeliefert und ohne Einfluss sind. Wie fühlen Sie sich dann, wie reagieren Sie darauf?

Das Erleben von Ausgeliefertsein und Ohnmacht ist ein unangenehmes Erleben. Es löst Panik und Abwehr aus – im Extremfall kann Ausgeliefertsein lebensbedrohlich werden. Ausgelieferte Menschen können sich nicht mehr wehren, unabhängig davon, wie sehr sie sich anstrengen – weder gegen Schicksalsschläge noch gegen tätliche Gewalt. Das Ohnmächtig- und Ausgeliefertsein führt häufig zu großen seelischen und körperlichen Verletzungen. Der ausgelieferte Mensch ist von außen betrachtet ein Opfer, entweder ein Opfer der Umstände oder ein Opfer anderer Menschen. In der Innenschau jedoch halten sich viele ausgelieferte Menschen für diejenigen, die ihr eigenes Ausgeliefertsein und die damit verbundenen Verletzungen selbst verursacht haben. Sie drehen in ihrer Deutung der Leidenssituation den Spieß um und machen sich vom ausgelieferten Opfer zum handelnden, verursachenden Täter. Damit ist das Panik erzeugende Ausgeliefertsein zumindest im Bereich der Deutung und der Erinnerung abgewehrt.

An den Beispielen von Herrn A. und Frau W. ist deutlich abzulesen, wie diese innere Umbewertung funktioniert. Beide sind daran gewöhnt, mit ihrem Handeln und Sein Situationen zu beeinflussen, es liegt nahe, dass sie sich auch einen Einfluss auf die Sterbesituationen ihrer nahesten Menschen zuschreiben. Ein bewusstes Eingeständnis ihrer Ohnmacht dem Erkranken und Sterben gegenüber würde ihr Selbstbild zerstören. Es passt besser zu ihrer Identität, sich Einfluss auf das Sterben der anderen zuzuschreiben. Damit begeben sie sich ungewollt in einen Schuldzusammenhang, denn es ist »verboten«, aktiv an Schmerzen und Tod eines anderen beteiligt zu sein. Dieses Verbot bezieht sich auf kollektive juristische und moralische Regeln, die Mord ächten. Darüber hinaus steht es in Verbindung zu ungeschriebenen familiären, gesellschaftlichen und moralischen Regeln über die »richtige« Art, zu lieben und Beziehungen zu leben. Eigene Verstöße gegen diese oft wenig bewussten, aber tief verinnerlichten Normen werden als Ursache für Krankheit und Tod des/der anderen interpretiert. Damit ist das Problem des unerträglichen, lebensbedrohlichen Ausgeliefertseins gelöst – der/die Trauernde kann sich als aktiv und einflussreich annehmen, auch wenn das zu einer ebenfalls unerträglichen Sichtweise führt: nämlich aktiven Einfluss auf den Tod eines anderen genommen zu haben.

Diese Umdeutung von Machtverhältnissen ist bei allen Menschen zu beobachten, die einer verletzenden Situation wehrlos ausgeliefert waren.

Manche Menschen erleben solche Situationen als Kind, wenn sie körperlicher, sexueller und emotionaler Gewalt ausgeliefert sind. Sie sind zu schwach und zu abhängig von den Erwachsenen, die ihnen das antun, um sich effektiv wehren zu können. Sie sind ausgeliefert und ohnmächtig, das ist eine Situation, die ihnen den Verstand rauben und sie psychisch krank machen könnte. Daneben gibt es eine andere Lösung, die ebenfalls mit dem Verstand zu tun hat: Sie können in ihrer Sicht auf die Dinge die Rolle wechseln. In ihrem subjektiven Deutungssystem können sie den Platz des ohnmächtigen Opfers verlassen und die Rolle des machtvollen Täters einnehmen. Sie können den Schuldzusammenhang so konstruieren, dass sie selbst in der einflussreichen, machtvollen Rolle des Täters ihren Verstand und ihre Würde wahren können. Die Möglichkeit zur Ausgleichshandlung nehmen sie dankbar an. Nun gibt es Ausweich- und Handlungsmöglichkeiten für sie, die sie das Leiden und die Beschädigungen aushalten lassen.

Derselbe Mechanismus findet sich bei Menschen, die Vergewaltigung, Folter, Entführung oder Konzentrationslager überlebt haben. Es gibt nirgendwo so viele und so hartnäckige Schuldzuweisungen gegen sich selbst wie bei Menschen, die ausweglose Ohnmacht überlebt haben. Es ist eine erschütternde Gesetzmäßigkeit, dass die Anwender von Gewalt das durch sie verursachte Leid häufig ohne jedes Schuldbewusstsein zur Kenntnis nehmen, während die Opfer von Gewalt oft bis an ihr Lebensende unter »Schuldgefühlen« leiden.

Auch Angehörige und Hinterbliebene können sich als handlungsunfähig und ausgeliefert erleben. Die Ohnmacht angesichts eines plötzlichen Todes oder eines langsamen unaufhaltsamen Sterbens wird von manchen als unerträglich bis hin zur Existenzvernichtung erlebt. So wird der innere Rollentausch vorgenommen, der auch ein geschlagenes Kind oder einen Gefolterten in die Lage versetzt, nicht an dem Ausgeliefertsein verrückt zu werden. In der subjektiven Bewertung der Situation kann sich ein Trauernder aus seiner Ohnmacht »retten«, indem er sich selbst für schuldig oder zumindest mitschuldig erklärt.

Als »Schuldiger«, also als »Täter/Täterin« bin ich in der Lage, Einfluss zu nehmen und über das Schicksal zu bestimmen. Als Schuldige/r habe ich der Welt etwas entgegenzusetzen, ich bin handlungs- und gestaltungsfähig. Es ist *mein* Leben, *mein Plan*, und selbst wenn ich bisher »alles falsch« gemacht habe, bin ich doch prinzipiell in der Lage, irgendwann alles wieder ins Lot zu bringen.

Schuldvorwürfe gegen sich selbst sind ein wichtiger Überlebensmechanismus, den nur Menschen wählen, die sich durch ein Ereignis in ihrem Leben und ihrer Identität bedroht sehen (vgl. »Traumatische Trauer«, S. 92ff.). Diese Bedrohung wird immer subjektiv empfunden und kann nicht von außen beurteilt werden!

Menschen, die eine tiefe Ohnmachtserfahrung gemacht haben und diese mit einer Schuldzuweisung gegen sich selbst kompensieren, brauchen weder Besserwisserei noch zusätzliche Schuldzuweisungen wegen ihrer angeblichen Unvernunft. Sie profitieren von bedingungslosem Respekt, von Geduld und von Freiräumen, die sie mit ihren Entscheidungen, Wünschen und Impulsen füllen können – auch wenn diese Entscheidung heißt, ein Angebot nicht anzunehmen. Erst wenn einzelne, manchmal winzige Handlungs- und Entscheidungsräume geöffnet sind, kann das Ausgeliefertsein an einer anderen Stelle ertragen werden. Details zum Arbeiten mit Instrumentellen Schuldzuweisungen, die der persönlichen »Ermächtigung« dienen, finden Sie ab S. 147.

Aushalten

Es kann sein, dass Sie selbst noch nie in einer lebensbedrohlich ausgelieferten Lage waren, dann wird Ihnen dieser Punkt rätselhaft erscheinen. Ich bitte Sie, mir zu glauben, dass der beschriebene Zusammenhang existiert. Sie sind ein beneidenswerter Mensch, dem solche Erfahrungen bisher erspart geblieben sind!

Abstand halten

Es fällt den meisten von uns ausgesprochen schwer, die Selbstbezichtigungen anderer Menschen unwidersprochen hinzunehmen. Wir fühlen uns aufgerufen, »die Wahrheit« zu vertreten und »die Dinge klarzustellen«. Das gilt besonders, wenn ein Mensch offensichtlich ohnmächtig einer Situation gegenübersteht, für die er sich selbst schuldig spricht. Dieser wohlmeinende Impuls entmündigt die betreffenden Menschen – wir maßen uns an, es besser zu wissen als sie, und bestehen darauf, dass unsere Ansicht die richtige sei. Wir behandeln sie wie unmündige Kinder, wir gängeln sie: »Du musst das jetzt endlich mal lassen mit den Schuldgefühlen«; »Sehen Sie denn nicht, wie unsinnig das ist, was Sie da denken!« Damit bringen wir sie erneut in eine ohnmächtige, unterlegene Position. Diese Ohnmacht ist es aber, die sie nicht ertragen und der sie mit ihrem Schuldkonstrukt entgegentreten. Solange wir das nicht verstehen, vertiefen wir mit dem Beharren auf unser besseres Wissen die Notwendigkeit für die Aufrechterhaltung der jeweiligen Schuldkonstrukte.

Innehalten

Trauernde und Sterbende, die sich selbst (und schließlich auch andere) beschuldigen, um ihre Ohnmacht zu kompensieren, zwingen Helfende, sich mit ihrer eigenen Machtlosigkeit zu beschäftigen. Was bleibt, wenn wir nicht in dem von uns selbst gewünschten/geforderten Umfang helfen und wirksam sein können? Die Gefahr, uns selbst zu »ermächtigen«, indem wir uns selbst beschuldigen, schlechte Beratungsarbeit zu leisten, ist groß. Die eigene Ohnmacht angesichts des Leids von KlientInnen ist besser auszuhalten, wenn wir befriedigende Wirkungsmöglichkeiten an anderer Stelle haben.

Nehmen Sie sich einen Augenblick Zeit und überlegen Sie, wo Sie sich als handlungsfähig erleben und mit dem, was Sie tun, rundum zufrieden sind.

Schuldvorwürfe als Ventil oder Platzhalter

Überfordernde Belastungen führen oft zu Beschuldigungen, die heftig und kompromisslos vorgetragen werden, aber genauso schnell auch wieder gegenstandslos sind. Zu den akuten Überlastungssituationen gehören das Anhören einer Todesnachricht z. B. nach einem Unfall oder Suizid, aber häufig auch die Sterbesituation in einem Hospiz oder Krankenhaus.

Beschuldigungen dienen dann als Ventil für Unglauben, Abwehr und Erschütterung. Sie können sich gegen alle Beteiligten richten, die Überbringer der Todesnachricht, die Pflegenden, die Verstorbenen, Verwandten und Freunde und nicht zuletzt gegen sich selbst. Sie werden heftig und manchmal mit Körpereinsatz vorgebracht. Trotz der momentanen Vehemenz ist es wichtig für den professionellen Kontakt, die dahinterliegende Überforderung und tiefe Verzweiflung zu verstehen und nur darauf zu reagieren! Die Kapitel »In Kontakt kommen« (S. 104ff.) und »Stabilisieren« (S. 107ff.) beschreiben ausführlich Arbeitsansätze dazu.

Unabhängig von akuten Notsituationen können Schuldvorwürfe rund um den Todesfall auch langfristig als eine Art Platzhalter für andere Gefühle und Gedanken genutzt werden. Sie überdecken dann drängende Probleme, denen sich der/die Trauernde nicht stellen kann. So erklärte mir eine Klientin zwei Jahre nach dem Suizid ihrer Tochter rückblickend, dass heftige Schuldvorwürfe gegen sich selbst und die Therapeutin ihrer Tochter ihr geholfen hätten, sich von den drängenden Schulden ihrer Firma und ihren eigenen gesundheitlichen Problemen abzulenken. Wenn Schuldzusammenhänge wie in diesem Beispiel über längere Zeit eine Platzhalterfunktion einnehmen, sind auch die damit verbundenen Strafmechanismen langwierig und lösen einen erheblichen zusätzlichen Leidensdruck aus.

Schuldvorwürfe als Lebensmuster

Für manche Menschen ist Schuld ein *Lebensmuster*, das auf jede beliebige Situation angewandt wird. Die Welt besteht in ihren Augen aus Opfern und Tätern. Auch sich selbst können sie nur in einer dieser Rollen sehen, meist wechseln die Zuschreibungen von Situation zu Situation und sind oft sogar gleichzeitig vorhanden. Solch ein Lebensmuster entsteht durch Prägung in der Erziehung oder durch eine Generalisierung von Instrumentellen Schuldvorwürfen zur Erhaltung von Handlungsfähigkeit, Bindung und Erklärungszusammenhängen.

Menschen, die das Leben ausschließlich in Schuldzusammenhängen wahrnehmen, müssen sich und andere unentwegt bestrafen. Das Bemühen um Ausgleich bleibt bestehen, aber dieses ersehnte Ziel bleibt unerreichbar. Was sich stattdessen einstellt, sind tiefe Verzweiflung und Verbitterung über die Vergeblichkeit der eigenen Bemühungen. Jede eigene Unzulänglichkeit, jeder persönliche Irrtum, jede kleine Unachtsamkeit und jeder Misserfolg werden in Schuldzusammenhängen wahrgenommen. Viele Selbstbestrafungen werden verhängt, so lange, bis überhaupt nicht mehr auseinanderzuhalten ist, welcher Verzicht auf welches Versagen zurückzuführen ist. Es entsteht ein Grundbewusstsein von eigener Schlechtigkeit, die durch keine noch so aufwändige Ausgleichshandlung mehr wettzumachen ist.

Hierher passt wieder das allererste Bild, das mir zu Schuld einfiel – die Spieluhr mit den drei kleinen Holzfiguren, die sich um die eigene Achse drehen, vor und zurück, vor und zurück, weil das die einzige Bewegung ist, die ihnen zur Verfügung steht, die sie jedoch nie vom Fleck kommen lässt.

Unerwartet viele Menschen sehen das gesamte Leben ausschließlich unter Schuldaspekten, sie sind durchdrungen von Schuldmechanismen und damit von Bestrafungen gegen sich selbst und andere. Ihr Selbstwert darunter ist erschütternd gering.

Wenn wir solchen Menschen in der Begleitung begegnen – und das tun wir zwangsläufig immer wieder –, sind wir mit unserer Hilflosigkeit konfrontiert. Lebensmuster sind innerhalb einer Trauerbegleitung nicht aufzulösen. Selbst eine lange und wirksame Therapie kann nur langsam einzelne Teile dieser Muster in Bewegung bringen.

Innehalten

Bewahren Sie Ruhe, bleiben Sie interessiert und wertschätzend, denn jeder Mensch hat mehr zu bieten als sein Lebensmuster »Schuld«.

Aushalten

Dieser Mensch bezahlt mit sehr viel Leid und Verzicht dafür, dass er die Welt für sich mit dem Lebensmuster ordnet. Er oder sie hat sich das nicht ausgesucht. Das Muster funktioniert, und der Mensch hat damit bis hierher überlebt, das wird er oder sie auch weiterhin, unabhängig von der Beratung!

Abstand halten

Ihre eigenen Schuldmechanismen werden vielleicht aktiviert, womöglich bemerken Sie, dass Schuld auch ein Teil Ihres Lebensmusters ist. Das müssen Sie nicht stellvertretend dem Klienten ausreden, Sie haben dafür Platz in Ihrer Supervision.

Übersichtstabelle

In der folgenden Tabelle habe ich die verschiedenen Formen von Schuldzuweisungen zusammengefasst. Für den Kontakt und die Arbeit mit Trauernden ist es wichtig, immer wieder neu zu überprüfen, welche Art der Schuldzuweisung vorliegt. Der aus meiner Sicht geringere Teil besteht in Normativen Schuldzuweisungen, das sind alle Vorwürfe, in denen sich Menschen tatsächlich mit sich und ihren Regeln auseinandersetzen. Ein direktes Eingehen auf dic geäußerten Vorwürfe ist nur bei diesen Normativen Schuldzuweisungen sinnvoll. Jedes intensive Gespräch über die Möglichkeiten des Verzeihens gehört zum Direkten Arbeiten mit Normativen Schuldzuweisungen! Mehr dazu finden Sie im Kapitel »Direktes Arbeiten«.

Wenn jedoch Beschuldigungen nur vordergründig Normbrüche anklagen, dahinter aber Grundbedürfnisse befriedigen, ist es sinnvoll, in der Arbeit auf diese Grundbedürfnisse einzugehen. Da in dieser Form des Arbeitens die geäußerten Schuldvorwürfe selbst kaum zur Sprache kommen, nenne ich sie »Indirektes Arbeiten«. Mehr dazu finden Sie im gleichnamigen Kapitel.

Die meisten Trauernden äußern sowohl Normative als auch Instrumentelle Schuldvorwürfe. Das Arbeiten mit Schuldvorwürfen kann ein langwieriger Prozess sein, der wechselnde Schwerpunkte hat und dementsprechend verschiedene Methoden erfordert. Das Innehalten, Aushalten und Abstandhalten bleiben den ganzen Prozess über die Grundlage der Begegnung.

		Die Schuldzuweisungen richten sich:
Normative Schuldzuweisungen (Direktes Arbeiten)	Als Ausdruck einer vermuteten Übertretung von juristischen Normen	*Hauptsächlich gegen andere*
	Als Ausdruck einer vermuteten Übertretung von ethischen oder religiösen Normen	*Gegen andere und sich selbst*
	Als Ausdruck einer vermuteten Übertretung von individuellen Normen	*Gegen andere und sich selbst*

Instrumentelle Schuldzuweisungen (Indirektes Arbeiten)	Zur Herstellung von Erklärungen und (scheinbar) logischen Zusammenhängen	*Gegen andere und sich selbst*
	Zur Herstellung des subjektiven Gefühls von Handlungsfähigkeit und Einfluss	*Hauptsächlich gegen sich selbst*
	Zur Herstellung von innerer Verbundenheit	*Gegen sich selbst und gleichzeitig gegen die Person, zu der keine als ausreichend empfundene Verbundenheit mehr besteht*
	Als Ventil bei akuter Überforderung	*Gegen andere und sich selbst, akut und situationsbezogen*
	Als Platzhalter für andere als unerträglich empfundene Gefühle und Gedanken	*Gegen andere und sich selbst, zeitlich begrenzt*
	Als Lebensmuster	*Gegen andere und sich selbst, andauernd und alle Lebensbereiche betreffend, eine andere Sichtweise auf Ereignisse ist nicht möglich*

4. Macht und Sinn in Trauerprozessen

In früheren Veröffentlichungen habe ich selbst – in Übereinstimmung mit allen mir bekannten Publikationen – Schuld stets bei den Gefühlen des Trauerprozesses aufgeführt (Paul, Warum hast du uns das angetan, S. 75ff.).

Nun möchte ich eine weniger reduzierte Verortung des Themas Schuld vorschlagen. Schuldzusammenhänge können in allen Bereichen eines Trauerprozesses eine wichtige Rolle spielen. Tatsächlich öffnet die intensive Beschäftigung mit Schuldmechanismen den Blick für zwei Aspekte von Trauerprozessen, die bisher wenig Niederschlag in den Theoriekonzepten zum Verlauf von Trauerprozessen gefunden haben. Es sind der Aspekt »Überleben« und der Aspekt »Sinngebung«.

Seit Langem orientiere ich mich an dem Modell von William Worden, der mit seinen vier Aufgaben des Trauerns einen theoretischen Rahmen zur Verfügung gestellt hat, mit dem ich gut arbeiten kann (Worden, 1986). Im Lauf der Zeit habe ich aus den Erfahrungen der praktischen Arbeit zwei Erweiterungen dieses Modells formuliert. In dem von mir erweiterten Aufgabenmodell gibt es sechs Traueraufgaben (statt vier in der Fassung von Worden selbst), hinzugefügt habe ich die erste (Überleben) und die sechste Aufgabe:

- *Überleben*
- Die Wirklichkeit des Todes und des Verlusts begreifen
- Den Trauerschmerz und die Vielfalt der Gefühle durchleben
- Sich an eine veränderte Umwelt anpassen
- Den Verstorbenen einen neuen Platz zuweisen
- *Sinn geben und Bedeutung rekonstruieren*

Traueraufgabe: Überleben

Die Voranstellung der Traueraufgabe »Überleben« ist das Ergebnis meiner Beschäftigung mit traumatischen Belastungen. Von der Trauma-Arbeit habe ich gelernt, dass die emotionale und kognitive Beschäftigung mit einschneidenden Lebensereignissen nur unter einer Bedingung geschehen kann – das Überleben muss gesichert sein. Überleben ist ein großer Begriff, der meiner Meinung nach aber sehr genau wiedergibt, was das Hauptanliegen vieler Trauernder ist. Intensive und ausgedrückte Gefühle können der Weg sein, der beim Überleben einer schweren Krise hilft. Sie können aber auch – das habe ich von der Trauma-Arbeit gelernt – eine Überforderung und damit eine Bedrohung des eigenen Überlebens sein. Dasselbe gilt für die kognitive Anerkennung von Verlust und Endgültigkeit, beide sind notwendig, um langfristig mit einem Verlust leben zu lernen. Doch es gibt Zeiten, in denen diese Anerkennung, das berühmte »Begreifen der Wirklichkeit des Todes« (Paul, Warum hast du uns das angetan, S. 18ff.), unerträglich und überlebensgefährdend sind. Das schon sprichwörtliche »Nichtwahrhabenwollen« (Kast, S. 61) ist so betrachtet eine Maßnahme zur Rettung des eigenen psychischen und physischen Überlebens.

Schuldzusammenhänge und Überlebensfragen liegen in mehr als einer Hinsicht nah beieinander. Es gibt die »Überlebensschuld«, ein Fachbegriff, der für die Schuldgefühle von Überlebenden nationalsozialistischer Konzentrationslager angewandt wird (Hirsch, S. 303f), aber auch für die Selbstbezichtigungen von Geschwistern verstorbener Kinder. Diese Vorwürfe erklären sich innerhalb der hier vorgestellten Konzeption durch das Bedürfnis nach Handlungsfähigkeit bzw. Macht angesichts äußerster Ohnmacht (Sich selbst Schuld zuweisen als Ermächtigung, S. 65). Schuldzuweisungen gegen sich selbst können ein letzter verzweifelter Weg der eigenen »Ermächtigung« sein. Jedes tiefe Ohnmachtserlebnis wird als lebensbedrohlich empfunden, da Ohnmacht bedeutet, sich nicht gegen mögliche Angriffe und Vernichtung wehren zu können. Für manche Trauernden ist eine Todesnachricht ein solches Ohnmachtserlebnis. Vor allem Eltern, deren Kind stirbt, fühlen sich häufig überwältigt von ihrer Unfähigkeit, das Leben ihres Kindes zu erhalten. Aber auch Geschwister, Partner, Kinder und sogar Freunde von Verstorbenen können sich als Ausweg aus ihrer als unerträglich empfundenen Ohnmacht zu Schuldigen erklären. (Interessant ist, dass auch Angehörige helfender Berufe in der Medizin, Kranken- und Altenpflege den Mechanismus der Schuldzuweisungen unbewusst nutzen, um ihre permanent erlebte Ohnmacht angesichts von Krankheit und Sterben zu ertragen.) Schuldzuweisungen gegen sich selbst sind beim Thema »Überleben« häufig eine Langzeitstrategie. Diese andauernden »Schuldgefühle«, also Schuldvorwürfe gegen sich selbst finden wir gehäuft nach plötzlichen, schlecht erklärten und mit bedrohlichen Bildern verbundenen Todesursachen. Angehörige entwickeln diese Vorwürfe gegen sich selbst oft erst einige Zeit nach dem Tod und halten sie dann unterschiedlich lange fest. Für manche ist die lebenslange Erklärung z. B. eines Suizids durch die eigene »Schuld« die einzige Möglichkeit, diese erschreckende Erfahrung in ihr Weiterleben zu integrieren (vgl. »Die Frage nach Schuld bei Suizidtrauernden«, S. 193ff.).

Zu Beginn des Trauerprozesses richten sich Schuldzuweisungen, die mit dem Bedürfnis nach Überstehen der Krise (Überleben) zu tun haben, oft vehement gegen andere. Die Konfrontation mit dem Sterben selbst ist für viele Menschen so bedrohlich, dass sie unmittelbar zu Schuldzuweisungen greifen. Pflegende und ÄrztInnen sind mit diesem Mechanismus vertraut, sie sind meist diejenigen, die unmittelbar beschuldigt werden, etwas falsch gemacht oder unterlassen zu haben (vgl. Schuldzuweisungen in der palliativen und hospizlichen Arbeit, S. 205ff.). Nur ganz selten werden hier tatsächliche Fehler in der ärztlichen und pflegerischen Versorgung angeprangert. Es entlastet Pflegende und ärztlich Tätige, wenn sie erkennen, dass die unmittelbar am Sterbebett geäußerten Vorwürfe gegen sie meistens die Funktion eines Überdruckventils haben. Schuldzuweisungen – egal in welche Richtung – sind in solchen Situationen ein Ventil für die erlebte Ohnmacht und Fassungslosigkeit, auch für die unbestimmte Wut gegen ein namen- und gesichtsloses Schicksal (»Schuldvorwürfe als Ventil«, S. 213f.). Leider geschieht es häufig, dass situative Schuldzuweisungen durch

Angehörige nicht als Ventil und Entlastung begriffen werden. Dann schaukelt sich schnell ein heftiges Wortgefecht hoch, in dem Pflegende sich zu rechtfertigen versuchen oder ihrerseits Vorwürfe aussprechen (»Vagabundierende Schuld«, S. 48ff.).

Überall da, wo Schuldzuweisungen dem Überleben dienen, müssen sie zunächst einmal ertragen werden. Weder rationale Erläuterungen der »Unschuld« von Beschuldigten, noch Verzeihensangebote können die Überlebenshilfe »Schuld« ersetzen. Im Akutfall einer Sterbesituation oder Überbringung einer Todesnachricht sind die Grundbedürfnisse nach Anerkennung des Leids, nach menschlicher Unterstützung und nach lautem Klagen notwendige Voraussetzung für ein Nachlassen der Beschuldigungen. Daneben ist es bei akuten Schocksituationen angesichts des Todes meist das Verstreichen der Zeit, das zu einem automatischen Nachlassen der Beschuldigungen gegen andere führt (oft reichen 24 Stunden).

Bei Instrumentellen Schuldzusammenhängen, die längerfristig für das subjektive Überleben notwendig sind, ist immer die Arbeit mit Ressourcen vorrangig (vgl. »Stabilisierung und Ressourcen«, S. 107ff.).

Traueraufgabe: Sinn und Bedeutung geben

Die zweite Erweiterung, die ich vorgenommen habe, greift einen Gedanken von Robert Neimeyer auf, von dem leider noch kein Buch ins Deutsche übersetzt wurde. Sein Ansatz beschreibt die Notwendigkeit des »meaning making«, und dieser Begriff ist sehr schwer zu übersetzen. Meist wird er mit Formulierungen wie »Sinn geben« übersetzt, was aber gleich eine Menge Missverständnisse hervorruft. Neimeyers Ansatz heißt eben nicht, dass Menschen dem erlebten und durchlittenen Leid rückwärtig irgendeine Form von Sinn abgewinnen müssen. Der Begriff »Sinn« ist im Deutschen ähnlich überfrachtet mit moralischen Deutungen wie der Begriff »Schuld«. Als Konstruktivist geht Neimeyer davon aus, dass das meaning making ständig geschieht. Dieses »Herstellen von Bedeutung«, wie ich

»meaning making« auch übersetzen kann, ist nach Neimeyer etwas, das nicht erst als Reaktion auf Krisen und Leid geschieht, es gehört vielmehr zu unserm Lebensalltag. Es bedeutet, dass Menschen permanent gedankliche Zusammenhänge zwischen verschiedenen Erlebnissen und Tatsachen ihres Lebens herstellen. Diese Zusammenhänge ordnen die verschiedenen Zeiten und Tätigkeiten unserer Existenz in eine bestimmte Reihenfolge, sodass sie wie eine aufeinander aufbauende Geschichte wirken. Der Begriff »Storytelling«, also das Erzählen und Gestalten einer Geschichte, ist bei Neimeyer häufig zu finden. Er gehört damit zu den (radikalen) Konstruktivisten, die sich damit beschäftigen, wie wir die Welt mit ihren vielen Einzelheiten und Widersprüchen in unserem Kopf zu etwas Zusammenhängenden, Nachvollziehbaren und Verständlichen machen. In Krisensituationen wird das bisherige Konstrukt eines Menschen oft in Frage gestellt. Ich denke da an eine Klientin, die sich und ihr als sehr glücklich empfundenes Leben 50 Jahre lang darüber definiert hatte, dass sie in ihren eigenen Worten »ein Sonntagskind« war. Sie war an einem Sonntag geboren, hatte an einem Sonntag ihre große Liebe geheiratet, drei Kinder waren komplikationslos an Sonntagen zur Welt gekommen. In ihrer Deutungsgebung waren Sonntage ihre Glückstage und sie eine vom Glück begünstigte Frau. Dann starb ihr Mann völlig überraschend an einem Sonntagnachmittag, und sie war in ihrem gerade erst gebauten Traumhaus allein.

Neimeyers »meaning making« heißt an dieser Stelle keineswegs, diese Frau müsse diesem Schicksalsschlag einen Sinn abgewinnen. Das von ihm benannte Rekonstruieren von Bedeutung (reconstruction of meaning) bezieht sich darauf, dass diese Frau ihre Deutung von Sonntagen und von Glück in ihrem Leben neu definieren muss, nachdem ein schwerer Schicksalsschlag ausgerechnet an diesem bisher untrennbar mit Glück verbundenen Tag geschehen ist. Die bisherige Deutung funktioniert angesichts der aktuellen Ereignisse nicht mehr.

Diese komplette Infragestellung bisheriger Deutungsmuster und Gewissheiten erleben viele gläubige Menschen, die nach dem Tod von Angehörigen äußern: »Mein Leben lang habe ich an Gott geglaubt, aber einer, der so etwas zulässt, ist nicht mehr mein Gott!« Mit diesem Satz ist bereits eine Rekonstruktion von Deutungszusammenhängen passiert. Der alte Glaube wird für ungültig erklärt, und damit geht oft eine tiefe Verbitterung über die nun rückblickend als sinnlos gedeutete Zeit in Gebet und Gemeinde einher.

Die Tatsachen eines Lebens sind im Rückblick meist unverändert, aber die Deutung ihrer Zusammenhänge kann sich nach einem Todesfall (und nach oder in anderen Krisenzeiten) drastisch verändern. Diese nahezu automatische Veränderung der Deutungszusammenhänge bezeichnet Neimeyer als Rekonstruktion von Bedeutung und Sinn (reconstruction of meaning). Verlust und Tod zerschlagen die alten Deutungszusammenhänge, und die Einzelteile der erlebten Vergangenheit werden aus der Sicht der gelebten Gegenwart zu einer neuen Lebensgeschichte zusammengefügt. Äußerungen wie »Jetzt weiß ich, wie er das damals gemeint hat«, »Ich habe mich immer für einen starken Menschen gehalten, aber das hier zeigt mir, wie sehr ich mich in mir selbst geirrt habe« drücken das Ringen um einen Zusammenhang zwischen den alten Überzeugungen und den neuen Erfahrungen aus.

Das Rekonstruieren von Bedeutungszusammenhängen und Sinnerleben kann mit der Suche nach einem roten Faden verglichen werden, der aus einem Labyrinth einen gangbaren Weg macht. Solch ein »roter Faden« macht aus einer Vielzahl scheinbar chaotischer Einzelheiten einen erkennbaren, nachvollziehbaren Handlungsstrang. Das Rekonstruieren von Bedeutungszusammenhängen ist ein kreativer, schöpferischer Akt. In der Begleitung erleben Trauernde diese Zusammenhänge folgerichtig oft in kreativen Angeboten, z. B. im kreativen Schreiben oder beim Malen und Gestalten.

Schuldzusammenhänge und Sinngebung

Schuldzusammenhänge können auf zwei Arten dazu benutzt werden, eine Lebensgeschichte, die durch einen Todesfall als zersplittert wahrgenommen wird, neu zusammenzusetzen.

Zunächst einmal kann der Todes-/Unglücksfall selbst als Strafe interpretiert werden. Das gemeinsame Leben vor dem Tod wird dann daraufhin untersucht, welche Fehler oder »Sünden« wohl begangen wurden, die diese harte Strafe rechtfertigen könnten. Die Hinterbliebenen suchen meist eigene Fehler, da sie den Tod des Angehörigen als grausame Strafe gegen sich selbst empfinden. Ganze Lebensgeschichten können dabei rückblickend neu geschrieben werden – z. B. stehen bisher als glücklich empfundene Ehen in der Neuinterpretation plötzlich »von Anfang an unter keinem guten Stern«. Eigene Eigenheiten, die vor dem Tod als liebenswerte Marotte oder lästige Macke bewertet wurden, sind mit dem neuen Blick durch den als Strafe gewerteten Tod hindurch plötzlich unverzeihliche Fehler. Gemeinsame Eigenheiten, Kommunikations- und Umgehensweisen werden rückblickend als »Wurzel des Übels« und »schon immer schädlich und krank« interpretiert.

Manchmal wird eine Todesart auch als Strafe für den Verstorbenen selbst interpretiert, dann heißt es »Das hat er sich selbst zuzuschreiben«, »Das ist eben die Folge eines solchen Lebenswandels«.

Menschen können sogar positive Erlebnisse und Glück zum Anlass für einen rückwärtig konstruierten Schuldzusammenhang nehmen. Das Sprichwort »Hochmut kommt vor dem Fall« deutet auf diese Verbindung hin. »Das konnte ja nicht immer gut gehen«, »Irgendwann musste ich aufwachen aus diesem Traum«, »Vielleicht hatte ich soviel Glück gar nicht verdient«, heißt es dann.

Eine andere Möglichkeit ist die Verlagerung des Schuldzusammenhangs auf einen anderen Menschen, der als »Sündenbock« gebrandmarkt wird. Im Alten Testament werden die »Sünden« einer ganzen Gruppe durch Handauflegung einem einzigen Hammel übertragen, der danach in die Wüste getrieben wird. Die Gruppe ist dadurch frei von allen Gesetzesübertretungen. Im Trauerfall kann das geschehen, wenn z. B. ein bestimmtes Familienmitglied von den anderen als »schuldig« am Tod eines anderen Familienmitglieds angesehen wird. Das erspart allen anderen vordergründig, sich selbst zu hinterfragen und sich mit eigenen Schuldzuweisungen auseinanderzusetzen. Auch in Arbeitsteams oder Freundeskreisen soll so die Reflektion jedes Einzelnen unterbunden werden. Da Schuldzusammenhänge aber stets »vagabundieren« (S. 48), sind Sündenböcke nur zeitweilig entlastend. Die Heftigkeit, mit der Einzelne als »Schuldige« aus der Gemeinschaft ausgeschlossen (»in die Wüste geschickt«) werden, erschreckt jeden anderen in der Gemeinschaft, weil nun alle wissen, wie intensiv die Strafe für tatsächliches oder auch nur zugeschriebenes Fehlverhalten ausfallen kann. Es entsteht ein wachsendes Misstrauen gegen die anderen und gegen sich selbst. Die Strafbereitschaft steigt, und es wird möglich, Macht durch Drohungen und Erpressung auszuüben. Die Entlastung durch den einmaligen Sündenbock weicht dann einer langfristig angelegten Schuldkultur – das Lebensmuster Schuld (vgl. S. 79) kann so zum Kommunikationsmuster einer ganzen Gemeinschaft/Gesellschaft werden.

Schuldzusammenhänge bei Erschwerter und Traumatischer Trauer

Schuldzusammenhänge können in jeder mit Sterben und Trauer verbundenen Situation konstruiert werden. Sie sind nicht beschränkt auf bestimmte Todesarten wie z. B. den Suizid. Langfristig aufrechterhaltene Schuldzusammenhänge finden sich jedoch gehäuft (nicht ausschließlich!) bei Erschwerter und Traumatischer Trauer.

Traumatische Trauer

Für Traumatische Trauer ist dies leicht nachzuvollziehen. Sie ist gekennzeichnet durch das Vorliegen einer Posttraumatischen Belastungsstörung (PTBS), die den Trauerprozess beeinflusst (Begriffsbestimmung durch die »Arbeitsgruppe Erschwerte Trauer« des Bundesverbandes Trauerbegleitung, 2010). Bei einer Traumatischen Trauer ist die Traumatisierung häufig durch Ereignisse geschehen, die unmittelbar mit dem Sterben zusammenhängen. Das kann z. B. das unerwartete Auffinden eines Leichnams nach einem Suizid sein, es kann durch die Todesnachricht bei einem Unfall geschehen, die unvorbereitet in den Alltag einbricht. Manche Menschen werden durch die Bilder und Erlebnisse im Verlauf einer Erkrankung ihrer Angehörigen traumatisiert, bei anderen ist der Verlust an sich ein Ereignis, das als überwältigend und lebensbedrohlich wahrgenommen wird. In den ersten sechs Monaten nach diesen potenziell traumatisierenden Ereignissen kann nur von der Möglichkeit einer zukünftigen PTBS gesprochen werden, viele

Menschen können ausreichend Ressourcen aktivieren, um die erschreckenden Erlebnisse ohne Folgeschäden zu überwinden. In der Begleitung ist es deshalb so wichtig, mit verschiedenen Methoden zur Stabilisierung zu arbeiten (vgl. S. 107ff.)! Die Selbstheilungskräfte von Trauernden sind die wichtigste Quelle der Bewältigung, die sie haben. Unsere Aufgabe ist es, diese inneren Kräfte zu mobilisieren.

Erst nach Ablauf einiger Monate (ICDIO) kann anhand von bestimmten Symptomen auf eine PTBS geschlossen werden. Die Diagnostik und die Behandlung der Traumatischen Erlebnisse muss unbedingt an spezialisierte KollegInnen abgegeben werden! Symptome, die auf das Vorliegen einer PTBS hinweisen, können sein:

- deutliches Vermeidungsverhalten gegenüber Orten, Geräuschen und Personen, die mit dem belastenden/traumatisierenden Ereignis verbunden werden (z. B. nicht mehr ans Telefon gehen, wenn die Todesnachricht per Telefon überbracht wurde; strikte Meidung des Stadtteils, in dem der Angehörige gestorben ist) *oder* ständiges Aufsuchen dieser Orte und Personen;
- unkontrollierbare Erinnerungen und Erinnerungsbilder an die belastende Situation, die heftige körperliche und emotionale Reaktionen auslösen, *oder* Erinnerungslücken an alle belastenden Bilder und Ereignisse;
- andauernde Gefühllosigkeit auch und gerade bei Erinnerungen an das belastende Ereignis *oder* andauerndes Überwältigtsein von Gefühlen der Panik, der mörderischen Wut oder totalen Hilflosigkeit.

Traumatische Trauer wird in den gängigen Fortbildungen zur Trauerbegleitung zurzeit relativ wenig berücksichtigt. Auch in den Ausbildungen für Traumatherapeuten spielt sie bisher nur eine Nebenrolle. (Ein erster Versuch, diese Lücke zu schließen, ist die Ausbildung »TraumaArbeit für Trauernde« des TrauerInstitut Deutschland, 2010.) Zurzeit müssen Trauernde, deren Trauerprozess durch eine Posttraumatische Belastungsstörung beeinflusst wird, oft an zwei Stellen Hilfe suchen. Für die Trauerbegleitung gilt: Wenn ein halbes Jahr und länger Symptome wie die oben beschriebenen deutlich sind, ist es sinnvoll, den Trauernden auf die Möglichkeiten einer Traumatherapie hinzuweisen. Wenn die beschriebenen Symptome bei Trauernden auftauchen, die gleichzeitig starke Schuldzuweisungen an sich selbst formulieren, kann es sein, dass diese »Schuldgefühle« ebenfalls Symptome der PTBS sind. Traumaexperten sprechen von der »herausragenden Rolle, die den Schuldgefühlen bei PTBS-Patienten zukommt« (van der Kolk et. Al., S. 350). Spezielle Behandlungssequenzen sind dennoch bisher nicht entwickelt worden.

Schuldzusammenhänge als Folge einer traumatisierenden Situation haben die Funktion, erlebte Ohnmacht aushaltbar zu machen (S. 73). Eine direkte Bearbeitung der Schuldfragen ist hier nicht angeraten. In der Trauerbegleitung kann vor allem mit den Mitteln der Stabilisierung (S. 107ff.) gearbeitet werden, ergänzt durch Strategiearbeit für die Bewältigung des Alltags und Erinnerungsarbeit an den Verstorbenen, die sich auf positive Beziehungsaspekte konzentriert (S. 140ff.).

Die Konfrontation mit den belastenden Bildern und Erlebnissen sollte im Rahmen einer Traumatherapie geschehen. Meiner Erfahrung nach sind Trauernde erst einige Monate nach dem Todesfall dazu bereit und profitieren auch erst dann von einer therapeutischen Traumakonfrontation und Lösung. Längere Wartezeiten auf einen Therapie- und Klinikplatz sind also nicht unbedingt schädlich, solange in der Zwischenzeit ausreichend stabilisierende und unterstützende Angebote genutzt werden können.

Erschwerte Trauer

Innerhalb der ersten sechs bis zwölf Monate nach dem möglicherweise traumatischen Erleben eines Todes gelten die belastenden Erlebnisse und Bilder als wesentliche Risikofaktoren für einen Erschwerten Trauerprozess (Begriffsbestimmung durch die »Arbeitsgruppe Erschwerte Trauer« des Bundesverbandes Trauerbegleitung, 2010). Erschwerte Trauer definiert sich über das Vorliegen von mehreren Risikofaktoren im Umfeld und der Vorgeschichte des Trauernden, vor allem:

- mangelnde soziale Unterstützung,
- Mehrfachverluste innerhalb der Zeit kurz vor, während und nach dem Tod des Angehörigen,

- vorangegangene einschneidende Verluste in der Kindheit und Jugend,
- eigene Erkrankungen (körperlich oder psychisch), die unabhängig vom Verlust sind,
- einschneidende finanzielle und soziale Notlagen, die durch den Verlust ausgelöst werden,
- fehlende Möglichkeit, sich körperlich vom Verstorbenen zu verabschieden und seinen Tod so zu realisieren,
- fehlende Vorbereitung auf einen Tod bei plötzlichen Todesursachen,
- Bilder vom Sterben, die mit Gewalt und starken Verletzungen verbunden sind, entweder als reale Bilder oder als Phantasien,
- aberkannte Trauer durch nicht akzeptierte Beziehungsformen (z.B. Homosexualität, der/die »Geliebte«) oder nicht akzeptierte Beziehungsintensität (z.B. Geschwister, beste Freunde, Ex-PartnerInnen),
- tabuisierte Todesarten (z.B. AIDS, Suizid, Abtreibung),
- einzigartige Bindungen (oft zum eigenen Kind, zum »Seelenverwandten«).

Das Konzept der erschwerten Trauer sammelt diese Risikofaktoren und stellt sie neben die ebenfalls gesammelten Ressourcen und die sichtbaren Symptome.

Bei den Ressourcen sind vor allem wichtig:
- breite soziale Unterstützung,
- stabile Beziehungen,
- Fähigkeit, Gefühle differenziert wahrzunehmen und auszudrücken,
- Zugang zu eigenen Bewältigungsstrategien aus vorangegangenen Krisen,
- finanzielle und soziale Absicherung,
- ein Konzept zur Einordnung des eigenen Seins in einen religiösen oder spirituellen Zusammenhang.

Relevante Symptome sind:
- Schlafstörungen,
- Appetitmangel mit Gewichtsverlust, Magen-Darmbeschwerden,
- Konzentrationsstörungen,
- Herzbeschwerden, Atembeschwerden,
- Andauernder sozialer Rückzug,
- Anhaltende Hoffnungslosigkeit und Verzweiflung,
- Andauernde Unfähigkeit, den Alltag aufrechtzuerhalten.

Zur erschwerten Trauer gehören oft Schuldzuweisungen gegen sich selbst oder gegen andere. Beim Vorliegen der Risikofaktoren »fehlende Vorbereitung auf den Tod«, »Mehrfachverluste« und »belastende Bilder vom Sterben« besteht die Möglichkeit, dass sich nach Monaten eine PTBS ausbildet. Die Begleitung sollte deshalb vorwiegend Angebote zur Stabilisierung machen und diese mit indirekten Arbeitsmethoden wie Strategiearbeit zur Bewältigung des Alltags und vorsichtiger Erinnerungsarbeit ergänzen.

Der Begriff »Erschwerte Trauer« stellt innerhalb des ersten Trauerjahrs eine Prognose über erhöhte Wahrscheinlichkeiten, dass ein Trauerprozess entweder durch eine PTBS überschattet wird (traumatische Trauer) oder aber als »Komplizierte Trauer« ungewöhnlich lang und leidvoll erlebt wird. Der Begriff »Komplizierte Trauer« wird für langfristige Trauerprozesse benutzt, die 13 und mehr Monate nach dem Todesfall noch von intensiver Sehnsucht und nicht nachlassendem seelischen Schmerz gekennzeichnet sind (Begriffsbestimmung durch die »Arbeitsgruppe Erschwerte Trauer« des Bundesverbandes Trauerbegleitung, 2010). In der Vorgeschichte finden sich besonders intensive Bindungen zu den Verstorbenen (Seelenverwandtschaft, »große« Lieben).

Es kann aber auch sein, dass die vielen erschwerenden Faktoren den natürlichen Trauerprozess nicht auf Dauer behindern. Sobald eine PTBS ausgeschlossen werden kann und eine Veränderungsbereitschaft erkennbar ist, kann das Direkte Arbeiten an Schuldzusammenhängen beginnen (S. 151ff.).

5. Räume ohne Strafe schaffen; Arbeiten mit Schuldzuweisungen

Voraussetzungen

In diesem Abschnitt geht es um die Begegnung mit Schuldkonstrukten und Schuldzusammenhängen bei Trauernden, die wir begleiten. Die Grundsätze, die ich aus den Überlegungen des ersten Kapitels abgeleitet habe, spiegeln sich in der Arbeit wider. Sie bestimmen die Grundhaltung den Klienten gegenüber und sie legen fest, mit welcher Einstellung zu uns selbst und zu unserer Arbeit wir den Kontakt gestalten. Ziel der Arbeit ist es, Trauernden eine neue Erfahrung im Umgang mit ihren Schuldmechanismen zu ermöglichen. In der Beratung/Begleitung soll ein »Raum ohne Strafe« entstehen. Damit meine ich eine Begegnung, in der über Schuldzusammenhänge und Schuldmechanismen gesprochen werden kann, ohne dass sie aktiv werden. Es wird ein beobachtender Blick auf Schuldfragen möglich, der ohne das »Mitspielen« auskommt. Für das Bild der Spieldose vom Beginn des Buches würde das heißen: wir sehen interessiert ihre Drehungen, aber wir drehen uns nicht mit! Ein Raum ohne Strafe ist einer, in dem die vagabundierende Schuld gestoppt wurde. Das geschieht, in dem der/die Beratende jede Beschuldigung, aber auch jede Entschuldigung, unterlässt. Statt eigene, subjektive Urteile gegenüber den geäußerten Schuldvorwürfen zu äußern, bleiben Beratende konstant bei einer respektvollen, mitfühlenden und interessierten Einstellung.

Das erfordert Übung und eine intensive Beschäftigung der Beratenden mit sich selbst. Vor jeder methodischen Arbeit steht daher die Intensivierung der eigenen Grundeinstellung. Ziel ist eine stabile wertschätzende Grundhaltung sich selbst und den Trauernden gegenüber, die ich so formulieren möchte:

Wertschätzende Grundhaltung sich selbst gegenüber

Innehalten

Ich kann mir in Supervision oder bei KollegInnen Unterstützung holen, wenn ich in dieser Begleitung unsicher werde. Ich nehme mir Zeit. Ich bin einverstanden mit mir und meinen Grenzen.

Abstand halten

Ich bin mir meiner Rolle und meiner Grenzen in einer Begleitung bewusst. Ich bin dankbar, dass ich nicht über diesen Menschen richten muss. Ich bin mir meiner eigenen Geschichte und Deutungsmuster bewusst.

Aushalten

Ich bin mir bewusst, dass ich das Leben eines anderen Menschen nicht grundlegend verändern kann. Ich sorge in der Begleitung und in meinem Privatleben gut für mich selbst.

Wertschätzende Grundhaltung den KlientInnen gegenüber

Innehalten

Ich nehme mir Zeit und suche nicht nach schnellen Lösungen. Ich habe Interesse an Ihnen und Ihrer Geschichte, an Ihren Gedanken und Gefühlen und allen Veränderungen darin, die im Lauf der Begleitung vielleicht passieren werden.

Abstand halten

Ich versichere Ihnen, dass ich Sie zu jedem Zeitpunkt unserer Gespräche achten und unterstützen werde.
Es steht mir nicht zu, ein Urteil über Sie oder jemand anderen zu fällen, und ich bin froh, dass das nicht meine Aufgabe ist.

Aushalten

Ich werde im Rahmen der vereinbarten Beratung bei Ihnen sein und Sie achten, auch wenn Sie meine Vorschläge nicht annehmen und Ihre Einstellungen nicht ändern.

Arbeitsweisen

Auf der Basis dieser Grundhaltungen entstehen vier Komponenten unserer Begleitung von Schuldkonstrukten:

A Stabilisierung

Schuldkonstrukte sind immer mit Leidensdruck verbunden, dieser zeigt sich in belastenden Gedankenkreisen und negativen Auswirkungen auf das Wohlbefinden und die Körperfunktionen. Die Betroffenen sind abwechselnd nervös und dann wieder wie gelähmt. Deshalb sollte im Mittelpunkt der Begegnung stets eine körperliche und emotionale Stabilisierung stehen.

B Indirektes Arbeiten an den Schuldvorwürfen

Beim Indirekten Arbeiten interessieren wir uns nicht für die Vorwürfe, die unsere Klienten zum Thema Schuld mitbringen. Weder interessieren wir uns für die individuelle Schuldkonstruktion mit ihren internalisierten Regeln noch für die Einzelheiten des hergestellten Schuldzusammenhangs. Wenn ich zum Bild der Spieluhr zurückkehre, dann heißt Indirektes Arbeiten, sich nicht von den bunten Bewegungen ablenken zu lassen. Denn beim Indirekten Arbeiten interessiert uns nicht die Spieluhr an sich, sondern das, was ihr Drehen und Klingen dem Klienten gibt. Wir suchen nach dem Nutzen, den ein Schuldzusammenhang für diesen Trauernden hat – ist es die emotionale Bindung zum Verstorbenen, die er damit aufrechterhält? Benutzt er den Schuldzusammenhang, um sich nicht so ausgeliefert und ohnmächtig zu fühlen? Oder ist Schuld für ihn zurzeit die einzig verfügbare Antwort auf zu viele bohrende Fragen in Bezug auf diesen einen Tod und Sterblichkeit insgesamt?

Beim Indirekten Arbeiten machen wir Angebote, die die hinter dem Schuldzusammenhang liegenden Fragen und Bedürfnisse des Trauernden ansprechen. Wir bieten neue Antwortmöglichkeiten für unbeantwortete Fragen an und eröffnen neue Möglichkeiten der Bindung und des Handelns. Damit sinkt die Notwendigkeit, Fragen und Bedürfnisse mit Schuldzusammenhängen zu beantworten. Schuldbelastungen mindern sich durch Indirektes Arbeiten, ohne dass jemals direkt über Schuld gesprochen wird!

C Direktes Arbeiten an den Schuldvorwürfen

Direktes Arbeiten gilt dem Schuldkonstrukt, dem Schuldzusammenhang und dem Schuldmechanismus.

Im Gespräch und mit anderen Methoden werden die Schuldvorwürfe und die Normen, die hinter ihnen stehen, direkt untersucht. Direktes Arbeiten hat Ähnlichkeit mit einer sorgfältigen wissenschaftlichen Untersuchung, immer wieder muss neu definiert werden, um wen und um was genau es heute geht. Die subjektiv hergestellten Schuldzusammenhänge und die daraus resultierenden Schuldmechanismen verändern sich im Lauf des Prozesses oft, und es ist wichtig, diese Veränderungen wertfrei nachzuvollziehen. (Die zugrunde liegende Schuldkonstruktion ist so tief in der individuellen Biografie verankert, dass es meist nur im Rahmen einer ergänzenden Psychotherapie möglich ist, dieses Konstrukt zu bearbeiten.) Das Direkte Arbeiten ist eine Forschungsreise in das Innere der Schuldvorwürfe selbst. Es arbeitet mit exakten Auflistungen, der Erkundung von Details und dem Spiel mit verschiedenen Deutungsmöglichkeiten. Die Ergebnisse können völlig unerwartet ausfallen. Je nach Ergebnis sind verschiedenartige Lösungsansätze möglich.

Das Verzeihen und auch das Versöhnen können hier als Lösung zur Sprache kommen, müssen es aber nicht.

D Psychoedukation

Die Ratlosigkeit gegenüber dem eigenen Festhalten an Schuldkonstrukten macht einen Teil der Belastung bei den Betroffenen aus. Eine einfach verständliche Erklärung der Komplexität und vor allem der möglichen positiven Funktionen von Schuldmechanismen entlastet die Betroffenen meist unmittelbar.

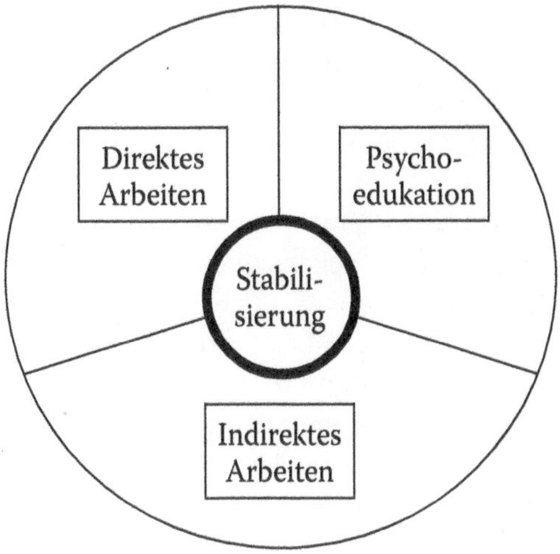

Voraussetzung 1: Eigene Deutungen und Impulse reflektieren

Die Begleitung von Schuldkonstrukten folgt dabei keinem starren Muster, sondern setzt sich ständig neu aus den oben genannten Komponenten zusammen. In jeder Begegnung sollten wir die Trauernden und ihre Situation neu betrachten, denn ständig können sich die Lebenssituation und damit die Einstellung zum Geschehenen ändern. Aus unseren Betrachtungen erwachsen Vermutungen, die wiederum führen zu einer Wahl von Gesprächsangeboten. Die Reaktion der KlientInnen auf diese Angebote zeigt uns, ob unsere Vermutungen richtig waren oder korrigiert werden müssen, das wiederum führt zur Wahl weiterer Gesprächsangebote und so fort.

Keine Angst – so arbeiten Sie ohnehin, auch wenn es Ihnen nie bewusst war. Ohne viel darüber nachzudenken, treffen Sie innerhalb jedes Gesprächs viele einzelne Entscheidungen über das, was Sie fragen, anmerken oder anregen, und das tun Sie auf der Grundlage einer Vielzahl von Wahrnehmungen. Nur, wie bereits gesagt, ist es Ihnen wahrscheinlich nicht bewusst. Wenn wir davon ausgehen, dass Intuition die Gesamtheit des Erfahrenen und Erlernten ist, dann brauchen Sie nur ein wenig Übung, um die neuen Gedanken über den Umgang mit Schuld zu verinnerlichen. Mit etwas

Übung werden Sie sie genauso »automatisch« einsetzen wie alles andere, was Sie schon gelernt und erlebt haben.

Voraussetzung 2: Momentane Veränderungsbereitschaft klären

Zu den Dingen, die wir alle intuitiv wahrnehmen und beurteilen, gehört die Veränderungsbereitschaft eines Trauernden. Diese Veränderungsbereitschaft ist ein wichtiges Kriterium, wenn es um die Entscheidung für oder gegen bestimmte Handwerkszeuge in der Arbeit mit Schuldfragen geht.

Ob sich an den Konstrukten und Mechanismen etwas ändern kann, hängt von einer Frage ab, die wir uns zu Beginn jeder Beratung stellen sollten: Ist dieser Mensch überhaupt bereit, veränderte Sichtweisen und Mechanismen zum Thema Schuld anzunehmen?

Veränderungsbereitschaft bedeutet:

- Bereit und in der Lage sein, das eigene Selbstbild zu verändern
- Bereit und in der Lage sein, die Erinnerungen an die Beziehung zu verändern.
- Bereit und in der Lage sein, den eigenen Blick auf die Welt und die bisherigen Interpretationsmuster in Frage zu stellen.

Das sind große Veränderungen! Es muss ausreichend Gründe geben, um sich in einen solchen Veränderungsprozess zu begeben. Wir haben gesehen, dass Schuldkonstrukte sowohl intensives Leiden wie auch intensiven Nutzen mit sich bringen können. Eine Veränderungsbereitschaft im Menschen ist erst dann gegeben, wenn das Leiden den Nutzen übersteigt.

Woran erkennen wir das? Wir können die KlientInnen selbst fragen, z. B.: »Was meinen Sie, wie viel Zeit noch vergehen muss, damit Sie sich etwas weniger schuldig fühlen können?« und auch: »Ist Ihr Leben ohne diese Schuldvorwürfe vorstellbar?«

In Fallbesprechungen mit KollegInnen habe ich erlebt, dass wir meist sehr schnell ein klares Bild von der Veränderungsbereitschaft unserer GesprächspartnerInnen haben. Das ist in der Regel eine intuitive Wahrnehmung, die wir allerdings erst dann ernst nehmen, wenn nach ihr gefragt wird. Ich möchte Sie ermutigen, sich stets die Frage nach der von Ihnen wahrgenommenen Veränderungsbereitschaft Ihres Klienten zu stellen.

Achtung: Unterscheiden Sie dabei zwischen Ihrem Eindruck und Ihren Klassifizierungen, damit meine ich Diagnosen von Krankheitsbildern oder Persönlichkeitstypen. Solche Klassifizierungen versuchen, Ihre Wahrnehmung in ein vorgefasstes Raster zu lenken. Bleiben Sie daher bei dieser Frage nach der Veränderungsbereitschaft gleich bei Ihrer Wahrnehmung. Trauen Sie Ihrem Eindruck, er ist direkter und ungefärbter.

Achtung: Unterscheiden Sie bitte auch zwischen Ihrer direkten Wahrnehmung und Ihrem Wunschdenken. Die beiden liegen manchmal im Konflikt, wenn die Wahrnehmung uns deutlich spiegelt, dass diese Trauernde zurzeit nicht zu einer Veränderung ihrer Sichtweisen und ihres Verhaltens bereit ist. Das ist aus Sicht der Beratenden eine frustrierende Erkenntnis, weil sie bedeutet, dass wir in dieser Begleitung für die nahe Zukunft tatsächlich nur aushalten und nur ganz wenig bewirken können. Um uns zu motivieren, reden wir uns dann manchmal ein, der Mensch vor uns sei bestimmt veränderungsbereit, auch wenn es sich gerade ganz anders anfühlt.

Gehen wir nun aber davon aus, dass wir wahrgenommen haben: Diese Trauernde kann im Moment nichts Einschneidendes ändern. Sie braucht ihre Schuldkonstrukte zurzeit, um existenzielle Fragen ihres Lebens- und/oder Trauerprozesses damit zu beantworten. Dann stellt sich die Frage nach unserem Auftrag in Bezug auf diese Schuldkonstrukte. Was bedeutet das für die gesamte Begleitung? Sollen wir versuchen, trotzdem Schuld mit ihr zu bearbeiten, oder sie in ihrem »konstruktiven Elend« belassen? Kann ich als BegleiterIn damit leben, dass ich nichts oder nur sehr wenig tue, was die Schuldvorwürfe des Trauernden vor mir und sein Leiden daran vermindert? Welche Berechtigung für eine Begleitung gibt es dann noch?

Vielleicht ist Ihnen aufgefallen, dass ich stets die Wörtchen »zurzeit« und »im Moment« bei der Zuschreibung der Veränderungsbereitschaft eingefügt habe. Darin liegt ein Schlüssel für unsere Begegnung mit Menschen ohne aktuelle Veränderungsbereitschaft, denn was »im Moment« so ist, kann in einem anderen Moment anders sein. Veränderungsbereitschaft ist nichts Statisches, sie kann sogar innerhalb eines einzigen Gesprächs schwanken. Für Trauernde mit mangelnder Veränderungsbereitschaft hinsichtlich ihrer Schuldkonstrukte können wir trotzdem da sein. Wir können sie stabilisieren und wir können über eines der vielen anderen Themen im Trauerprozess mit ihnen sprechen. Dadurch verändern sich die Bedingungen, die die Veränderungsbereitschaft beeinflussen. Es kann sein, dass nach einigen Gesprächen mehr innere und äußere Sicherheit entstanden ist, sodass kleine Veränderungen möglich werden. Damit die Trauerbegleitung zu dieser Stabilisierung beitragen kann, muss ein tragfähiger Kontakt zwischen Trauerndem und Trauerbegleiterin entstehen.

In Kontakt kommen und bleiben

Kontakt ist die Basis jeder Begleitung. Für Menschen, die sich selbst Schuld zuweisen, ist Kontakt jedoch gefährlich. Sie sind voller Scham über das, was sie vielleicht getan haben, der Rückzug von sozialen Kontakten und Hilfsangeboten gehört zu ihren Bestrafungsmechanismen. Gleichzeitig fürchten sie sich vor der sozialen Ächtung durch andere als Strafe für das, wessen sie sich bezichtigen. Es gleicht einem Minenfeld, mit schuldzuweisenden Angehörigen zu arbeiten, Kontakt muss immer wieder neu angeboten und Vertrauen immer wieder bestätigt werden. Die mit Schuldzuweisungen häufig verbundenen tiefen Schamgefühle führen zu einem gesenkten Blick. Schuld- und schambeladene Trauernde versuchen dem Blickkontakt auszuweichen und sich »nicht hinter die Fassade blicken« zu lassen, da sie fürchten, dann erst recht als »schlechte Menschen« entlarvt zu werden.

Schuldzusammenhänge können das vorherrschende Interpretationsmuster sein, mit dem diese Menschen die Welt und menschliche Beziehungen klassifizieren, dazu gehört auch die Beratungsbeziehung! Es kostet Kraft und Gradlinigkeit von Seiten der Beratenden, die Beratungssituation als »straffreien Raum« erleben zu lassen. Für Gruppenangebote, in denen das Thema Schuld eine große Rolle spielt, ist es sehr wichtig, dass die Leitenden einen respektvollen, straffreien Umgang miteinander installieren und einfordern.

Kontakt entsteht auf vielen Wegen, er geht über das Anschauen, das Riechen (»sich beschnuppern«, heißt es so schön, ebenso »zwei können sich nicht riechen«), Hören und auch über Bewegungen (beobachten Sie einmal, ob es Situationen gibt, in denen Sie und Ihr Gegenüber sich fast synchron bewegen, kurz nacheinander oder sogar gleichzeitig die Beine überschlagen, das Gesicht in die Hand stützen, sich zur Seite wenden etc., das drückt auf einer körpersprachlichen Ebene Einverständnis und Nähe aus). »Die Chemie muss stimmen«, heißt es umgangssprachlich, und das fasst dieses komplexe Zusammenwirken von Wahrnehmungen und Reaktionen aufeinander gut zusammen. Rund zwei Drittel unserer Kommunikation finden auf der Ebene der Körpersprache statt, ca. 20 % werden durch die Stimmmodulation geprägt – es wird angenommen, dass das gesprochene Wort höchstens 10 % der Kommunikation innerhalb eines Gesprächs ausmacht.

So wie wir unser Gegenüber auf allen verbalen und nonverbalen Ebenen wahrnehmen, so geht es ihm auch mit uns. Deshalb sind die so oft angeführten Haltungen/Grundeinstellungen so wichtig. Es spiegelt sich in unserer Körperhaltung, unserem Gesichtsausdruck und unserer Tonlage, ob wir einen Menschen vorbehaltlos respektieren können. Das geschieht zu Beginn der Begegnungen, in dem Moment, wo wir uns zum ersten Mal sehen, uns begrüßen und zueinandersetzen. In diesen ersten Momenten entscheidet sich, ob der oder die Trauernde sich von uns respektiert und ernst genommen fühlen kann. Der Prozess geht von da aus durch sämtliche Gespräche hindurch, jedes Misstrauen, jede Überforderung oder innere Schuldzuweisung, die wir selbst haben, spiegeln sich in unserem Körper und Gesicht. Für Trauernde mit starken Schuldzuweisungen an sich selbst ist jeder Gesprächspartner ein potenzieller Ankläger und strafender Richter. Diese Klienten sind besonders misstrauisch und brauchen eine regelmäßige Bestätigung unseres vorbehaltlosen Respekts. In Kontakt bleiben wir mit diesen Klienten durch eine sehr aufmerksame Gestaltung der körperlichen

Distanz. Sie brauchen oft eine Art »Sicherheitsabstand«, profitieren aber in und nach besonders intimen, also Schuldzusammenhänge offenbarenden Gesprächen von unserer Bereitschaft, sie zu berühren. Das kann ein Moment sein, in dem wir die Schulter berühren, die Hand halten oder einfach der übliche Händedruck zum Abschied. In Ausnahmefällen ist auch eine feste Umarmung sehr hilfreich, die dem Trauernden zeigt, dass wir uns vor ihm und seiner Geschichte nicht ekeln oder uns abwenden, sondern ihm Geborgenheit und Zuneigung geben möchten.

Wenn wir in Kontakt gekommen sind und diesen immer wieder bestätigen, beginnt ein Balanceakt im Umgang mit den Gesprächsinhalten zum Thema Trauer.

Ich möchte Sie anregen, genau zu beobachten, ob ein Gesprächsinhalt den Trauernden tatsächlich entlastet oder ihn weiter in seine nicht endenden Gedankenspiralen rund um Schuldfragen verstrickt.

Unsere Klienten wollen mit uns reden, und wenn es um Schuldfragen geht, haben sie oft klare Vorstellungen davon, über welche Situationen und Gedanken sie reden möchten. Dazu gehören ihre bohrenden Zweifel und Fragen und auch erschütternde Erlebnisse, die sie sich nur mithilfe von Schuldzuweisungen erklären können. Nun gilt es zu unterscheiden: Dieses direkte Besprechen von subjektiven »Schuldzusammenhängen« ist (nur) dann entlastend, wenn es eine Veränderung der Sicht- und Verhaltensweisen anstrebt, also bei Trauernden, die eine aktuelle Veränderungsbereitschaft mitbringen. Bei allen anderen verstärkt das ständige Wiederholen der quälenden Rekonstruktionen, Vorwürfe und Abwertungen die negativen Auswirkungen des Schuldmechanismus. Ganz gegen unsere Gewohnheit sollten wir lernen, diese Litaneien abzukürzen, statt sie zu erdulden oder sogar zu ermutigen.

Menschen, bei denen wir keine Veränderungsbereitschaft in Bezug auf ihre Schuldmechanismen wahrnehmen, vergewissern sich im Reden über Schuld ihrer Krücken. Deshalb reden die Betreffenden so oft und so ausführlich darüber. Dass sie damit gleichzeitig den Ausgleichsmechanismus verstärken, also den Strafdruck erhöhen, wissen sie nicht. Aber wir wissen es und müssen abwägen, wie viel Vergewisserung der Betreffende braucht. Dieses Ausmaß an Redezeit über Schuldkonstruktionen ist dann notwendig, um mit diesem Menschen in einem vertrauensvollen Kontakt zu sein, in dem er sich ernst genommen und sicher fühlt. Jedes Wort über dieses Maß hinaus verstärkt die negativen Auswirkungen des Schuldkonstrukts unnötig, bei Selbstvorwürfen die Selbstbestrafung, bei Fremdvorwürfen die Bestrafungsaktionen gegenüber anderen. Es erfordert Fingerspitzengefühl und meist etwas Zeit, um die Grenze dazwischen herauszufinden. Bei den meisten Trauernden sind es nur einige Minuten, die sie brauchen, um sich ihres Hilfskonstrukts zu vergewissern, danach sind sie in der Lage, sich anderen Themen zuzuwenden. Da wir beim Indirekten Arbeiten verschiedene Themenfelder anbieten, in der Hoffnung, damit eine der vermuteten existenziellen Fragen zu treffen, die den Schuldmechanismus ausgelöst haben, ist diese Bereitschaft zum Reden über etwas anderes als Schuld unbedingt nötig.

Der Mittelpunkt: Stabilisierung, Ressourcen

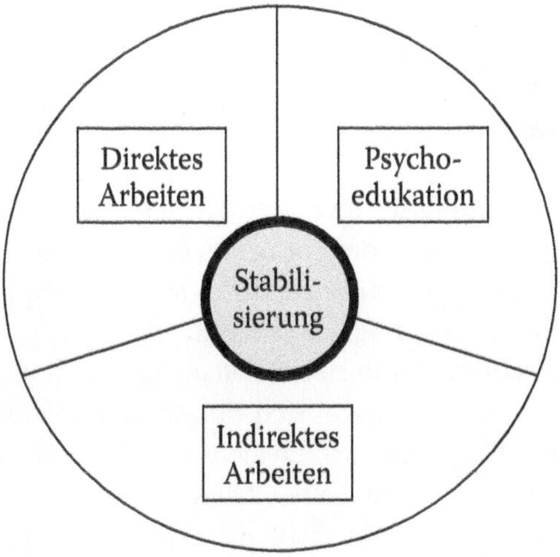

Unabhängig davon, ob Sie eine momentane Veränderungsbereitschaft des Trauernden wahrnehmen oder nicht, und unabhängig davon, ob Sie sich für Direktes oder Indirektes Arbeiten entscheiden, am Beginn der Begleitung steht die Stabilisierung. Stabilisierung steht auch in der Mitte und am Ende dieser Arbeit, sie ist der Boden und der Rahmen, ohne den dieses schwierige Thema nicht behandelt werden kann. In gewisser Weise ist eine Stabilisierung des erschütterten Vertrauens in sich selbst und die Welt sogar das Ziel unserer Arbeit.

Wenn ich ein Beratungsgespräch mit einem Ausflug auf See vergleiche, dann heißt Stabilisierung: das Boot wasserdicht zu machen, bevor es auf die Reise geht, den Proviant aufzufüllen und die Route so festzulegen, dass es jederzeit möglich sein wird, den Hafen oder einen anderen sicheren Ankerplatz zu erreichen.

Das gilt für den Trauernden, mit dem ich spreche, ebenso wie für mich selbst.

Rahmenbedingungen

Zunächst einmal müssen die Rahmenbedingungen stimmen. Es braucht einen *Raum*, wo die Türen geschlossen werden können, kein Telefon und kein Anrufbeantworter klingeln und niemand hereinplatzt. Deshalb sind das Zuhause von Trauernden und auch öffentliche Orte wie ein Café sehr ungünstig für tiefer gehende Gespräche.

Der Raum sollte angenehm sein, nicht zu viele ablenkende Dinge enthalten, damit eine Konzentration und ein Wohlfühlen möglich sind. Büroräume oder Arztpraxen mit verschiedenen medizinischen Geräten sind ungünstig, am besten ist ein mittelgroßer Raum, der nur für Gespräche genutzt wird und entsprechend mit bequemen Stühlen oder Sesseln eingerichtet ist.

Auch der *zeitliche Rahmen* sollte klar abgesprochen sein, damit der Trauernde weiß, worauf er sich einlässt. Die Kraftanstrengung von intensiven Gesprächen sollte nicht unterschätzt werden. Eine bis anderthalb Stunden sind ausreichend.

Wir können Trauernde nicht zur Stabilisierung ermuntern, wenn wir selbst nervös und unkonzentriert sind. Für die Begleitenden selbst sollte es daher vor jedem Gespräch einige Minuten geben, um sich auf sich selbst zu konzentrieren, belastende Gedanken aus dem eigenen Privat- und Arbeitsleben vorbeiziehen zu lassen und Kraft für das bevorstehende Gespräch zu sammeln, kurz: der *eigenen Stabilisierung* Raum zu geben.

Hilfreich ist auch ein »ressourcenorientierter Blick« auf Trauernde. Üben Sie sich darin, die Stärken und Qualitäten Ihrer KlientInnen wahrzunehmen. Nehmen Sie das Leid Ihrer GesprächspartnerInnen ernst, aber reduzieren Sie die vor Ihnen Sitzenden nicht auf das leidvolle Erleben.

Für Trauernde ist die Person des Begleitenden eine wichtige Quelle der Stabilisierung. Achten Sie darauf, wie Sie den *Kontakt* gestalten (vgl. S. 104).

Körperlichkeit

Der Körper und seine Wahrnehmung sind der Gegenpol zu den Gedankenkreisen, die Schuldmechanismen mit sich bringen.

In der Beratung selbst kann die körperliche Wahrnehmung auf verschiedene Arten gestärkt werden. Für viele von uns ist es ungewöhnlich, innerhalb der Beratung ein paar Schritte durch den Raum zu gehen oder eine Atemübung zu machen. Wenn Sie das noch nie gemacht haben, probieren Sie es bitte erst einmal für sich allein oder mit Freunden aus. Erläutern Sie Ihre Vorschläge den Klienten gegenüber auf eine einladende, unkomplizierte Art. Üben Sie auch das am besten vor dem Spiegel oder in der Supervision. Auf jeden Fall sollten Sie *mit* den Klienten atmen, gehen oder was Sie sonst vorschlagen, die Betroffenen sollen nicht den Eindruck erhalten, etwas Seltsames vor Ihnen vormachen zu müssen!

Zu den *Rahmenbedingungen* gehören eine bequeme, aber feste Sitzgelegenheit und eventuell ein Getränk.

Fühlen *Sie selbst* sich »wohl in Ihrer Haut«? Sorgen Sie für ein paar Dehnübungen in den Pausen bei geöffnetem Fenster, um richtig durchatmen zu können.

Sind Sie sich Ihres eigenen Körpers bewusst während eines Gesprächs? Versuchen Sie, die eigene Körperlichkeit als Anker und Kraftquelle wahrzunehmen, versuchen Sie immer wieder, so zu sitzen und zu atmen, dass Sie sich wohlfühlen, auch wenn die Gesprächsinhalte belastend sind.

Beobachten Sie die *körperlichen Reaktionen Ihres Gegenübers* während des Gesprächs. Wenn rote Flecken am Hals sichtbar werden, hat jemand sehr viel Stress. Wenn die Körperhaltung starr wirkt und das Erzählte dabei atemlos, aber relativ monoton klingt, dann ist die Person nicht mehr gefühlsmäßig mit dem Erzählten verbunden. Bieten Sie Ihrem Gesprächspartner dann einen kurzen *Stopp* an, bitten Sie ihn, kurz innezuhalten und auf den *Atem* zu achten. Atmen Sie selbst einige Male tief ein und aus, um Ihrem Gegenüber die Scheu davor zu nehmen.

Bei großer Anspannung hilft es, aufzustehen und einige Runden durch den Raum zu *gehen* – natürlich immer unter der Voraussetzung, dass die Betroffene damit einverstanden ist. Lassen Sie die Trauernde das Tempo und die Richtung innerhalb des Raums bestimmen, aber stehen Sie in jedem Fall selber auf und gehen Sie einfach mit.

Falls jemand sich auf den *Boden oder näher an die Heizung/das Fenster setzen* möchte, ist das eine gute Idee, setzen Sie sich eventuell dazu!

Menschen, die sich selbst nicht mehr spüren, hilft es, die *Hände aneinanderzureiben* und/oder *sich abzuklopfen.*

Eine einfache Maßnahme ist es auch, die *Füße fest auf den Boden* zu stellen, manchmal möchten KlientInnen dann die Schuhe ausziehen, um mit der ganzen Fußsohle Kontakt zum Boden zu haben.

Körperlichkeit in geschlossenen Gruppen und Wochenendseminaren

Sobald Trauernde sich vertraut geworden sind, können Sie auch in Gruppenangeboten leichte Körperübungen anbieten. Auf der einen Seite können Sie entspannende Übungen anbieten, viele KollegInnen beginnen z. B. einen Gruppenabend mit einer kurzen *Körperentspannung* (auch Bodyscan genannt). Auch beim Einsatz in Gruppen ist es notwendig, dass Sie selbst sich mit dieser Methode wohlfühlen, sie in einfachen und ermutigenden Worten erklären und selbst mitmachen. Zwingen Sie weder eine ganze Gruppe noch Einzelne zum Mitmachen, lassen Sie die Wahl! Viele Trauernde lehnen es ab, berührt zu werden, vor allem von Fremden, deshalb sollten auch Partnerübungen immer eine Variante enthalten, die jemand allein machen kann, damit niemand ausgeschlossen wird. Einige tiefe *Atemzüge* machen, sich die *Hände reiben* und *sich selbst abklopfen* ist für die meisten Trauernden zugänglich. Vor allem die letzten beiden Übungen, die die Körpergrenzen erfahrbar machen, sind sinnvoll für Menschen, die sich in Gedankenspiralen zum Thema Schuld aufzulösen drohen.

Bei vertrauteren Gruppen, die Berührungen zulassen, werden ein *gegenseitiges Abklopfen* und ein *gegenseitiges Massieren der Schultern* als sehr angenehm empfunden. Sie können zum Erfahren der Körpergrenzen auch ein *kräftiges »Durchwalken« mit dem Handballen* versuchen, im Gegensatz zur eher müde machenden Massage ist die kräftigere Berührung anregend.

Bei diesen Übungen gilt – wie bei allen eingesetzten Methoden – weniger ist mehr! Halten Sie Ihre Erklärungen einfach und aufmunternd, überfordern Sie die Gruppen auch nicht mit zu komplexen Bewegungsabläufen.

Körperlichkeit in offenen Angeboten

In offenen Selbsthilfegruppen und niedrigschwelligen Angeboten wie Trauercafés, die ständig wechselnde Teilnehmende haben, fehlt die nötige Vertrautheit für den Einsatz von Körperübungen. Umso mehr sollten Sie darauf achten, dass Sie sich selbst spüren.

Körperlichkeit in der Begleitung von Kindern

Kinder haben noch keine Hemmungen, sich körperlich auszudrücken, sie spielen und toben sowohl allein wie miteinander. Übungen zur Entspannung können genauso spielerisch eingebracht werden wie Übungen zur Wahrnehmung der Körpergrenzen und sind für trauernde Kinder beide sehr wertvoll.

Körperlichkeit in der Begleitung von Jugendlichen

Für pubertierende Jugendliche werden der Körper selbst und der Körperkontakt zu anderen ein besonderes Problemfeld. Partnerübungen sind daher für sie schwierig. Übungen, die zu sehr nach Kinderspielen aussehen, lehnen sie ab. Hilfreich sind Gestaltungsaufgaben, die Bewegung mit einbeziehen, und Spaziergänge oder einfach die Möglichkeit, mal rauszugehen. Körperliche Aktivität entlastet und entspannt trauernde Jugendliche (Erwachsene übrigens auch).

Körperlichkeit außerhalb der Begleitung

Ermutigen Sie Trauernde, sportliche Aktivitäten neu zu beginnen oder wieder aufzunehmen. Das reicht vom Training im Fitness-Studio über Joggen und Walken bis zu Yoga oder TaiChi. Entspannungstechniken wie die progressive Muskelentspannung oder Atementspannung helfen Trauernden, Stress abzubauen und sich zu erholen. Auch Tanzkurse, Wandertouren, Radfahren und Schwimmen sind gute Möglichkeiten, den Körper als wohltuend wahrzunehmen und zu stärken.

Positive Erlebnisinhalte und Erinnerungen

Manche Trauernde plaudern zu Beginn oder mitten in der Stunde über das Wetter, Erlebnisse und Gespräche mit anderen. Sie sind dabei entspannt und souverän. In diesen scheinbar oberflächlichen Mitteilungen offenbaren sie oft wichtige Ressourcen, also Dinge, die ihnen noch Freude machen oder Sätze und Gedanken, die ihnen etwas bedeuten. Insbesondere Erfahrungen von Normalität und Freundlichkeit, die sie in ihrer Erwartung von Strafe als positive Überraschung erleben, sind wichtige positive und stabilisierende Erlebnisse.

Deshalb ist es sinnvoll, auf diese Plaudereien einzugehen und Ressourcen, die hier ungefragt zum Vorschein kommen, positiv zu verstärken.

Wir können aber auch direkt nach Erlebnissen fragen, die als angenehm oder unterstützend empfunden wurden. Das kann für die Zeit seit dem letzten Gespräch gelten oder auch für die gemeinsame Zeit mit dem Verstorbenen. Trauernde, die sich selbst die (Mit-)Schuld am Tod des Verstorbenen geben, haben oft eine sehr einseitige Erinnerung ausschließlich an konfliktreiche gemeinsame Zeiten oder an eine Vielzahl von Irrtümern und Nachlässigkeiten innerhalb der Beziehung. Die *Stimulierung von positiven Erinnerungen* ist bei Ehepartnern oft leicht mit der Frage nach dem Kennenlernen zu erreichen, das Erinnern an die erste Verliebtheit ist fast automatisch von Glücksgefühlen begleitet. Für Begleitende ist es wichtig, davon auszugehen, dass es in jeder Beziehung, um die so intensiv getrauert wird, auch positive und beglückende Anteile gegeben hat. Lassen Sie sich nicht durch dramatische Todesumstände oder lange leidvolle Krankheitsverläufe davon abbringen, neugierig zu sein auf diese beglückenden Erlebnisse.

Die Beratungssituation selbst wird für viele Trauernde zu einer Quelle positiver Erinnerungen. Ein aufmunternder Blick, ein klarer Satz oder einfach das Gefühl, angenommen zu sein, können zu Erlebnissen werden, die Trauernde als Ressource für sich nutzen.

Achtung! – bitte beachten Sie: Für traumatisierte Menschen kann *jedes* Gefühl eine Überanstrengung darstellen. Nicht umsonst spricht man vom »Eustress«, also dem Stress, der durch positive Aufregung ausgelöst wird – Hochzeiten, Häuserkauf und Geburten stehen auf einer Skala der belastenden Lebensereignisse ganz oben! Wichtig ist auch zu begreifen, dass Glück und Freude genauso als überwältigend erlebt werden können wie ein Überfall. Kennen Sie das Gefühl, weiche Knie vor Glück zu haben, Herzklopfen vor Freude auf etwas und atemlos zu sein angesichts einer schönen Überraschung? Auf der rein körperlichen Ebene sind die Erscheinungen »Herzklopfen, weiche Knie, Atemlosigkeit« auch bei Panik und Schock vorhanden.

Für traumatisierte Menschen muss die Anstrengung des Fühlens sich im Rahmen des Aushaltbaren bewegen. Deshalb sind ihre Reaktionen auch auf positive Ereignisse oft verhalten.

Regen Sie daher nur so lange positive Erinnerungen und Erfahrungen an, wie Ihr Gegenüber ohne das Ausweichen in Unmut oder Langeweile und ohne sichtbare Zeichen von Stress (rote Flecken am Hals, Schweißausbrüche, schnelles und dabei flaches Atmen, Wippen mit dem Fuß oder der Hand) mitgehen kann. Werten Sie auch verhaltene Reaktionen positiv, setzen Sie Ihre GesprächspartnerInnen nicht unter Druck, machen Sie ihnen vor allem kein schlechtes Gewissen wegen mangelnder Freude! Damit würden Sie nur den Schuldmechanismus erneut in Gang setzen.

Positive Erlebnisinhalte und Erinnerungen in Gruppen und Wochenendseminaren

Es ist sehr sinnvoll, auch mit Trauergruppen immer wieder positive Erlebnisse zu thematisieren. Gruppen mit starken Schuldmechanismen neigen zu einer sehr negativen Sicht auf sich selbst und die umgebende Welt. Im Sinne der Vagabundierenden Schuld (vgl. S. 48) und der Schuldmechanismen als Lebensmuster (vgl. S. 79) nehmen sie das Verhalten ihrer Umwelt ausschließlich als unverschämt und falsch wahr. Sich selbst sehen sie als dauernde Opfer oder als ständige TäterInnen, die anderen zu viel zumuten, zu wenig geben etc.

Im Zusammensein mit anderen Trauernden mit ähnlichen Mechanismen droht diese negative Selbst- und Weltsicht sich noch zu verstärken. Es ist eine Aufgabe von Gruppenleitung, immer wieder Impulse zu einer vollständigeren Sicht auf sich selbst und die umgebende Welt zu geben.

Hilfreich ist es, damit schon beim Kennenlernen zu beginnen. Ich habe sehr gute Erfahrungen damit gemacht, eine erste Vorstellungsrunde zur Frage »Wer bin ich?« der Runde »Wen habe ich verloren?« voranzustellen. Alter, Wohnort, Beruf, Familienleben und – ganz wichtig – »Dinge, die mir am Herzen liegen«. Ob das Haustiere, Sport, Musik, Malen, Wandern, der Job oder Auslandsreisen sind, diese Dinge charakterisieren einen Menschen. So erleben die GruppenteilnehmerInnen sich von Anfang an auch in ihren Stärken und persönlichen Eigenheiten und haben damit Anknüpfungspunkte über den Verlust hinaus.

Achten Sie dabei auf Ihre Formulierungen! Die Frage: »Was tut Ihnen denn gut?« oder gar: »Was macht Ihnen Spaß?« wird von allen frisch Betroffenen als unangemessen empfunden. Für Menschen, die sich aufgrund ihres Schuldmechanismus selbst bestrafen, ist diese Formulierung eine zusätzliche Zumutung. Innerhalb des eigenen Bestrafungssystems »dürfen« sie nichts mehr erleben, was guttut. Formulierungen wie »was liegt Ihnen am Herzen«, »was hält und tröstet« zeigen Respekt vor dem erlebten Leid und ermöglichen gleichzeitig das Benennen von Erlebnissen jenseits des Leidens.

Positive Erlebnisinhalte und Erinnerungen mit Kindern und Jugendlichen

Kinder sind gute Lehrmeister, wenn es darum geht, Lebendigkeit, Lachen und positive Gemeinschaft in der Trauergruppe zu erleben. Lassen Sie das zu, seien Sie nicht irritiert, auch nicht über die teilweise raschen Wechsel zwischen Spiel und Schmerz. Beides ist angemessen und Teil des Trauerprozesses, beides braucht Raum. Ein elfjähriger Junge sagte mal nach einer Einzelstunde, in der er alles, was ihn ausmacht – dazu gehörten auch Erinnerungen an seinen verstorbenen Vater –, gemalt hatte: »Das war echt toll heute!«

Kraftquellen

Die Frage nach Kraftquellen ist unverfänglicher als die Frage nach positiven Erlebnissen, weil sie mit einem großen Respekt vor dem erlebten Leid verbunden werden kann. »Wie schaffen Sie es, diese schwere Zeit durchzustehen?«, »Was gibt Ihnen die Kraft, durchzuhalten?«, »An welchem Gedanken halten Sie sich fest, wenn der Schmerz übermächtig wird?«

Haben Sie keine Angst, dass Ihr Gegenüber mit einem »Da gibt es nichts« antwortet. Sie wissen, dass dieser Mensch nicht vor Ihnen säße, wenn da nichts wäre. Ermutigen Sie Trauernde zum Erforschen dieses inneren Antriebs – aber bitte ermutigend und respektvoll, unbedingt ohne Besserwisserei. Ich habe etliche KlientInnen gehabt, die mit dieser Frage noch Monate lang beschäftigt waren und zum Abschluss der Beratung diese positive Provokation als sehr hilfreich beschrieben.

Halten Sie die Kraftquellen einer Trauernden gut im Gedächtnis (nehmen Sie sie in Ihre Protokolle auf) und kommen Sie darauf zurück, wenn die Trauernde sehr verzweifelt ist.

Kraftquellen in der Gruppe und auf Wochenendseminaren

Kraftquellen sind ein ergiebiges Thema auch in Trauergruppen. Bei geschlossenen Gruppen können Sie z. B. dazu einladen, Gegenstände mitzubringen, die Kraft geben: Das ist für manche ein ererbtes Schmuckstück, für andere ein Kreuz, für wieder andere ein Stein, eine Engelfigur, ein Kuscheltier. Darüber können sich die Teilnehmenden austauschen, sich ihre Kraftquellen gegenseitig zeigen, die Gegenstände können auch für eine Weile in die Mitte gelegt werden und so alle Teilnehmenden stärken und anregen.

In *offenen und geschlossenen Gruppen* können Sie das Thema Kraftquellen ansprechen und die Teilnehmenden in Kleingruppen und im Plenum sammeln lassen, wie sie sich stärken und trösten. Auch hier ist die Formulierung wieder ganz wichtig, vermeiden Sie Formulierungen aus dem Wellnessbereich (»sich was Gutes tun«).

Bei *Tages- und Wochenendseminaren* kommen die Pausen und die Essenszeiten als mögliche Kraftquellen dazu. Sorgen Sie für eine *angenehme Umgebung*, in der die Teilnehmenden gern einen Spaziergang machen, das kann in der Natur genauso sein wie in einer anregenden städtischen Umgebung. Das *Essen* sollte schmackhaft und reichhaltig sein, ein bisschen *Luxus* tut den meisten Trauernden gut – vor allem denen, die sich aufgrund ihres Strafmechanismus allein nichts mehr gönnen.

Für den Abend sollte ein netter Aufenthaltsraum mit Getränken und Knabbereien zur Verfügung stehen, viele begrüßen es auch, abends außerhalb des Seminarhauses in einem Restaurant oder einer Kneipe zusammenzukommen und »nur Smalltalk« zu machen. In die Gruppenvereinbarungen wird sinnvollerweise ein *»Pausen sind Pausen«* einbezogen, das heißt – Pausengespräche sollten sich nicht um extrem belastende Inhalte drehen, sondern der Erholung Raum und Zeit lassen.

Die Gruppe selbst wird für viele Trauernde zur wichtigen Kraftquelle. Hierbei geht es tatsächlich um die Gruppe und nicht um die Übungen oder Impulse, die wir anbieten. Das Zusammensein mit anderen Trauernden, die Erfahrung von Normalität im eigenen Leiden und Weiterleben schaffen oft eine Solidarität, die Lebensenergie freisetzt. Daher sollten wir uns in der Gruppenleitung nie zu wichtig nehmen, unsere Rolle ist die der Setzung von Rahmenbedingungen, der Moderation und Impulsgebung, doch das Wichtigste an Gruppenzusammenhängen ist – der Gruppenzusammenhang.

Geschützter Abschied (Einzelbegleitungen und Gruppen)

Trauernde, die in Schuldmechanismen denken und fühlen, rechnen ständig mit weiteren Katastrophen und Abwertungen, denn sie »haben es ja nicht anders verdient«. Es bleibt lange ein Rest von Misstrauen der Begleiterin gegenüber: »Es könnte ja sein, dass die nach dem heutigen Gespräch ihr Urteil über mich geändert hat und sogar die Gespräche abbrechen möchte.« Geben Sie stets eine positive Rückmeldung auf die Stunde und bestätigen Sie den nächsten Termin, um diese Ängste abzubauen.

Bedenken Sie, dass der Abschied aus der Gruppenstunde oder dem Gespräch für manche Trauernde das Verlassen eines geschützten, weitgehend straffreien Raums bedeutet. Achten Sie darauf, zum Abschluss wertschätzend und ermutigend zu sein, geben Sie eine Art »Proviant« mit. Das kann eine aktivierende Hausaufgabe sein oder auch das Ansprechen von schützenden, unterstützenden Aktivitäten und Begegnungen, die bis zum nächsten Treffen mit Ihnen/der Trauergruppe möglich sind.

Trauernde ohne aktuelle Veränderungsbereitschaft

Trauernde ohne aktuelle Veränderungsbereitschaft können auch und gerade diejenigen sein, die mit dem erklärten Wunsch nach Schuldbearbeitung in die Beratung kommen! Die ausgesprochenen Botschaften und Wünsche können mit der tatsächlichen Bereitschaft zur Aufgabe oder zumindest Veränderung des Schuldkonstrukts im Widerspruch stehen. Das darf den Klienten aber in keiner Weise zum Vorwurf gemacht werden! Für die meisten von ihnen ist der Schuldmechanismus bereits so tief verwurzelt, dass sie sich ohnehin schuldig sprechen für ihre nicht endenden Schuldvorwürfe. Ich erinnere an dieser Stelle an die Grundhaltungen: Innehalten, Aushalten, Abstand halten (S. 19ff.).

KlientInnen ohne Änderungsbedürfnis halten an ihren Schuldkonstrukten und Schuldmechanismen fest, weil sie dadurch wichtige Fragen in ihrem Leben beantworten können. Die negativen Folgen dieser Konstrukte führen zwar zu Leidensdruck, aber der ist nicht groß genug, um sie zu einer Veränderung der funktionierenden Konstruktionen zu bewegen. Was wir in der Begleitung tun können, ist, den Leidensdruck nicht noch weiter zu erhöhen. Dazu geben wir der Beschäftigung mit dem Schuldkonstrukt innerhalb der Beratung nur gerade so viel Raum, wie KlientInnen brauchen, um sich sicher und angenommen zu fühlen.

Grundeinstellungen bewahren

Unsere Grundeinstellungen (Innehalten, Abstand halten, Aushalten) drücken sich in der konkreten Arbeit durch große Vorsicht aus. Diese Vorsicht drückt sich in einem Verzicht auf einige naheliegende Gesprächsangebote aus. Das sind:

- ausführliche Diskussionen über ethische und religiöse Schulddefinitionen,
- wiederholte leidenschaftliche Beweisführungen, warum die Schuldvorwürfe ungerechtfertigt seien,
- *häufig wiederholte* Auflistungen dessen, was getan und unterlassen wurde (Realitätsprüfung), denn wenn das nicht direkt beim ersten Mal eine gewisse Erleichterung bringt, ist das für diesen Trauernden kein sinnvolles Angebot,
- wiederholte Hinweise auf Verzeihensmöglichkeiten, denn auch die sind nur für Menschen interessant, die sich von ihrem Schuldkonstrukt lösen können,
- Äußerungen von Ungeduld und Unzufriedenheit mit dem Festhalten des Klienten an seinen Schuldkonstrukten,
- eigene Schuldkonstrukte, nicht »gut genug« zu sein, um diesen Trauernden auftragsgemäß von seinen Schuldmechanismen zu befreien.

Die aufgezählten Gesprächsinhalte bewegen sich alle innerhalb von Schuldzusammenhängen und verstärken das Konstrukt des Klienten durch die intensivierte Beschäftigung damit. Darüber hinaus ist es für die Beratende nahezu unmöglich, über längere Zeit außerhalb der Schuldkonstruktionen und Schuldzusammenhänge zu bleiben, wenn sie sich gemeinsam mit einem Klienten, der nicht zur Veränderung des Schuldkonstrukts in der Lage ist, damit beschäftigen. Der Sog ist zu groß, wir alle sind mit Schuldmechanismen in Kontakt gekommen und lassen uns in das Spiel hineinziehen.

Sobald Beratende sich in einer der folgenden Rollen wahrnehmen, ist der Schuldzusammenhang in die Beratungssituation übergesprungen:

- als VerteidigerIn der von uns aus gesehen Unschuldigen,
- als AnklägerIn der von uns aus gesehen »wirklichen« Schuldigen,
- als selbst ernannte Sachverständige, weil wir ja »vom Fach« sind und die Dinge »richtig« einordnen können,
- als subjektiv so empfundene Opfer von uneinsichtigen, anstrengenden KlientInnen,
- als subjektiv so empfundene TäterInnen an hilfsbedürftigen KlientInnen, denen wir einfach nicht genug anbieten,
- als selbst ernannte/r RichterIn, die/der weiß, wie das alles »wirklich« war und ist, und KlientInnen gegebenenfalls mit nachlassender Aufmerksamkeit und abwertenden Bemerkungen über Unverbesserlichkeit abstrafen.

Eine gute Bearbeitung der eigenen Schuldkonstruktionen ist notwendig, um KlientInnen mit starken Schuldmechanismen dauerhaft gelassen und respektvoll begegnen zu können.

Begleitung von Trauernden ohne aktuelle Veränderungsbereitschaft

Welche der vier Arbeitskomponenten kommen bei Trauernden zum Einsatz, die aktuell keine Veränderungsbereitschaft haben? Bei ihnen ist die *Stabilisierung* (S. 107ff.) besonders wichtig, da sie durch den fortbestehenden Schuldmechanismus ständig Einbußen in ihrer Lebensqualität hinnehmen müssen. Der dadurch ausgelöste Stress verstärkt das Festhalten am stabilisierenden Schuldkonstrukt. Ein Teufelskreis!

Die *Direkte Arbeit* wird deshalb auf ein Minimum reduziert, die Betroffenen bekommen gerade so viel Zeit, ihre Schuldvorwürfe zu äußern, wie sie benötigen, um sich angenommen zu fühlen.

Die *Indirekte Arbeit* ist hier neben der Stabilisierung am wichtigsten. Wir erarbeiten Hypothesen, welche existenzielle Frage der/die Trauernde mit dem Schuldmechanismus beantwortet, und bieten Gesprächsthemen und Interventionen an, die auf diese Frage eingehen. Wenn unsere Hypothese richtig war, wird sich die emotionale Verfassung des Trauernden in meist sehr kleinen Schritten anhaltend verbessern. Andernfalls müssen wir eine neue Vermutung erarbeiten und neue Angebote machen.

Neben Gesprächen können auch zum Einsatz kommen

- Kreatives Schreiben
- Aufstellungen
- Symbolarbeit
- Malen
- Rituale

Der Einsatz dieser Methoden erfordert eine gute Ausbildung in Beratung oder Psychotherapie und Sicherheit im Umgang mit den jeweiligen Methoden.

Psychoedukation, also die einfache Erläuterung der vermuteten existenziellen Fragen, die Trauernde sich mit dem Schuldkonstrukt beantworten, kann Trauernden die Verzweiflung über ihr eigenes Verhalten nehmen und die »Schuld an der Schuld« mindern.

Fallbeispiel

Ich erinnere mich an eine Frau, deren fünfzehnjähriger Sohn sich das Leben genommen hatte. Fünf Jahre lang hatte sie alle Einzelheiten der Vorgeschichte und ihres Verhaltens darin erkundet, sie hatte ihre Familiendynamik therapeutisch beleuchtet und sich jeder möglichen Kritik an sich selbst und ihren Familienangehörigen gestellt. Das Ergebnis war mager, es waren keine Fahrlässigkeit, keine Gewalt, keine zerstörerischen Mechanismen innerhalb der Familie zu finden. Der Tod ihres Sohnes blieb unerklärlich für alle. Die Begleitung dieser Frau (die fünf Jahre nach dem Tod des Sohnes begann und sehr kurz war) bestand zu *einem Teil* darin, mit ihr ein Stück des Weges in dieser Ursachen- und Wahrheitssuche zu gehen, ohne eigenes Urteil (Direktes Arbeiten). Der *zweite Teil* der Begleitung bestand darin, sie zur Auseinandersetzung mit anderen Aspekten des Trauerprozesses zu ermutigen, mit ihr über ihren verstorbenen Sohn zu sprechen, aber auch über die lebenden Geschwister, über ihre Ehe, ihren Beruf und die Auswirkungen, die der Tod eines Kindes auf ihr Weiterleben hatte (Indirektes Arbeiten). Der *dritte Teil* der Begleitung bestand darin, ihr zu erklären, warum das Schuldkonstrukt so wichtig für sie war, und mit ihr zusammen anzusehen, ob die Strafen dafür dem Nutzen noch angemessen waren (Psychoedukation).

Die Begleitung endete, als sie für sich sagen konnte: Ich brauche einen Rest von Schuldvorwurf an mich selbst als Mittel gegen die Fassungslosigkeit und die ohnmächtige Angst, das könnte noch einmal geschehen. Ich habe alle Schuldvorwürfe gegen andere aufgegeben. Ich strafe meinen Mann und die Lehrer und Freunde meines Sohnes nicht mehr. Die Strafen gegen mich selbst sind so gering geworden, dass ich sie gern auf mich nehme. Ich kann in Liebe an meinen verstorbenen Sohn denken, er hat einen Platz in unserer Familie, der mehr mit seinem Leben als mit seiner Todesursache zu tun hat. Ich hadere nicht mehr mit mir selbst, dass ich den Rest des Schuld-Mechanismus brauche. So kann ich mein Leben gut leben.

6. Indirektes Arbeiten mit Instrumentellen Schuldzuweisungen – Lücken füllen, Bedürfnisse stillen

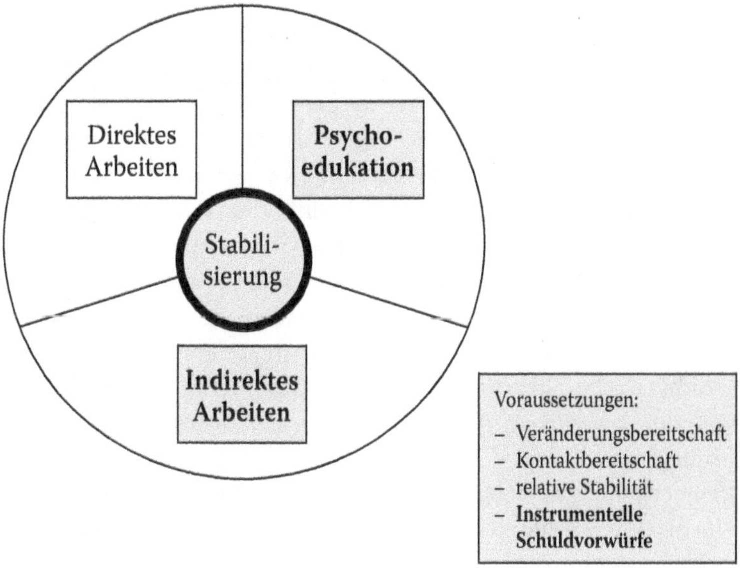

Mit »Indirekte Arbeit« benenne ich hier alle Angebote, die wir ohne das Aufgreifen des Schuldbegriffs und ohne direktes Eingehen auf die geäußerten Schuldzusammenhänge machen, die aber trotzdem einen Einfluss auf die Schuldmechanismen haben. Indirektes Arbeiten kann zufällig geschehen oder gezielt. Hier möchte ich Sie anregen, Indirektes Arbeiten bewusst und begründet einzusetzen. Dazu brauchen Sie zunächst eine Vermutung über die Fragen und Bedürfnisse, die dieser trauernde Mensch sich mit einem Schuldzusammenhang beantwortet. Diese Vermutung entsteht aus dem, was die Trauernde Ihnen erzählt, wie sie auftritt und auf Sie wirkt. Wenn Sie eine Vermutung haben, z. B. »Dies ist ein Instrumenteller Schuldvorwurf, um mit dem Verstorbenen verbunden zu sein«, dann entwickeln Sie Ideen für Angebote, wie diese Trauernde sich dem Verstorbenen auf andere Weise nah und verbunden fühlen kann (vgl. »Instrumentelle Schuldzuweisungen«, S. 64 und »Schuldzusammenhänge als Bindungsfaktor über den Tod hinaus«, S. 69).

Wir arbeiten hier also nicht, indem wir etwas wegnehmen, sondern indem wir etwas hinzufügen.

Wir entwickeln so lange Angebote, bis die/der Trauernde etwas davon annehmen kann. Dabei müssen wir unsere Vermutungen ständig überprüfen und eventuell neu formulieren.

Wenn unsere Vermutung stimmte und die Trauernde unser Angebot angenommen hat, braucht sie danach den Schuldzusammenhang nicht mehr so dringend wie zuvor. Das zugrunde liegende Problem ist ein Stück weiter gelöst. Das Bewusstsein und Fühlen von Schuld wird weniger, dadurch sinkt die Notwendigkeit von strafenden Ausgleichshandlungen. Durch diese drei gleichzeitigen Prozesse steigt die Lebensqualität der Trauernden.

Oft sind es mehrere zugrunde liegende Fragen, die Trauernde mit Schuldzusammenhängen beantworten, daher geht auch die Indirekte Schuldbearbeitung oft auf mehreren Feldern gleichzeitig vor oder wir bearbeiten verschiedene existenzielle Fragestellungen nacheinander.

Für viele Trauernde bleibt am Ende der Indirekten Arbeit ein Normativer Schuldzusammenhang übrig, der keine anderen Bedürfnisse mehr beantwortet, sondern mit subjektiv so bewerteten Normbrüchen zu tun hat. Dann wechseln wir zum Direkten Arbeiten (S. 151).

Immer – alles – nie – nichts

Woran erkennen wir, ob es sich um Normative oder Instrumentelle Schuldzuweisungen handelt?

Der erste Weg ist das Hinhören. Formulierungen von Schuldvorwürfen, die sehr allgemein gehalten sind, weisen deutlich darauf hin, dass die vorgebrachten Beschuldigungen sich nicht an einem Normbruch orientieren, sondern unbewusst eingesetztes Instrument zur Linderung einer tiefen inneren Not sind.

»Ich mache immer alles falsch.«

»Mein Mann war nie für mich da.«

»Nichts klappt in meinem Leben.«

»So was passiert immer nur mir.«

Solche Formulierungen machen eine konkrete und ernsthafte Auseinandersetzung unmöglich. Es gibt keinen konkreten Vorwurf, der überprüft werden könnte. Stattdessen zeigt sich eine negative Grundeinstellung zur Welt, in die das Sterben des Angehörigen eingeordnet wird. Das kann ein Hinweis auf Schuld als Lebensmuster sein oder auf eine momentane Hilfsfunktion, die diese Einteilung der Welt in Opfer und Täter für den Betroffenen hat. In beiden Fällen ist eine direkte Erörterung der Schuldvorwürfe nicht sinnvoll. Sie würde die Trauernden eher noch in ihrer Sicht auf die Dinge bestärken, weil sie erleben müssten, dass sie trotz vielerlei Übungen und Gespräche nicht von dem Schuldzusammenhang ablassen könnten. Sie würden sich dadurch als unvernünftig und als Zumutung für ihre Umwelt und auch für die Begleitenden empfinden. Das würde Raum für die Konstruktion neuer Schuldzusammenhänge anbieten und die Verzweiflung und Selbstentwertung der Trauernden vertiefen.

Alle generalisierenden Schuldvorwürfe legen nahe, dass es sich hier um Instrumentelle Schuldvorwürfe handelt und Indirektes Arbeiten sinnvoll ist.

Auch alle unrealistisch und unvernünftig wirkenden Schuldvorwürfe gehören dazu.

»Wenn ich meinem Sohn den Motorrad-Führerschein nicht bezahlt hätte, dann wäre er nicht bei diesem Unfall ums Leben gekommen.«

»Wenn sie mich wirklich geliebt hätte, hätte sie das nicht getan.«

»Das sind schließlich die Experten, die hätten was tun müssen, das ist doch fahrlässig, was die gemacht haben.«

»Alle sagen, ich hätte keine Schuld, aber ich kann nicht aufhören, daran zu denken.«

Solche Äußerungen deuten darauf hin, dass Trauernde Schuldzusammenhänge konstruieren, um sich damit existenzielle Fragen zu beantworten, die durch den Tod gestellt wurden. Diese Menschen leiden an einem Mangel an nachvollziehbaren Zusammenhängen, Bindung und/oder Einfluss. Diesen Menschen Schuld abnehmen zu wollen hieße, ihren Mangel noch zu vergrößern. Daher arbeiten wir indirekt mit ihnen, indem wir ihnen Alternativen für die Beantwortung ihrer existenziellen Fragen anbieten.

Voraussetzungen

Voraussetzungen für das Indirekte Arbeiten sind

- Aktuelle Veränderungsbereitschaft
- Kontaktbereitschaft
  Trauernde, die sich von allem und allen zurückziehen, weil sie mit jeder Art von Eindruck und Kontakt überfordert sind, können Indirekte Angebote nicht annehmen. Für sie bleibt es bei einer sehr behutsamen Stabilisierung.
- Beginnende innere und äußere Stabilität
  Jede Form von Gespräch über das Geschehene und die eigenen Gefühle und Gedanken dazu sind für Trauernde anstrengend. Indirektes Arbeiten an Schuldzusammenhängen bringt eingefahrene Denkmuster in Bewegung, das erfordert zusätzlich Kraft. Deshalb sollte Indirektes Arbeiten auf den Kräftehaushalt der Betroffenen Rücksicht nehmen. Wenige und kleine Schritte sind langfristig hilfreicher als schnelle Lösungen.

Prozessorientiertes Arbeiten

Indirektes Arbeiten folgt den Prozessen der Trauernden. Aus ersten Beobachtungen formulieren wir für uns Vermutungen über die zugrunde liegenden existenziellen Fragen, die dieser Mensch mit der Herstellung eines Schuldzusammenhangs beantwortet. Auf der Grundlage dieser Vermutung überlegen wir uns Gesprächsangebote, auf die dieser Trauernde eingehen könnte. Aus seiner Reaktion darauf und aus den Ergebnissen des Gesprächs überprüfen wir unsere Vermutungen, finden sie bestätigt oder widerlegt, stellen erneut Vermutungen über den aktuellen Stand der Bedürfnisse des Trauernden an und überlegen uns neue Angebote. Dazu gehören stabilisierende Angebote ebenso wie psychoedukative Elemente und gegebenenfalls ein Wechsel zum Direkten Arbeiten.

In den folgenden Abschnitten stelle ich verschiedene Aspekte des Indirekten Arbeitens einzeln vor. Diese exakte Abgrenzung der einzelnen Arbeitsformen voneinander ist ein Kunstgriff, der das Lesen und Verstehen leichter macht. In der Realität sind häufig verschiedene existenzielle Fragen, die Trauernde mithilfe von Schuldzusammenhängen beantworten, miteinander verwoben. Daher mischen sich in der Beratung und Begleitung auch unsere Herangehensweisen.

Das Bedürfnis nach Erklärungszusammenhängen

Mit Schuldzusammenhängen kann ein (zumindest danach aussehender) logischer Zusammenhang zwischen unlogischen Ereignissen hergestellt werden. Die Welt wird dadurch verstehbar, übersichtlich und in gewissem Maß kontrollierbar. Das alles erhöht die Bereitschaft und die Fähigkeit, nach einem einschneidenden unerklärlichen Verlust weiterzuleben.

Manchmal sind die einzelnen Ereignisse rund um ein Sterben nicht nur unlogisch, sondern sogar unbekannt. Je weniger Trauernde über ein Sterben wissen, desto schneller entstehen Schuldvorwürfe.

Der Umgang mit den erstaunlich vielen Seiten des eigenen Seins und der Welt um uns herum, die wir nicht genau einordnen können, ist ein ständiges existenzielles Lernfeld. Wie so oft in dieser Arbeit sind wir auch hier wieder einmal mit uns selbst konfrontiert. Unser eigener Wunsch nach erklärbaren Zusammenhängen steht manchmal der effektiven Arbeit mit Trauernden im Weg. Denn es geht in dieser begleitenden Arbeit nicht darum, dass wir als Begleitende die Beweggründe und Fakten bis ins Letzte begreifen. Viele Fragen, die für uns persönlich interessant und reizvoll sind, bleiben deshalb ungestellt. Andere Fragen, die wir für längst beantwortet oder nebensächlich halten, bewegen unsere Klienten über lange Zeit – diesen Fragen gehen wir nach. Alles Bearbeiten von Instrumentellen Schuldzuweisungen, die zur Herstellung von Erklärungszusammenhängen dienen, dreht sich um Informationen. Es geht darum, sie zunächst so umfassend wie möglich zu sammeln und sie anschließend in verschiedenen Versionen zu deuten.

Arbeitsansätze bei fehlenden Informationen

Viele Trauernde entwickeln Schuldzusammenhänge um Informationslücken herum, ohne die fehlenden Fakten selbst wahrzunehmen. Der Schuldzusammenhang ist dann wie ein Tarnumhang, der die Wissenslücke verhüllt und sie trotzdem gleichzeitig schließt.

Wenn Trauernde schlecht informiert sind über Teile des Sterbeprozesses, der Vorgeschichte oder der gerichtlichen Untersuchungen bei einem sog. nicht-natürlichen Tod, ist es oft hilfreich, diese Informationslücken zu füllen. Das müssen und können wir in unserer Rolle als Begleitende nicht selbst tun. Wir können den Trauernden jedoch Unterstützung geben für den Wunsch, Informationen zu sammeln.

Das kann z. B. die Unterstützung einer jungen Frau sein, die den Suizid ihres Vaters im Alter von siebzehn erlebt hat, und nun, zehn Jahre später, mit verschiedenen Familienmitgliedern über die Tage vor und nach seinem Tod sprechen möchte. Ihre Freunde halten das möglicherweise für morbide und rückwärtsgewandt und fordern sie wahrscheinlich auf, die »alten Geschichten ruhen zu lassen und nach vorn zu blicken«. Unterstützend wäre von unserer Seite, ihren Wunsch aufzugreifen, gerade wenn er sich in Halbsätzen äußert wie: »Manchmal wüsste ich ja schon gern, …« oder: »Sie halten das bestimmt für verrückt, aber mir lässt das keine Ruhe, dass ich nicht weiß, ob …« oder: »Ich stell mir immer wieder vor, wie er …, das bringt natürlich gar nichts, oder?«

Unterstützung bedeutet, die Klientin darauf anzusprechen, ihre angedeuteten Wünsche ernst zu nehmen – »Was wäre, wenn Sie das klären könnten?« – und in den Bereich des Machbaren zu rücken. Es scheint ein wichtiges Bedürfnis zu sein, sich mit anderen über die Reaktion auf gemeinsam erlebte einschneidende Ereignisse auszutauschen.

Das tun wir auch mit anderen wichtigen Ereignissen. Zu Jahrestagen des Mauerfalls oder des Attentats auf Kennedy, um zwei einschneidende historische Ereignisse zu nennen, führen Radiosender regelmäßig Zuhörerbefragungen durch: »Was haben Sie an diesem Tag getan? Wie hat die Nachricht Ihr Leben verändert?« Auch im Freundeskreis kenne ich den Versuch, solche Tage gemeinsam zu rekonstruieren: »Damals habe ich das erst gar nicht glauben können und dann erst mal …«, »Kannten wir uns da eigentlich schon?«, »Da lebte deine Mutter noch und ich weiß noch, wie sie gesagt hat …«

Warum also sollten Menschen mit ihren persönlichen einschneidenden Ereignissen nicht ähnlich neugierig umgehen? Solche Neugier wird oft gedeutet als »Suche nach Schuldigen« und ein Herumstochern in alten Wunden mit dem Ziel, Schuldzusammenhänge herzustellen. Doch dieses Sammeln von Informationen ist genau das Gegenteil einer inquisitorischen Tätersuche! Denn jede Informationslücke, die geschlossen wird, verringert die Notwendigkeit für einzelne Trauernde, sich das Unerklärte mit Schuldzusammenhängen zu erklären.

Manchmal möchten Angehörige nach einiger Zeit noch einmal mit den behandelnden Ärzten sprechen und sich der Diagnosen vergewissern oder sicherstellen, dass ein Mensch ohne übermäßig große Schmerzen gestorben ist.

Manchmal möchten Menschen die Akten einer Ermittlung einsehen, vor allem nach einem Suizid. Das ist für sie die einzige Möglichkeit, Einzelheiten über Ort, Zeit und Art des Sterbens zu erfahren. Die in diesen Akten enthaltenen Fotos sind manchmal auch die einzige visuelle Dokumentation des Totseins, vor allem, wenn keine Abschiednahme ermöglicht wurde.

Manchmal brauchen die Hinterbliebenen die Sicherheit eines DNA-Tests nach Naturkatastrophen oder Terroranschlägen.

Manche Trauernde können niemanden nach der Todesstunde fragen, weil jemand allein gestorben ist oder alle, die diesen Tod bezeugen könnten, ebenfalls tot sind. Dann ist der Ort, an dem jemand gestorben ist, so etwas wie »der letzte Zeuge«. Für die Hinterbliebenen kann das Aufsuchen von z. B. Unfallorten oder Absturzstellen eine Form von Informationsbeschaffung werden. Dazu zählt auch folgende Beobachtung: Nach Beendigung des sog. »Kalten Krieges« begann ein bis heute andauernder intensiver Reiseverkehr von älteren Menschen aus Deutschland zu den (teilweise anonymen) Gräberfeldern und Schlachtfeldern des Ersten und Zweiten Weltkriegs in Osteuropa.

Planung und Strategie

Viele der oben genannten Beispiele benötigen eine Planung, damit die Informationssuche nicht missverstanden wird.

Strategische Planung reicht dabei von der Suche nach dem passenden Ort und Zeitpunkt bis zur Klärung des angemessensten Gesprächseinstiegs. Z. B. ist ein Familienfest sicher kein guter Ort, um die Gastgeberin nach schmerzhaften Erinnerungen zu befragen, wenn sie gerade 50 Personen willkommen heißen will.

Konfrontative Aussagen wie: »Du wolltest mir ja nie erzählen …« oder: »Sag mir jetzt endlich …, ich habe ein Recht darauf …!« lösen sehr wahrscheinlich Abwehr aus. Es kann hilfreich sein, mit der Klientin verschiedene Gesprächsszenarien und Einstiegsfragen durchzuspielen, damit sie ihr Anliegen erfolgreich vortragen kann.

Oft ist es wichtig, Motive zu klären, wenn neben dem Wunsch nach mehr Informationen auch eine Angst davor steht. Oder wenn die Suche nach Informationen für die Trauernde an Bedeutung verliert, lange bevor die ursprünglich geplante Menge an Informationen zusammengetragen ist.

Ich habe bei dem Wunsch nach Akteneinsicht über einen Suizid manchmal erlebt, dass neben dem intensiven Bedürfnis, diese Akten einzusehen, eine große Angst vor den darin enthaltenen Fakten und Bildern bestand. In anderen Fällen gab es Familienkonflikte, wenn z. B. die Tochter die Akte des verstorbenen Vaters unbedingt einsehen wollte, die Mutter aber nicht und sogar mit Kontaktabbruch drohte, sollte die Tochter das gegen ihren Willen durchsetzen.

Bei einer anderen Klientin war der Wunsch nach der Befragung mehrerer Familienmitglieder zum Tod ihres Bruders zunächst sehr intensiv. Wir überlegten gemeinsam, wessen Befragung sie selbst am wenigsten belasten würde, und es entstand ein Zeitplan von mehreren Monaten, in denen sie verschiedene Gelegenheiten nutzen wollte, um die Einzelnen einen nach dem anderen zu befragen. Ein Gespräch mit ihrer Mutter hatte sie dabei ganz ans Ende der

Liste gesetzt, weil sie das für das heikelste hielt. Durch einen Zufall war das Gespräch mit ihrer Mutter aber das erste, das überhaupt stattfand. In diesem Gespräch erhielt sie die Informationen, nach denen sie gesucht hatte, und darüber hinaus eine Form von Bestätigung und Unterstützung durch ihre Mutter, auf die sie zehn Jahre lang gewartet hatte.

Zu ihrer eigenen Überraschung waren dadurch die übrigen Gespräche relativ unwichtig geworden. Wir besprachen das, und sie fand heraus, dass es noch ein Gespräch gab, das sie unbedingt führen wollte, die übrigen würde sie dem Zufall überlassen.

Wir besprachen auch, dass sich während des Gesprächs mit ihrer Mutter ganz unerwartet etwas ergeben hatte, was mindestens genauso wichtig war wie die bis dahin fehlenden Informationen. Es war der offene, vertrauensvolle Kontakt zu ihrer Mutter, den sie in den Jahren seit dem Tod ihres Bruders nicht gewagt hatte aus Angst, ihre Mutter zu überfordern. Es stellte sich heraus, dass ihre Mutter dieselbe Angst um sie, ihre Tochter, gehabt hatte. Jede hatte die andere schonen wollen und nicht gewagt, sich zu zeigen. Das hatte sie beide verletzt und voneinander entfremdet.

Solche Versuche, sich gegenseitig zu schonen, sind häufig anzutreffen, und das behutsame Befragen – auch nach langer Zeit – kann solche oft unnötigen Schonhaltungen aufbrechen und den Weg zurück zu einem echten Kontakt ebnen.

Informationen geben (im Gespräch, in der Trauergruppe, im Trauercafé mit Erwachsenen, Kindern und Jugendlichen)

Es gibt die oben genannten Informationen, die die Wahrnehmung und das Erleben von Familienangehörigen und anderen betreffen, die den Krankheitsverlauf und die Sterbesituation miterlebt haben. Diese Informationen können nur von den betreffenden Beteiligten gegeben werden. Andere Informationen sind allgemeiner, z. B. die Bedeutung einzelner medizinischer Fachbegriffe, der übliche Verlauf bestimmter Erkrankungen und ihre Symptome oder auch die Abläufe in einem Krankenhaus oder bei einer polizeilichen Untersuchung. Solche Informationen können wir selbst geben, sofern sie Bereiche betreffen, in denen wir uns auskennen.

Wir können auch Informationsquellen weitergeben, z. B. Bücher oder Intenetseiten zum Thema. Oder wir können andere Fachleute vermitteln.

Trauergruppen engagieren manchmal Fachleute zu bestimmten Themen, die zu einem Gruppenabend in die Gruppe kommen oder einen öffentlich zugänglichen Vortrag auch für andere halten. So bin ich von einer Geschwistertrauergruppe eingeladen worden, einen Abend zum Thema »Trauer nach Suizid« mit ihnen zu gestalten. Verschiedene AGUS-Selbsthilfegruppen haben z. B. NotfallseelsorgerInnen, Kriminalbeamte oder PsychologInnen zu Gruppenabenden eingeladen.

Viele Kindertrauergruppen laden zu einem Treffen einen Arzt ein, damit die Kinder ihre medizinischen Fragen an diesen »Fachmann« stellen können. (Sie finden dieses Vorgehen ausführlich begründet und beschrieben in »Was Kinder von einem Arzt wissen möchten« von F. Thomson und S. Payne, in: Paul (Hg.), Neue Wege in der Trauer- und Sterbebegleitung, Gütersloh 2008).

Im Hospizbereich ist die folgende Geschichte sehr häufig zu beobachten:

Angehörige verbringen Tage und Nächte bei einem Sterbenden, um in der Sterbestunde bei ihm zu sein. Aus irgendeinem Grund verlassen sie schließlich einmal kurz das Zimmer, vielleicht wollen sie sich nach vielen Stunden einmal kurz die Beine vertreten, oder sie haben versprochen, andere Angehörige zu informieren. Ausgerechnet in diesen Minuten tritt der Tod ein. Viele Schuldzusammenhänge werden anschließend aus dieser Situation hergestellt.

- Die Angehörigen beschuldigen sich selbst, den Sterbenden im Stich gelassen zu haben.
- Sie beschuldigen den Sterbenden, ihnen mit diesem einsamen Sterben eine Botschaft der Lieblosigkeit und Zurückweisung ausgerichtet zu haben.
- Sie fühlen sich durch den Verstorbenen beschuldigt, ihn allein gelassen zu haben.
- Sie werden von anderen Verwandten beschuldigt, ihre Pflicht nicht getan zu haben.
- Sie beschuldigen das Pflegepersonal, sie falsch oder mangelhaft informiert zu haben.

All diese Schuld-Zusammenhänge überdecken die Ratlosigkeit angesichts der Tatsache, dass jemand allein gestorben ist, obwohl es versprochen war, ihn nicht allein sterben zu lassen, und Menschen bis an den Rand ihrer Kräfte alles daran gesetzt haben, dieses Versprechen zu halten. Das eine passt nicht zum anderen, und das ist unerträglich. So unerträglich, dass die beiden sich widersprechenden Fakten mithilfe eines Schuldzusammenhangs in eine logische Folge gebracht werden.

Viele Angehörige verlieren die Notwendigkeit für einen dieser Schuldzusammenhänge innerhalb der Minute, in der ihnen eine zusätzliche Information gegeben wird. Diese Information besagt:

Das passiert sehr häufig. Viele Sterbende, auch wenn sie sehr geliebt und sehr nah begleitet werden, sterben genau dann, wenn sie für wenige Minuten allein sind.

Diese Information macht aus einem einmaligen und »unnormalen« Ereignis die Regel, es ist plötzlich »normal«, dass Menschen den allerletzten Schritt allein tun. Die eigene Abwesenheit in der Minute des Sterbens verliert damit ihren monströsen Ausnahmecharakter, der mit einem Schuldzusammenhang begründet werden muss.

Zum Zweiten ändert sich eine *verinnerlichte Regel* – denn die relevante Regel(haftigkeit) heißt in den Köpfen vieler Angehöriger: »Wer wirklich geliebt wird, stirbt in den Amen seiner Liebsten.« In dem Wissen, dass auch andere Menschen mit engen liebevollen Beziehungen zu anderen in deren Abwesenheit sterben, wird diese Regel ungültig. Damit ändert sich die Wertung der eigenen Abwesenheit als Regelbruch bzw. Beweis der mangelnden Liebe zueinander. Es gibt keinen Regelbruch mehr, der die Basis eines Schuldvorwurfs sein könnte.

Arbeitsansätze, die Informationen deuten

Deutungszusammenhänge herstellen, Reframing (Einzelgespräch mit Erwachsenen)

Informationen sind das eine – wie wir sie deuten und miteinander verknüpfen, ist das andere. Der Begriff »Vagabundierende Schuld« (S. 48ff.) ist eine Beschreibung dafür, dass subjektive

Schuldzusammenhänge stets beweglich und wechselhaft sind. Sie haben nur eins gemeinsam – sie bleiben Schuldzusammenhänge, es gibt in jeder neuen Konstellation Opfer, Täter und Richter.

Unsere Aufgabe ist es, andere Bedeutungszusammenhänge anzubieten, vor allem solche, die ohne Schuldzuweisungen auskommen.

Die Systemische Therapie hat einige sehr effektive Methoden entwickelt, um den Blickwinkel zu erweitern und veränderte Deutungsmöglichkeiten ins Spiel zu bringen.

Da ist einmal das *zirkuläre Fragen*. Dabei wird nach den fantasierten Vorstellungen von anderen gefragt. »Wenn wir jetzt Ihren Mann fragen würden, was er von Ihrer Reaktion hält, was würde er wohl sagen?« Zirkuläres Fragen führt zu neuem Verständnis für die Gesamtsituation. Daneben dient es auch der Entwicklung von Empathie und Mitgefühl mit anderen Beteiligten an Konfliktsituationen. Durch das Hineinversetzen in die Gedanken und Gefühle eines anderen werden dessen Motive menschlicher und vielleicht sogar nachvollziehbar.

Das *Reframing* bietet direkt neue Deutungsmöglichkeiten an. Als Beispiel möchte ich die Geschichte einer Klientin erzählen, deren Partner bei einem Verkehrsunfall unweit des gemeinsamen Hauses ums Leben kam. Sie wurde angerufen und erreichte die Unfallstelle innerhalb weniger Minuten, aber ihr Partner starb einige Sekunden, bevor sie in den Krankenwagen stieg. Auch mehrere Wiederbelebungsversuche waren ergebnislos. Die Frau entwickelte große Wut auf ihren Partner und deutete seinen Tod in ihrer Abwesenheit als »typisch« für seine Versuche, sie in emotionaler Distanz zu halten. Sie entwickelte massive Schuldzuweisungen an seine Familie, an ihn und auch an sich selbst. Sie strafte seine Familie durch energische Erbrechtsstreitigkeiten und den totalen Ausschluss von den Begräbnisfeierlichkeiten. Ihn strafte sie mit einem halbanonymen Grab, da sie wusste, dass er das nicht gewollt hatte. Sich selbst strafte sie mit starkem Gewichtsverlust, vielen somatischen Schmerzen und Beschwerden und einer starken Verbitterung, die sich gegen alles und jeden richtete und ihr die verbliebenen Freundschaften und den Spaß am Leben nahm. (Mit dieser Verbitterung strafte sie auch ihre Umwelt, der sie insgeheim vorwarf, weniger unglücklich zu sein als sie selbst.) Eine deutliche Veränderung in ihrem Zugang zu sich selbst und ihrer Umwelt begann an dem Tag, an dem sie ihre Sicht auf das Sterben ihres Freundes änderte. Ich weise ausdrücklich darauf hin, dass hier keine neuen Fakten zutage kamen und auch keine Verdrängung einzelner Fakten stattfand. Vielmehr erzählte sie ihre Geschichte einer anderen Trauernden, die ihre Wut nicht verstand und ihr eine Deutung aus ihrer Sicht anbot. Was wäre, wenn ihr Freund sich mit aller verbliebenen Lebenskraft bemüht hätte, auf sie zu warten, um Abschied von ihr zu nehmen. Und wenn er ihre Nähe gespürt und dadurch erleichtert gestorben wäre. Für Außenstehende mag das keinen großen Unterschied machen, denn an den Fakten hatte sich nichts geändert. Doch für meine Klientin bedeutete diese Umdeutung der Sterbesituation sehr viel. Die neue Deutungsmöglichkeit setzte eine Vielzahl von positiven Erinnerungen und Gefühlen frei. Der verstorbene Partner war ihr plötzlich nicht mehr nur in Konflikten gegenwärtig, neben die Erinnerungen an Auseinandersetzungen um unterschiedliche Ansprüche schoben sich zärtliche und einvernehmliche Bilder. Der tiefe Groll gegen ihren verstorbenen Partner begann zu schwinden, und auch mit sich selbst konnte die Klientin nun besser leben. Den Erbrechtsstreit mit seiner Familie behielt sie bei, aber er wurde sachlicher.

Deutungszusammenhänge herstellen, Sinnfindung und Spiritualität (Einzelgespräch mit Erwachsenen)

Die Deutung von Krankheit und Tod berührt oft auch *spirituelle Fragen*. Neben den Fakten und ihrer Deutung steht die Suche nach der Einordnung des Geschehens in ein größeres Ganzes. Ich selbst verstehe meine Arbeit als überkonfessionell und begleite meine Klienten bei ihrer individuellen Auseinandersetzung mit Glaubensinhalten, ohne dabei Vorgaben zu machen. Die meisten Hinterbliebenen wünschen sich eine spirituelle Kraft, die den Sterbenden in seiner Todesstunde begleitet haben soll, und einen Ort, an dem so etwas wie eine Seele nach dem Tod gut aufgehoben ist. Diese Wünsche sind unabhängig von religiöser Erziehung und Prägung, aber sie werden natürlich davon beeinflusst. Da Schuldzusammenhänge häufig nach traumatischen Verlusten und gewaltsamen Todesursachen entstehen, halte ich es für wichtig, Hinterbliebene auf die spirituelle Dimension von *jedem* Sterben hinzuweisen. Unabhängig davon, ob jemand glaubt, dass z. B. die Sterbenden von Engeln begleitet werden oder dass bereits Verstorbene sie an der Schwelle zwischen Leben und Tod abholen – es gibt keinen Grund, warum das nicht auch bei gewaltsamen und plötzlichen Toden so geschieht. Die Besinnung auf die spirituelle Dimension jedes Sterbens lenkt die Aufmerksamkeit von dramatischen und gewaltsamen Todesumständen ab. Wiederum fügen wir etwas hinzu, statt etwas wegzunehmen. Wiederum erweitern wir den Blickwinkel und stellen neben ein belastendes Bild ein heilsames, sodass aus der ausschließlich als Drama imaginierten Sterbesituation eine ganzheitliche Erinnerung wird.

Sinn und Kausalität

Sehr häufig wird nach dem *Sinn* eines Schicksalsschlags gefragt. Die Frage nach »Sinnhaftigkeit« vereinigt verschiedene Fragen in sich. Zum einen sucht sie die Folgerichtigkeit der Ereignisse, z. B.: »Welchen Sinn macht das, jetzt zu sterben, wo wir gerade unser erstes Kind erwarten?« oder: »Unser Nachbar hat sein Leben lang Kette geraucht und feiert im Sommer seinen fünfundneunzigsten Geburtstag. Aber mein Vater, der immer gesund gelebt hat, der stirbt mit fünfzig an Lungenkrebs, das kann doch nicht sein!« Diese Form von Sinnfrage, die Kausalketten für sinnerfüllt hält, ist sehr anfällig für die Bildung von Schuldzusammenhängen. Wer diese Form von *kausalem Sinn* meint, kann sich nur dann von Schuldzusammenhängen lösen, wenn die Suche nach einem einfachen Ursache/Wirkungsprinzip aufgeben wird. Das klingt einfacher, als es ist. Das Akzeptieren von »Zufällen« fällt diesen Menschen sehr schwer. Das kausale Ursache/Wirkungsprinzip vermittelt ihnen ein Gefühl von Sicherheit und Kontrolle über ihr Leben, das sehr wichtig für sie ist. Hier ist dann ein weiterer Strang des Indirekten Arbeitens gefragt, die Stärkung der empfundenen Handlungsfähigkeit (S. 147ff.).

Sinnfragen und Schuldantworten passen leider hervorragend zusammen. Aussagen wie: »Womit habe ich das verdient?« oder:

»Was habe ich getan, dass ich so sehr gestraft werde?« zeigen das ganz deutlich. Im Wissen um die Arbeitsweise jedes Schuldmechanismus wird hier rückwärts konstruiert. Ein schreckliches Lebensereignis kann in dieser Sichtweise nur die Strafe für ein vorangegangenes Unrecht sein. Wenn das angeblich bestrafende Lebensereignis der Tod eines Angehörigen ist, dann muss die damit bestrafte Untat sehr groß sein. So groß, dass die Betreffenden sich und ihren Lebenswert grundsätzlich in Frage stellen. Wieder einmal erleben wir, dass der Schuldmechanismus eine Frage – hier die nach der gesuchten Verursachung eines Todes – beantwortet und das Leben der Hinterbliebenen damit leichter macht und es gleichzeitig mit neuen Schwierigkeiten belastet.

Viele Trauernde kommen nach einer Weile zu einem anderen Ergebnis in ihrer »Sinnsuche«. Sie hören auf, die Ursachen für eine Erkrankung oder einen Unfall in irgendjemandes Schuld zu suchen. Sie akzeptieren, dass es passiert ist, auch wenn sie nicht verstehen, aus welchem Grund es passiert ist. Kausalität empfinden sie an einer anderen Stelle als tröstlich, wenn sie sich vor Augen führen, welche Entwicklungen der Tod eines nahen Menschen in ihnen ausgelöst hat. »Ich hätte nie gedacht, dass ich so stark sein kann«, »Früher war ich viel oberflächlicher und ungeduldiger mit anderen«, »Das hat uns näher zusammengebracht« sind Aussagen, die nach einigen Jahren von Trauernden zu hören sind. Sie *geben* dem Ereignis, unter dem sie so gelitten haben, einen positiven Sinn, statt nach einer Gesetzmäßigkeit zu suchen, die dieses Ereignis unausweichlich gemacht hat.

Andere Menschen finden irgendwann Trost in der Vorstellung, dass es eine göttliche Kraft gibt, die alles zusammenhält. Sie gehen davon aus, dass in diesem Gesamtzusammenhang alles einen Sinn hat, auch wenn sie ihn für einzelne Ereignisse nicht erkennen können. Ihnen ist die Grundannahme einer sinnhaften Welt an sich genug. Auch wenn tragische Ereignisse »über mein Begreifen hinaus« gehen, fühlen sie sich im Glauben an Gott getragen und geborgen.

Sinn und das Gebrauchtwerden

Die Frage nach Sinn kann aber auch etwas anderes bedeuten. Ein Satz wie: »Wozu lebe ich denn noch?« fragt nicht nach Kausalität, er sucht vielmehr nach einer neuen *Lebensaufgabe*. Die meisten Menschen fühlen sich wohl, wenn sie geliebt und gebraucht werden. Wir brauchen andere Menschen (ob wir wollen oder nicht) und wir brauchen eine »sinnvolle« Tätigkeit, die unsere Tage füllt. Für viele Menschen sind ihre Angehörigen auch ihre Lebensaufgabe. Das gilt für viele Frauen, die in der täglichen Versorgung ihrer Familie Befriedigung finden, aber auch für Männer, die aufreibende Arbeitsbedingungen ertragen, um ihre Familie finanziell versorgen zu können. Mit dem Tod eines Partners oder Kindes verlieren Menschen diese beiden Sinnkomponenten. Es fehlen nun die vielen kleinen Aufgaben im Alltag, die den Tag strukturieren und mit Bedeutung füllen, und es fehlt das übergeordnete Ziel, für das eine Vielzahl von Mühen und Demütigungen in Kauf genommen werden.

Diese Form von Sinn, die eine Lebensaufgabe, eine Tagesstruktur und ein größeres Ziel bedeutet, finden Menschen in Bindungen und in Arbeit. *»Bindungen«* meint hier nicht (!) unbedingt neue Partnerschaften oder Kinder. Bindungen können an alle Menschen um jemanden herum geschehen, an NachbarInnen, Bekannte, alte und neue FreundInnen, alte und neu entdeckte Angehörige, aber auch Tiere und die Natur.

Auch *»Arbeit«* umfasst mehr als die bezahlte Arbeit in einem Beruf. Dazu zählen genauso das freiwillige Engagement und das intensiv betriebene Hobby.

Viktor Frankl, der Gründer der Logotherapie (von dem griechischen Wort für Sinn, logos), sagt dazu: »Leben (ist) sinnvoll unter allen Bedingungen und Umständen, selbst den armseligsten. …

Soll das nun heißen, Leiden sei notwendig, um Sinn zu finden? Das wäre ein grobes Missverständnis. Was ich meine, ist keineswegs, dass Leiden notwendig ist, vielmehr will ich sagen, dass Sinn möglich ist, trotz Leiden.« (Viktor Frankl: Argumente für einen tragischen Optimismus, in: Sinnvoll heilen, Herder, Frankfurt am Main 1984)

Das Bedürfnis nach Bindung

Erinnern Sie sich an die trauernde Mutter, die mir von den Schuldgefühlen ihrem verstorbenen Sohn gegenüber erzählte und die ich fragte, was passieren würde, wenn die Schuld weg wäre. »Dann wäre mein Sohn weg«, antwortete sie zu ihrem eigenen Erstaunen (S. 69). Für diese Frau waren Schuldzusammenhänge der Weg, sich ihrem verstorbenen Sohn weiter nah zu fühlen. Durch Schuld war sie ihm intensiv verbunden, jeder nagende Selbstvorwurf war gleichzeitig ein intensives Bei-ihm-Sein. Die starken Gefühle von Hilflosigkeit, Scham, Wut und Panik, die durch ihre kreisenden Gedanken rund um die Schuld am Tod ihres Sohnes hervorgerufen wurden, waren ein Ersatz für die starken Gefühle und Bewusstseinszustände, die ihr Sohn zu seinen Lebzeiten in ihr ausgelöst hatte. Stolz, Zusammengehörigkeit, Lebenssinn, Liebe, das Bedürfnis, zu schützen und zu versorgen, hatten große Teile von ihr ausgefüllt und bestimmt, solange ihr Sohn lebte. Sein Tod hatte all dieses intensive Erleben ausgelöscht. Sie spürte intensiven Schmerz über seinen Verlust, aber damit war die Leere, die ihr Sohn in ihr und in ihrem Leben hinterlassen hatte, auf Dauer nicht zu füllen. Die Sehnsucht nach einer Verbindung war so stark, dass sie überlebensnotwendig wurde. Schuldzusammenhänge sind in solch einer Situation das, was nicht nur Tatsachen, sondern auch Menschen miteinander verbindet. Wer an einen anderen denkt und dies mit Schuldzuweisungen tut, wird eine starke innere Beschäftigung und Gebundenheit an diesen Menschen feststellen. Für Trauernde kann das ein Ausweg aus ihrem Abgeschnittensein werden.

Wie alle diese Zusammenhänge wird auch dieser niemals bewusst gewählt. Aber wie die oben genannte Szene zeigt, ist der Zusammenhang zwischen Schuld und Sehnsucht den Menschen, die er betrifft, ganz leicht bewusst zu machen. Es ist, als läge das Wissen darum ganz nah unter dem Alltagsbewusstsein und könnte durch eine einfache Frage oder eine Information in das Wissen übergehen (vgl. Psychoedukation, S. 100ff.). Viele Trauernde sind unmittelbar erleichtert, wenn sie den Zusammenhang zwischen ihrer Sehnsucht und ihren Schuldzuweisungen erkennen. Diese neue Sichtweise eröffnet ihnen eine neue Bewältigungsstrategie zur Minderung der quälenden Schuldzuweisungen. Sie beginnen, bewusst und absichtlich andere Erinnerungen an die Verstorbenen in den Vordergrund zu rücken.

Arbeitsansätze zu positiven und ganzheitlichen Erinnerungen

Schuldzusammenhänge binden Menschen über unangenehme und verletzende Ereignisse aneinander; Trauernde, die ihre Sehnsucht über Schuld stillen, erinnern sich daher hauptsächlich an unangenehme Seiten der Beziehung. Sie gehen dabei so weit, alle positiv erinnerten gemeinsamen Erlebnisse in Frage zu stellen, da Glück, Heiterkeit und Erfüllung nicht mit Schuld beantwortet werden können. Solange sie aber nur über Schuld in innerer Verbindung zu den Verstorbenen bleiben können, müssen sie die schuldfreien Beziehungsanteile vergessen oder umdeuten. Diese Tendenz kann jedes Gespräch über Erinnerungen zu einer den Schmerz und die Schuldzusammenhänge vertiefenden Erfahrung machen. Aus diesem Grund ist es wichtig, dass die Beraterin das Gespräch und den Erinnerungsstrom lenkt. Was uns interessiert und was die Sehnsucht der Trauernden lindert, sind zum einen *positive Erinnerungen* und zum anderen *ganzheitliche Erinnerungen*.

Ganzheitliche Erinnerungen sind solche, die einen Menschen in seiner Ganzheit und Widersprüchlichkeit wahrnehmen können. In solchen ganzheitlichen Erinnerungen können belastende Situationen und als unangenehm erlebte Eigenschaften bis hin zu Sucht und schweren Erkrankungen neben beglückenden Situationen und als positiv erlebten Eigenschaften und Beziehungsanteilen stehen, ohne sich gegenseitig auszuschließen.

Positive Erinnerungen meinen Glücksmomente, positiv bewertete Ereignisse und besondere Augenblicke im gemeinsamen Erleben. Als Beispiel möchte ich die Erzählung einer jungen Frau anführen, deren jüngerer Bruder sich als Jugendlicher das Leben genommen hatte, nachdem er von Kind an psychisch auffällig und krank gewesen war. Ihre gesamte Kindheit und Jugend war von der Erkrankung des Bruders überschattet gewesen, sie hatte ihre Eltern als unerreichbar erlebt und unter den Gewalttätigkeiten ihres Bruders gelitten. Neben vielen belastenden Erinnerungen kam ihr schließlich dieses Bild in den Sinn: Beim Umzug in das neugebaute Haus war ihr Bruder ca. drei Jahre alt gewesen. Der Küchenfußboden war noch nicht fertig verlegt, und es gab in der Mitte ein großes Loch, das voller Erde war. Ihr Bruder spielte dort, und am Abend sahen sie, dass er von draußen einige Blumen hereingebracht und dort eingepflanzt hatte.

Diese Szene wurde der jungen Frau zum Sinnbild für Seiten an ihrem Bruder, die sie und ihre Eltern lange vergessen hatten. Ihr Bruder war nicht nur gewalttätig, krank und selbstzerstörerisch gewesen, sondern auch verspielt, humorvoll und begabt mit Improvisationsgeschick inmitten von Krisen und Chaos.

Die positive Erinnerung an den Dreijährigen, der Blumen mitten in einen Küchenboden pflanzte, löste starke Gefühle in der jungen Frau aus. Die Freude über diesen kleinen Bruder, auf den sie sogar stolz sein konnte, war die Voraussetzung für die ganzheitlichen Erinnerungen, von denen ich bereits sprach.

Durch die veränderten Erinnerungsinhalte änderte sich ihr Verhältnis zu ihrem verstorbenen Bruder, ihren Eltern und zu sich selbst. Sie war weniger verbittert über die Vergangenheit und weniger hoffnungslos in Bezug auf die Zukunft. Wenn sie an ihren Bruder denken und ihn spüren wollte, konnte sie das Bild des Dreijährigen auf dem Küchenboden aufrufen, das löste Freude und Stolz in ihr aus. Für Schuld gab es in diesem Bild keinen Platz. Ihr subjektives Belastetsein durch Schuld und ihre Vorwürfe gegen ihre Eltern minderten sich dadurch stark.

Bei diesem »Indirekten Arbeiten« wird der subjektiv konstruierte Schuldzusammenhang nicht direkt angesprochen. Neben die schuldbeladenen negativen Erinnerungen werden daher positive Erinnerungen und Bindungsfaktoren in das Bewusstsein der Trauernden gehoben. Das bewirkt:

- Die negativen Erinnerungen und Bindungsfaktoren verlieren an Bedeutung für die Bindung zwischen Trauerndem und Verstorbener.
- Schuldzusammenhänge, die sich in erster Linie an negative Erinnerungen heften können, verlieren an Brisanz, je weiter die negativen Erinnerungen in den Hintergrund rutschen.

- Schuldzusammenhänge verlieren ihre Bedeutung als einziger Bindungsfaktor, sobald mit den positiven Erinnerungen auch positive Bindungsfaktoren und Gefühle wie Liebe, Bereicherung oder Dankbarkeit etabliert sind.
- Negative Erinnerungen und damit verbundene Schuldzusammenhänge werden durch die danebenstehenden positiven Erinnerungen und Bindungsfaktoren relativiert. In der Zusammenschau von positiven und negativen Erinnerungen, von bereichernden und belastenden Beziehungsanteilen entstehen ganzheitliche Erinnerungen.
- Ganzheitliche Erinnerungen integrieren die widersprüchlichen Ereignisse und Beziehungsanteile zu einem Gesamtbild von der verstorbenen Person und der Beziehung zu ihr, in der Schuld als Erklärungsmuster nicht mehr notwendig ist (vgl. »Schuld schafft Erklärungs-Zusammenhänge«, S. 65).

Positive und ganzheitliche Erinnerungen stimulieren

Auf die Gefahr hin, mich zu wiederholen: Die Voraussetzung für das Stimulieren von positiven Erinnerungen ist, dass Sie selbst sich zunächst frei machen von allen Vorurteilen. Gehen Sie davon aus, dass jeder Mensch, um den so intensiv getrauert wird, die Hinterbliebenen zu Lebzeiten bereichert hat; konzentrieren Sie sich für eine Weile auf diese Beziehungsanteile.

- Lassen Sie die dramatischen Todesumstände, belastenden Krankheiten und belastenden Beziehungsanteile für eine Zeit in den Hintergrund treten.
- Versuchen Sie zu verhindern, dass Ihre GesprächspartnerInnen bei jeder Gelegenheit zu unangenehmen und belastenden Erinnerungen zurückkehren. Achten Sie dazu auf die Körpersprache Ihres Gegenübers, gehen Sie vertiefend auf diejenigen Erinnerungen ein, die von einem Lächeln, einer besseren Durchblutung der Gesichtshaut, einem Strahlen in den Augen und einer entspannteren Körperhaltung begleitet werden.
- Ermöglichen Sie dem/der Trauernden ein vorübergehendes »Schwelgen« in positiven Bildern und Gefühlen in Bezug auf den Verstorbenen. Lassen Sie sich anstecken von Freude und

Begeisterung, wenn die sich zeigen, lachen oder schmunzeln Sie mit dem Trauernden über komische Anekdoten.

- Begrenzen Sie dieses positive gemeinsame Erleben nicht auf eine einmalige Übung oder Gesprächseinheit. Machen Sie es sich zur Angewohnheit, positive und ganzheitliche Erinnerungen zu stärken.
- Spiegeln Sie positive und ganzheitliche Erinnerungen, bestätigen und vertiefen Sie sie dadurch.

Positive Erinnerungen im Gespräch (Einzelgespräch, Trauergruppe, Trauercafé)

Interessieren Sie sich für den Verstorbenen, und an dieser Stelle vor allem für seine bereichernden, angenehmen Seiten. Hier einige Anregungen für Fragen:

Fragen Sie *Ehepartner* nach dem Kennenlernen, nach der ersten Zeit, nach besonderen und prägenden gemeinsamen Erlebnissen. Da Liebesbeziehungen auch eine starke sinnliche Seite haben, fragen Sie ruhig nach dem Aussehen und Geruch des Partners/der Partnerin.

Fragen Sie *(erwachsene) Geschwister* nach gemeinsamen Kinderaktivitäten mit dem verstorbenen Bruder, der toten Schwester. Wenn keine erinnert werden, kramen Sie in Ihrem eigenen Gedächtnis, erzählen Sie kurz z. B. von Kissenschlachten, Weihnachtsbräuchen, bestimmten Gutenachtgeschichten usw., viele Menschen finden verschollene Erinnerungen wieder, wenn jemand anders ihnen eine kleine authentische Anregung zur Verfügung stellt.

Fragen Sie *(erwachsene) Menschen, die um Eltern trauern,* nach Kindheitserinnerungen. Wenn keine unbelasteten Erinnerungen verfügbar sind, hier einige Anregungen: Bei Müttern drehen sich solche Erinnerungen oft um besondere und schöne Kleidung, den Geruch, Szenen im Haus oder beim Zubereiten von Essen. Väter werden häufiger im Kontext ihrer Berufe erinnert, z. B. beim Besuch an ihrem Arbeitsplatz, bei häuslichen Ritualen bei ihrer Rückkehr von der Arbeit, aber auch beim Spielen.

Eltern, die um verstorbene Kinder trauern, erzählen meist sehr gern von ihren Kindern und brauchen nur die Versicherung, dass das von Ihnen auch gern angehört wird. Achten Sie hier besonders darauf, dass die Eltern sich in angenehme Erinnerungen vertiefen, und greifen Sie ein, wenn belastende Erinnerungen mit deutlichen körperlichen Stresssymptomen wie Zittern in den Vordergrund treten.

Drücken Sie Ihre Wertschätzung aus, z. B.: »Das muss sehr schön gewesen sein«, »Das hört sich an, als wäre Ihre Tochter wirklich ein besonderer Mensch gewesen«, »Ihren Mann kann ich mir jetzt richtig gut vorstellen mit seinem spitzbübischen Lächeln«.

Drücken Sie Ihre Dankbarkeit aus für die Erinnerungen, die mit Ihnen geteilt wurden, z. B.: »Ich bin froh, dass ich diesen Menschen etwas näher kennen lernen durfte.«

Positive und ganzheitliche Erinnerungen beim Betrachten von Fotos (Einzelgespräch, Trauergruppe)

Fotos von Verstorbenen lösen oft eine Vielzahl von Erinnerungen aus. Das wird noch verstärkt, wenn Sie nicht nur ein einziges Foto mitbringen lassen, sondern verschiedene Bilder aus verschiedenen Lebenszeiten. Fotos stellen körperliche Details und auch Hintergrundinformationen über die Lebenssituationen des Verstorbenen zur Verfügung. Beachten Sie die Kleidung, den Blick, die anderen Personen auf den Bildern und den Hintergrund. Ist jemand besonders modebewusst und gepflegt oder vielleicht betont alternativ gekleidet? Zeigt das Bild ein Hobby wie Wandern oder eine Geselligkeit, die typisch war für diesen Menschen? Zeigt das Bild eine besondere Vertrautheit oder Zärtlichkeit zwischen dem Verstorbenen und dem Trauernden? Gehen Sie in Ihrer Betrachtung darauf ein, nutzen Sie die Fotos zum Nachfragen und zum Stimulieren von Erinnerungen. Vermeiden Sie Aussagen, die sich auf negativ empfundene Details und Eindrücke beziehen, das wirkt auf die Trauernden schnell abwertend. Es kann auch zu neuen Schuldzusammenhängen beitragen, wenn Sie z. B. sagen: »Da sieht man die Krankheit schon ganz deutlich!« und der/die Trauernde sich bereits Vorwürfe macht, zu dem Zeitpunkt, der auf dem Bild festgehalten ist, nichts bemerkt zu haben.

Ein Bilderbogen mit Fotos aus verschiedenen Zeiten führt meist automatisch zu ganzheitlichen Erinnerungen. Die abgebildete Person wird in ihren auf den Fotos dokumentierten Veränderungen verfolgt, und die Veränderungen werden kommentiert

Achten Sie dann darauf, dass auch bei einer deutlich sichtbaren Verschlechterung des Zustandes auf den Fotos einzelne positive Aspekte der Bilder und Erinnerungen gewahrt bleiben.

Manche Trauernde neigen dazu, jedes Fotos negativ zu interpretieren. Versuchen Sie dann behutsam, die positiven Aspekte, die Sie auf dem Bild sehen, danebenzustellen. Jeder Mensch hört gern, dass ein geliebter Angehöriger gut ausgesehen hat oder sympathisch wirkt. Das mag nur ein Tropfen auf den heißen Stein sein, es mag aber auch ein erstes Puzzleteilchen sein, das das bisher ausschließlich negative Bild des Verstorbenen in ein ganzheitliches rundet.

Gestaltungsidee für ganzheitliche Erinnerungen: Facetten (Einzelgespräch, Trauergruppe, Erwachsene, Jugendliche und größere Kinder)

Bereiten Sie ein Arbeitsblatt (DIN A4, 3 oder 2) vor, auf dem ein Prisma oder ein einfaches geografisches Mandala vorgezeichnet ist. Es sollten ca. 15–20 Felder vorhanden sein. Jede/r Trauernde bekommt ein solches Blatt und Farbstifte. Lassen Sie die Gruppenteilnehmer oder Ihre Gesprächspartner die Felder mit Farben und Begriffen füllen, die jeweils einzelne Eigenschaften der/des Verstorbenen beschreiben. Lassen Sie 15–20 Minuten zum Ausfüllen des Blattes und geben Sie anschließend Gelegenheit zum Austausch. Das Blatt kann auch zu Hause vervollständigt werden, das Freilassen von einzelnen Feldern ist möglich und als unproblematisch zu bewerten, damit kein Leistungsdruck aufkommt!

Abwandlung für Kinder: Stellen Sie für jedes Kind ein Glas und verschieden bunten Sand zur Verfügung. Lassen Sie die Kinder für jede Sandfarbe eine Erinnerung oder eine Eigenschaft erzählen und das Glas mit diesen Erinnerungen und Eigenschaften des Verstorbenen füllen.

Gestaltungsidee für ganzheitliche Erinnerungen: Erinnerungskiste (Trauergruppe, Kinder, Jugendliche)

Stellen Sie leere einfache Fotokisten und eine Vielzahl von Gestaltungsmaterial aus dem Bastelladen zur Verfügung. Lassen Sie die Kinder und Jugendlichen eine persönliche Erinnerungskiste gestalten, in die sie dann zu Hause besonders wichtige Erinnerungsstücke an den Verstorbenen legen können.

Gestaltungsidee für ganzheitliche und positive Erinnerungen: Erinnerungsbuch (als langfristige »Hausaufgabe« in Einzelgesprächen oder Trauergruppen für Jugendliche und Erwachsene)

Das Aufschreiben ist eine gute Möglichkeit, Erinnerungen festzuhalten. Viele Trauernde schreiben Trauertagebücher über ihre Gefühle oder Briefbücher mit Briefen an die Verstorbenen. Das Erinnerungsbuch hat einen anderen Inhalt, es ist ausschließlich dazu da, Erinnerungen aufzuschreiben wie in einer Chronik über den Verstorbenen. Trauernde können ein Buch mit ihren eigenen Erinnerungen füllen, dazu ist es schön, ein Buch mit einem passenden Einband zu finden oder zu gestalten. Das Buch selbst in seiner äußeren Gestalt ist dann bereits ein ganzheitliches Erinnerungsstück. Ein solches Buch kann besonders hilfreich sein für Menschen, die um einen lange zurückliegenden Tod aus ihrer Kindheit trauern und die daher meinen, keine relevanten Erinnerungen mehr zu haben.

Manche Trauernde bitten die Freunde und übrigen Angehörigen um Beiträge zu einem gemeinsamen Erinnerungsbuch. Darin werden positive Begebenheiten mit der Verstorbenen oder ganzheitliche Betrachtungen in der Erinnerung an sie von verschiedenen Menschen gesammelt und in einem Reader zusammengestellt. Ich habe das bei einer Familie erlebt, deren älteste Tochter sich das Leben genommen hatte; zwei Jahre nach ihrem Tod bat die Familie um die Erinnerungen aller, die sie gekannt hatten. Es war ein schwerer Weg, manche antworteten gar nicht, manche mit großer Verzögerung. Aber nach einem halben Jahr kam eine berührende Sammlung von Erinnerungen an die junge Frau zusammen, die mit ihrem Leben viel mehr tiefe Spuren in den Herzen anderer Menschen hinterlassen hatte, als allen bewusst gewesen war.

Das Bedürfnis nach Handlungsfähigkeit – Ermächtigung

Erinnern Sie sich: Die Ohnmacht angesichts eines plötzlichen Todes oder eines langsamen unaufhaltsamen Sterbens wird von manchen als unerträglich bis hin zur Existenzvernichtung erlebt (vgl. S. 73). Das geschieht besonders häufig bei traumatischen Verlusten: beim Tod eines Kindes, bei plötzlichen und mit Gewalt verbundenen Verlusten und bei Verlusten in der Kindheit.

Dann kann ein innerer Rollentausch vorgenommen werden, der auch ein geschlagenes Kind oder einen Gefolterten in die Lage versetzt, nicht an dem Ausgeliefertsein verrückt zu werden. In der subjektiven Bewertung der Situation kann sich ein Trauernder aus seiner Ohnmacht »retten«, indem er sich selbst für schuldig oder zumindest mitschuldig erklärt.

Das Indirekte Arbeiten mit diesem Mechanismus hat zwei Besonderheiten. Die erste besteht darin, dass das Bedürfnis nach Handlungsfähigkeit zunächst ausschließlich zu *Schuldvorwürfen gegen sich selbst* führt. Im Lauf der Zeit wird auch hier das »Spiel« der Vagabundierenden Schuld mit ihren Rollenwechseln innerhalb des Täter-Richter-Opfer-Dreiecks aktiv. Aber der Hauptvorwurf und die Hauptstrafen richten sich bei dieser Frage gegen den Menschen selbst. Wir erkennen Trauernde, die um ihre Handlungsfähigkeit ringen, daher an den massiven Einbußen ihrer Lebensqualität. Diese ziehen sich oft durch die gesamte Biografie als Folgen von Schuldvorwürfen gegen sich selbst infolge von Verlusten oder anderen traumatischen Erlebnissen als Kind bzw. Jugendlicher.

Damit kommen wir zur zweiten Besonderheit des Indirekten Arbeitens mit dieser Frage. Denn tatsächlich ist keine andere Arbeitsform so indirekt wie diese. Das Ansprechen und Aufarbeiten von traumatischen Erlebnissen in Vergangenheit und Gegenwart erfordert eine gute traumatherapeutische Ausbildung. Wer die nicht hat, tut sich selbst und den Klienten einen Gefallen damit, diese Arbeit an erfahrene KollegInnen abzugeben.

Was wir tun können, um z. B. die Wartezeit auf einen Therapieplatz zu überbrücken, ist das Stabilisieren (S. 107) und Kontakthalten (S. 104).

Dazu ist neben dem Handwerkszeug, das im entsprechenden Kapitel ausführlich erläutert wird (S. 104ff.), eine ständige Überprüfung der eigenen Haltung und Einstellung gefragt. Handlungsfähigkeit und Selbstvertrauen in einem Menschen zu stärken, der sich für einen »Verbrecher« (Schuld am Tod eines anderen Menschen) hält, ist nicht einfach. Die Versuchung für uns als Begleitende ist sehr groß, hier »ausnahmsweise« in die Richterrolle zu schlüpfen, um diesen »armen« Menschen zu entlasten. Dabei übersehen wir, dass schon die Bewertung eines Menschen als »arm« ihm zusätzlich Handlungsfähigkeit und auch Würde abspricht.

Arbeitsansätze zur Ermächtigung von trauernden KlientInnen

Die Handlungsfähigkeit der KlientInnen zu stärken fängt daher bei uns selbst an:

- den eigenen (!) Blick auf die Stärken und die Überlebensfähigkeit der Klientin lenken, ihre Ressourcen und Überlebensstrategien im eigenen Blick behalten,
- niemals Mitleid mit Klienten entwickeln, hilfreicher ist ein tiefer Respekt vor deren Überlebensleistung unter schwierigen inneren und äußeren Bedingungen,
- Ratschläge und Tipps (auch wenn sie eingefordert werden) auf das unbedingt Notwendige reduzieren,
- Wahlmöglichkeiten z. B. bei dem Angebot von verschiedenen Bearbeitungsmethoden im Einzelgespräch oder der Gruppe anbieten und die Wahl ohne (Ab-)Wertung akzeptieren,
- Kritik und Wünsche der Klientin ernst nehmen, bei diesem Aufflackern von Handlungsfähigkeit der Klientin nicht in eigene Opferrollen schlüpfen.

Trauernde, die unter ihrer Ohnmacht leiden, brauchen aktivierende Begegnungen. Der Leitgedanke in Ihrer Begleitung ist daher: Wie kann ich diesen Menschen dabei unterstützen, sich als selbstständig, aktiv und wirksam zu erleben?

Das geschieht weniger durch ein Gespräch über Gefühle als

vielmehr durch das Erarbeiten von Strategien für schwierige Situationen.

Strategien erarbeiten

Wenn z. B. die Frage ist: »Wie begegne ich meiner Schwiegermutter, die immer noch erzählt, ich sei schuld am Tod meines Mannes, bei der Taufe meiner Nichte? Soll ich lieber gar nicht hingehen?«, dann wird gemeinsam durchgespielt, welche Möglichkeiten vorstellbar sind, wie sich die Klientin jeweils dabei fühlen würde und welche weiteren Folgen das hätte. Die Phantasie kann diese Gespräche entspannen, wenigstens dort kann die Klientin sich auf eine einsame Südsee-Insel zurückziehen oder die Schwiegermutter mit Torte bewerfen. Von dort aus können die realistischen Handlungsweisen wieder in den Blick genommen werden. Manchmal hilft ein Rollenspiel oder ein Ausprobieren verschiedener Formulierungen und Körperhaltungen, um Sicherheit in der gewählten Reaktion zu gewinnen.

Da Trauernde, die unter ihrer Handlungsunfähigkeit leiden, sich sehr leicht ungeliebt und allein gelassen fühlen, ist die *Bewusstmachung von Netzwerken* und vorhandenen Unterstützern für sie sehr erleichternd. Menschen um sie herum, die sie nicht verurteilen und verachten, die also nicht in Schuldzusammenhängen denken, werden zur Quelle von Achtung und Ermutigung. Respekt und Zuneigung sind die Gegengifte für Schuldzusammenhänge mit ihren Abwertungen und Verurteilungen. Kontakte sollten ermutigt werden, jede *positive Erfahrung mit anderen Menschen* unterbricht den Selbstbestrafungsmechanismus und die Selbstentwertungsspirale. Als Beratende bin ich dabei nur eine Krücke auf Zeit – wichtiger sind auf Dauer positive Erfahrungen in der Nachbarschaft, Familie und im Freundeskreis der KlientInnen. Das gilt auch für *Trauergruppen*. Während der Gruppe ist es für GruppenleiterInnen wichtig, sich selbst weitgehend zurückzunehmen und die Kontakte der Gruppenmitglieder untereinander zu fördern. Dabei sollte nicht der Eindruck entstehen, hier in der Gruppe seien die einzigen Menschen, »die mich verstehen«. Das fördert nur die langfristige Isolation der Trauernden und eine Sicht auf die Welt, in der es nur Täter und Opfer gibt. Hilfreicher ist es, die Gruppe als Übungsfeld zu definieren. Die dort gemachten Erfahrungen von Gemeinschaft und Verständnis sollen dazu ermutigen, diese Erlebnisse auch außerhalb der Gruppe zu finden.

Trauernde, die ihre Ohnmacht nicht ertragen, profitieren sehr von positiver Rückmeldung. Viele sind so von ihrer »Unfähigkeit« überzeugt, dass sie alles übersehen, was ihnen gelingt. Das gilt auch für deutlich sichtbare Entwicklungen, die während der Begleitung geschehen. *Ermutigung, Lob und zusammenfassende Rückblicke auf positive Entwicklungen* (sei es in einer Beratungsstunde oder im letzten halben Jahr) sollten in jedem Gespräch vorkommen. Beispiele: »Vor drei Monaten hätten Sie es nicht für möglich gehalten, dass Sie in Ihrem Leben noch mal lachen, und da haben Sie es letzten Sonntag doch getan, ich finde, das ist ein großer Schritt.« »Vorhin haben Sie noch gesagt, Sie seien völlig unfähig, über Ihre Gefühle zu sprechen. Ich finde aber, Sie haben das eben sehr klar ausgedrückt, ich war sogar ziemlich beeindruckt, was für ein starkes Bild Sie für Ihr Gefühl gefunden haben.« »Sie haben Ihrem Kollegen wirklich die Meinung gesagt, und das so sachlich, dass Ihr Chef auf Ihrer Seite war, das ist eine tolle Leistung!«

Achten Sie darauf, nicht zu übertreiben. Trauernde hören falsche Töne sofort!

7. Direktes Arbeiten mit Normativen Schuldzuweisungen

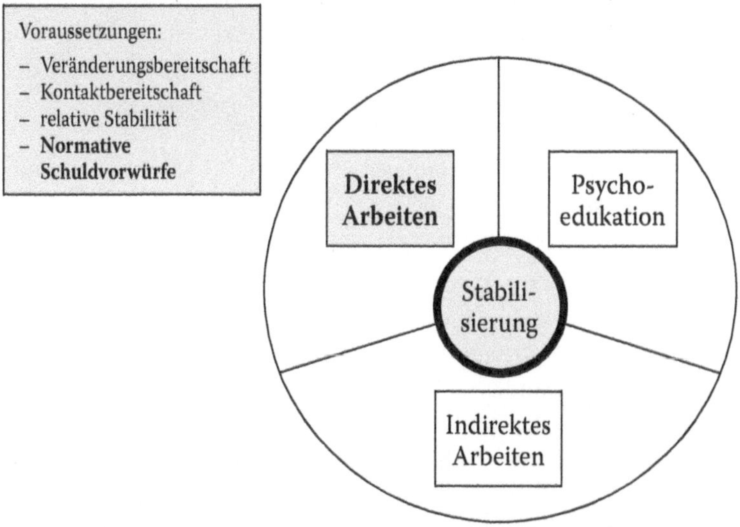

Unter »Direkter Arbeit mit Schuldkonstrukten« verstehe ich hier jede Form von Gespräch, die das Wort »Schuld« und die geschilderten Schuldzusammenhänge des Klienten direkt aufgreift. Diese Form der Arbeit ist nur dann sinnvoll, wenn es sich um Normative Schuldvorwürfe handelt. Alle Instrumentellen Schuldzuweisungen benutzen Schuldzuweisungen (unbewusst) zur Befriedigung von existenziellen Grundbedürfnissen – die Schuldzuweisungen können gar nicht aufgehoben werden, solange das zugrunde liegende Bedürfnis nicht anders gestillt werden kann.

Direktes Arbeiten beschäftigt sich »direkt« mit dem Schuldzusammenhang, den der Trauernde hergestellt hat, und mit dem zugrunde liegenden Regelwerk in seinem individuellen Schuldkonstrukt. Während wir beim Indirekten Arbeiten neue Antwortmöglichkeiten auf existenzielle Fragen anbieten und ermöglichen, kann das Direkte Arbeiten mit einer Forschungsreise verglichen werden, oder mit dem Entwirren eines verknoteten Wollknäuels. Das Direkte Arbeiten wendet sich zu großen Teilen an den Verstand, während das Indirekte Arbeiten sich den Gefühlen und dem Zugang zur Welt insgesamt zuwendet.

Sobald sich im Gespräch herausstellt, dass Schuld zurzeit von diesem Trauernden (wieder) als Überlebenshilfe benutzt wird, kehren wir zur Indirekten Arbeit zurück. Wenn sich herausstellt, dass Schuld eines der Lebensmuster dieses Menschen ist, bleibt uns neben stabilisierenden und psychoedukativen Angeboten nur der Hinweis auf die Möglichkeiten einer Psychotherapie.

Voraussetzungen

Die Voraussetzungen für Direktes Bearbeiten von Schuldzusammenhängen sind:

- *Veränderungsbereitschaft*
  Veränderungsbereitschaft entsteht, wenn einerseits ein ausreichendes Maß an Stabilität erreicht wurde und auf der anderen Seite der Leidensdruck durch Strafmaßnahmen als zunehmend unerträglich wahrgenommen wird. Wir haben gesehen, dass Schuldkonstrukte sowohl intensives Leiden wie auch intensiven Nutzen mit sich bringen können. Eine Veränderungsbereitschaft im Menschen ist erst dann gegeben, wenn das Leiden den Nutzen übersteigt.
- *Kontaktbereitschaft*
  Trauernde, die sich von allem und allen zurückziehen, weil sie mit jeder Art von Eindruck und Kontakt überfordert sind, können Direkte Angebote nicht annehmen. Für sie bleibt es bei einer sehr behutsamen Stabilisierung.
- *(relative) innere und äußere Stabilität*
  In *akuten Notsituationen*, z. B. am Unfallort oder beim Überbringen einer Todesnachricht, ist eine breite Erörterung von Schuldzusammenhängen nicht sinnvoll.

Solange Menschen unter großem wirtschaftlichen und *existenziellen Druck* stehen, z. B. wenn nach dem Tod einer Mutter der Vater neben seiner Berufstätigkeit die Kinder allein versorgen muss, gibt es für die Aufschlüsselung von Schuldmechanismen weder Zeit noch Energie.

Das gilt auch für Menschen, die selbst *akut erkrankt* sind (körperlich oder psychisch).

Traumatisierte Menschen ringen täglich um ihr inneres Gleichgewicht und empfinden daher vieles, was ihre Sicherheit schaffenden Schuldkonstrukte ändern könnte, als Angriff. Bitte überlassen Sie die Arbeit damit erfahrenen KollegInnen, die Traumatherapien oder eine spezielle Begleitung für traumatisierte Trauernde anbieten!

Prozessorientiertes Arbeiten

Da wir es hier mit einem komplexen Prozess zu tun haben, können ständig *Veränderungen* im Gesamtgefüge auftreten. Durch äußere Veränderungen kann sich der materielle oder *psychische Druck* so stark erhöhen, dass für eine weitere direkte Bearbeitung von Schuldzusammenhängen weder Zeit noch Energie übrig bleiben.

Relativ schnell ist auch die *Grenze* der jeweiligen Veränderungsbereitschaft erreicht.

Für unsere Arbeit heißt das: Wir erleben an unseren Klienten niemals einen kompletten Um- oder Abbau von Schuldkonstruktionen. Aus der Vielzahl der subjektiven internalisierten Regeln können ein oder zwei verändert werden. Oft ändert sich am individuellen Schuldkonstrukt nichts, die Veränderung tritt ein durch eine Umbewertung der Ereignisse und eine Auflösung des Schuldzusammenhangs.

Da wir nicht auf der Suche nach »wirklicher Schuld« sind (S. 16), können wir den Prozessen unserer Gesprächspartner ohne Irritation folgen.

- Wir lernen Stück für Stück die Schuldkonstrukte unseres Gegenübers kennen.
- Wir erfahren, wie unser Gegenüber diese Schuldkonstruktionen mit erlebter Geschichte verbindet und so verschiedene Arten von Schuldzusammenhängen herstellt.

- Wir erhalten Einblick in die Mechanismen, die dadurch ausgelöst werden.

In diesem Prozess verändert sich für viele Betroffene etwas allein durch die Möglichkeit, »sich alles von der Seele reden zu können«, ohne Verachtung fürchten zu müssen. (Aber nur für Menschen mit einer Veränderungsbereitschaft ihren Schuldmechanismen gegenüber – Menschen ohne diese Veränderungsbereitschaft reden sich die Belastung nicht »von der Seele«, sondern immer weiter in die Seele hinein!) Der Prozess geht auch außerhalb der Beratungsstunden weiter. Gespräche mit Freunden, Träume, Bücher, die gerade gelesen werden, Ereignisse, die als Zeichen gedeutet werden – alles, was geschieht, wird auf seine Beziehung zum Schuldzusammenhang und Schuldkonstrukt überprüft. Klienten ohne Veränderungsbereitschaft werden alle Ereignisse als Bestätigung ihrer Teilung der Welt in Opfer und Täter deuten.

Trauernde mit Veränderungsbereitschaft werden mehr oder weniger eindrucksvoll Dinge neu erleben, Menschen anders als bisher wahrnehmen und ihre bisherige Deutung des Erlebten erweitern – um dann wieder in die alten Muster zurückzufallen. Diese Begleitungen sind wie ein Tanz, in dem der Trauernde führt und wir nie genau wissen, ob es in dieser Stunde (oder Minute) einen Schritt zurück oder drei vorwärts geht oder wir im Kreis herumgewirbelt werden.

Stabilisieren

Auch beim direkten Bearbeiten von Schuldzusammenhängen steht die Stabilisierung am Beginn der Arbeit (vgl. S. 107ff.)! Bitte belassen Sie Stabilisierung aber nicht dort, sie muss begleitendes Element des gesamten Arbeitsprozesses sein!

Gehen wir davon aus, dass wir eine Klientin haben, die innerlich und äußerlich relativ stabil ist und uns deutlich signalisiert, dass die aufgebauten Schuldzusammenhänge sie inzwischen stärker belasten als stützen. Wir können also mit dem Direkten Arbeiten beginnen. Das heißt – wir starten eine Forschungsreise in das Innere des speziellen Schuldzusammenhangs und des zugrunde liegenden Schuldkonstrukts dieser Klientin. Wie alle Forschungsreisen mag uns diese an ein Ziel führen, das wir nicht erwartet haben. Manche Schulderforschungen bringen ganz andere Vorwürfe und Versäumnisse hervor als die ursprünglich geäußerten. Die Reise wechselt dann mittendrin ihre Richtung, und wir sind gefordert zu erkennen, ob das ein Ausweichmanöver ist oder tatsächlich eine wichtigere Reise. Viele Klienten leben nach internalisierten Regeln, die unseren persönlichen und fachlichen Regelwerken zuwiderlaufen. Dann ist die Reise in die Welt des Klienten gleichzeitig eine in unsere eigene Welt und unsere Fähigkeit zu Toleranz und Respekt.

Ich wähle das Bild der Reise auch deshalb, weil die Direkte Bearbeitung von Schuldzusammenhängen meist eine Weile dauert. Der Wunsch nach blitzschneller Lösung und Erleichterung ist meistens unerfüllbar angesichts der Komplexität von Schuldzusammenhängen.

Die Bereitschaft, ein bestehendes und über eine gewisse Zeit gut funktionierendes Denkschema aufzugeben, birgt die Gefahr der Überforderung. Es könnte zu schnell gehen mit der neuen Sicht auf die Dinge, der Schutz der Schuldkonstruktion kann nur aufgegeben werden, wenn der/die Betreffende sich relativ stabil und sicher fühlt. Wenn der Schritt zu früh erfolgt oder zu groß ist, entsteht so viel Angst, dass nur der Rückgriff auf das alte Schuldkonstrukt ausreichend Sicherheit bietet.

Erst auf der Basis einer beständigen Stabilisierung kann *direkt mit den Schuldvorwürfen gearbeitet* werden. Das geschieht durch Gespräche, die oft effektiv ergänzt werden können durch den Einsatz von kreativen Medien, z. B.

- Kreatives Schreiben
- Aufstellungen
- Symbolarbeit
- Malen
- Rituale

Der Einsatz dieser Methoden erfordert eine gute Ausbildung in Beratung oder Psychotherapie und Sicherheit im Umgang mit den jeweiligen Methoden.

Eine ergänzende *Indirekte Arbeit* kann die Bereitschaft zur Veränderung erhöhen. Genauso ist es mit *psychoedukativen, also erklärenden Anteilen*, auch sie werden nach Bedarf eingesetzt.

Arbeitsansätze zum Umgang mit Informationen und Tatbeständen

Die Reise beginnt ganz pragmatisch. Wir wollen herausfinden, um was es geht und wer die beteiligten Personen sind.

Wenn es um Schuldzusammenhänge gehen soll, muss als Erstes geklärt werden, wer wem was angetan haben soll.

Die Aussage »Ich bin schuld am Tod meines Bruders« ist dafür nicht ausreichend, weil sie viel zu allgemein gehalten ist. »Ich habe ihn Weihnachten vor zwei Jahren mit Arsen vergiftet, daran ist er innerhalb kürzester Zeit gestorben« wäre eine klare Aussage, die einen Tatbestand beschreibt, mit dem wir weiterarbeiten könnten. Selten kommt jemand mit so einem konkreten Straftatbestand zu uns – doch auch das kommt vor. KollegInnen, die in der Altenbetreuung arbeiten, erfahren von Ereignissen, die im juristischen Betrachtungsraster als Mord, Folter und Völkermord bezeichnet werden. Menschen, die daran als Täter oder Zeugen beteiligt waren, erleben gerade im hohen Alter quälende Erinnerungen und ein oft lange verdrängtes Schuldbewusstsein. Genauso geht es denen, die Unrecht und Gewalt erlitten haben, auch sie werden von Erinnerungen heimgesucht und schwanken zwischen Schuldzuweisungen an die Gewalt Ausübenden und Schuldzuweisungen an sich selbst.

Unabhängig von dem Ausmaß der Vorwürfe und von unserer Einschätzung, ob hinter den Schuldzusammenhängen »etwas Wahres« steckt – die direkte Bearbeitung von Schuldvorwürfen kann nur mit konkreten Vorwürfen geschehen. Wie bei einer gerichtlichen Ermittlung müssen zunächst Ort, Zeit und Ereignis eingegrenzt werden. Um diese Konkretisierung zu erreichen, eignet sich ein einfaches Instrument: eine Liste.

Gestaltungsidee: Liste der Schuldigen (Einzelgespräch mit Erwachsenen)

Nehmen Sie ein großes Blatt Papier und einen dicken Stift. Bitten Sie Ihr Gegenüber, alle Personen aufzulisten, die aus seiner Sicht im Zusammenhang mit dem Tod des betrauerten Menschen schuldig geworden sind. Notieren Sie die Personen untereinander mit genug Platz dazwischen, um in einem zweiten Durchgang von Ihrem Gesprächspartner zu erfahren, was genau er den einzelnen Personen vorwirft. (Dazu können auch er selbst und die/der Verstorbene gehören.) Bitten Sie um eine konkrete Formulierung und schreiben Sie sie erst auf, wenn ein Satz gefunden ist, mit dem der Trauernde in allen Einzelheiten einverstanden ist. (Halten Sie Ihre eigenen Wertungen außen vor, hören Sie genau hin, was der Trauernde sagt, und folgen Sie seinen Begriffen und Bildern, völlig unabhängig davon, ob Sie das gutheißen oder verstehen, was er sagt!)

Lassen Sie den Trauernden das Blatt ansehen und die Sätze darauf lesen, fragen Sie nach, ob alles so stimmt und ob die Liste vollständig ist. Ändern und ergänzen Sie, solange es gewünscht wird.

(Natürlich kann der Trauernde seine Liste auch selbst schreiben, aber viele empfinden es als leichter, wenn die Begleiterin das Aufschreiben übernimmt.)

Behalten Sie das Blatt und benutzen Sie es in den folgenden Stunden, um immer wieder zu überprüfen, an welchem Schuldvorwurf aktuell gearbeitet wird. (Oder geben Sie es dem Trauernden mit, wenn er das wünscht, und bitten Sie ihn, das Blatt immer wieder mitzubringen.)

Das Erstellen der Liste an sich bewirkt meist schon eine leicht veränderte Sicht auf die Dinge.

Fragen Sie als Nächstes, welcher der Schuldvorwürfe heute im Vordergrund stehen soll, und beginnen Sie mit ihm.

Schuldvorwürfe, die im Mittelpunkt des Gesprächs stehen,

müssen gegebenenfalls weiter konkretisiert werden (s. »Realitätsprüfung«, S. 158f.).

Erzählen lassen – Nicht erzählen lassen

Wenn Sie sich gemeinsam für die Arbeit an einem konkreten Schuldvorwurf entschieden haben, erkunden Sie den zusammen mit der/dem Trauernden. Lassen Sie ihn/sie erzählen, ermutigen Sie zu allen Gedanken und Erinnerungen, mit zwei Ausnahmen:

- Wenn die schuldbesetzten Erinnerungen das Miterleben von Gewalt (dazu gehören auch das Bezeugen von Unfällen und Suizidhandlungen) beinhalten, ermutigen Sie bitte *nicht* zum detaillierten Erzählen. Sie können über das Erlernen der Pendel-Gesprächsführung (TID) oder ein traumatherapeutisches Verfahren wie z. B. EMDR oder Somatic Experiencing das notwendige Handwerkszeug erlernen, um auch mit solchen traumatisierenden Erfahrungen umzugehen. Solange Sie nicht über ein solches Handwerkszeug verfügen, besteht die Gefahr, dass das detaillierte Erzählen die Belastung vertieft.
- Sobald Ihr Gesprächspartner überfordert und überanstrengt wirkt, den Faden seiner Erzählung verliert und sich nicht mehr an Ihre Fragen erinnern kann, schlagen Sie eine Pause vor, tun Sie etwas zur Stabilisierung. Regen Sie eine langsame Bearbeitung der Schuldvorwürfe an und entscheiden Sie gemeinsam mit dem Klienten, ob es damit bereits in diesem Gespräch weitergehen soll oder erst beim nächsten Termin.

Realitätsprüfung

Zur Ergründung eines subjektiven Schuldvorwurfs ist es nützlich, die Anschuldigungen möglichst konkret und detailliert formulieren zu lassen.

Anschließend gehen Sie die einzelnen Vorwürfe mit dem Betroffenen zusammen durch. Eine wichtige Methode ist auch hier die Realitätsprüfung.

Realitätsprüfung bedeutet, alle verfügbaren Fakten, die mit dem Schuldvorwurf zu tun haben, zusammenzutragen und gewissenhaft anzusehen. Beim Indirekten Arbeiten haben wir nach Informationslücken und fehlenden Fakten gesucht, die noch gar nicht im Schuldvorwurf selbst enthalten sind. Beim Direkten Arbeiten wendet sich die Realitätsprüfung dem Schuldvorwurf selbst zu.

Ergründen Sie für jeden einzelnen Vorwurf: Was ist da tatsächlich passiert? Aus einem allgemein gehaltenen »Mein Mann hat mich immer wieder betrogen« könnte dann werden: »In unserer dreißigjährigen Ehe hatte mein Mann zwei Affären. Die erste kurz nach der Geburt unserer Tochter, die dauerte nur einige Wochen. Die zweite, als er schon krank war, er hat zwar immer gesagt, das wäre nur eine innige Freundschaft, aber ich habe ihm nicht geglaubt.« Über diese Konkretisierung lässt sich ganz anders sprechen als über den allgemeinen Vorwurf.

Arbeitsansätze zu Details und Deutungen

Wenn die »nackten Tatsachen« zusammengetragen sind, beginnt das Deuten der einzelnen Details und schließlich der Zusammenhänge. Hier kommt es darauf an, sich mit Urteilen zurückzuhalten, denn wir sind nicht die Richter über Situationen, die in einer Trauerbegleitung zur Sprache kommen! Das Gespräch über Deutungsmöglichkeiten sollte Trauernde motivieren, sich von eigenen festgefahrenen Urteilen für Momente zu distanzieren und andere Deutungen auszuprobieren. Das geschieht am besten, wenn wir selbst eine bewegliche Phantasie entwickeln und nicht auf bestimmte Deutungen, die uns plausibel erscheinen, zusteuern. Bitte beachten Sie: Manipulationsversuche und Besserwisserei stören das Vertrauensverhältnis und blockieren die Suche des Trauernden nach Deutungen, die er dauerhaft nachvollziehen kann.

Das Gespräch dreht sich um Fragen wie: Wie kann das interpretiert werden, was jemand getan oder gelassen hat? Welche möglichen Gründe sind vorstellbar? Wie könnte eins zum anderen geführt haben?

Gestalten Sie das Hinterfragen spielerisch, bringen Sie mehrere Deutungsmöglichkeiten ins Gespräch, versteifen Sie sich nicht auf das, was Sie für die richtige Sicht der Dinge halten. Hier einige Formulierungsvorschläge:

- nur mal angenommen, dass ...
- stellen wir uns für einen Augenblick vor, dass ...
- meinen Sie, es hätte auch ... bedeuten können
- könnte es nicht auch so sein, dass ...

Diese Arbeitsweise kann zugleich auch Indirektes Arbeiten an den Instrumentellen Bestandteilen eines Vorwurfs sein, vgl. »Reframing«, S. 133ff.

Welche neuen Perspektiven sich bei dieser neuen Betrachtung und Deutung von Details ergeben, macht folgendes Beispiel deutlich: Eine Klientin gab zwei jungen Polizistinnen die Schuld an ihrer Erschütterung durch die aus ihrer Sicht unsensibel überbrachte Nachricht vom plötzlichen Tod ihres Mannes. Erst habe man ihr am Telefon nichts sagen wollen und darauf bestanden, zu ihr nach Hause zu kommen, dann hätte die eine unbedingt Kaffee kochen wollen, was ja wohl völlig unangebracht gewesen sei. So sei das seither in ihrem ganzen Trauerprozess, kaum ein Mensch habe so reagiert, wie sie es gebraucht hätte.

Im detaillierten Erinnern an die Szene bekamen die bisherigen Vorwürfe Risse. Plötzlich erinnerte sie sich, warum sie am Telefon keine Auskunft bekommen hatte – sie war auf dem Heimweg mit dem eigenen Auto gewesen. Bei genauerem Nachdenken sagte sie spontan: Wenn ich das da schon gewusst hätte, wäre ich wahrscheinlich gegen den nächsten Baum gefahren.

Auch das Gespräch mit den beiden Beamtinnen bei sich zu Hause bekam neue Facetten. Sie erinnerte sich an die warme Tasse Kaffee in ihrer Hand und an ein unerwartetes Gefühl von Dankbarkeit für die Fürsorge der Polizistin. Als sie sich in die Situation der Beamtinnen hineinversetzte, die – wie sie sich jetzt erinnerte – über eine Stunde bei ihr blieben, wandelte sich ihre Einschätzung ganz. Was sie den beiden vorher als herzlos und unprofessionell vorgeworfen hatte, empfand sie nun als »wohl das Beste, was man in so einer schrecklichen Situation eben machen kann«. Ihre neue

Interpretation der Situation sah, dass die beiden Beamtinnen wohl überlegt gehandelt hatten, indem sie ihr die Todesnachricht nicht am Telefon während der Autofahrt übermittelten. Auch die Aufforderung zum Kaffeekochen wurde nun als Mittel der Stabilisierung begriffen. Die tiefe Erschütterung durch den plötzlichen Tod ihres Mannes konnte sie jetzt als eine normale Reaktion verstehen, an der niemand Schuld hatte.

Dieser Schuldvorwurf hatte ganz am Anfang ihres Trauerprozesses gestanden und ihre Sicht auf alle weiteren Beileidsbezeugungen und Unterstützungsangebote geprägt. Indem sie diesen ersten Schuldzusammenhang ihres Trauerprozesses aufgab, wurden auch die aktuellen Unterstützungsangebote in ein neues Licht gerückt. Sie konnte plötzlich deutlich unterscheiden zwischen unangemessenen Reaktionen und tröstenden Hilfsangeboten. Der Schuldmechanismus war gestoppt.

Beratungsbeispiel

Hier das Beispiel einer Klientin, deren Begleitung aus einem ständigen Pendeln zwischen Realitätsprüfung und Deutung der Details bestand:

Ich erinnere mich an eine Klientin, deren Ehemann sich das Leben genommen hatte. Er war dazu in ein Waldstück 200 km von ihrem Wohnort entfernt gefahren und war in der Nähe einer Wallfahrtskapelle vergiftet aufgefunden worden. Er hatte ein Foto von ihrer Hochzeit in der Hand, und einige Abschiedsworte baten sie um Verzeihung. Diese Worte waren kaum leserlich auf die Rückseite eines Probedrucks einer Bewerbung geschrieben, die sie einige Wochen zuvor abgeschickt hatte. Diese Fakten hatte sie bereits akribisch zusammengetragen. Nachdem sie mir die Ergebnisse ihrer selbstständig vorgenommenen Realitätsprüfung erzählt hatte und es darin keine Informationslücke gab, begannen wir direkt mit dem Deutungsprozess.

Deutung 1

Viele Monate lang habe ich mit dieser Trauernden verschiedene Deutungen seines Todesortes und der Gegenstände in seiner Hand durchgespielt. Mal war sie sicher, er wolle ihr mitteilen, sie sei der Anlass für seinen Tod, weil sie ihre Karriere wichtiger genommen habe als die Ehe. Manchmal vermutete sie, er sei in einen religiösen Wahn verfallen und habe sich von Ehe und Besitzstreben befreien wollen. Dann wieder sah sie in dem Ort, zu dem sich keine Beziehung herstellen ließ – weder war ihr Mann besonders religiös gewesen noch hatte dieser Landstrich oder die Kapelle irgendeine nachvollziehbare Bedeutung für den Mann gehabt – und in den schwer leserlichen Zeilen ein deutliches Zeichen für eine psychische Erkrankung.

Wir haben viel hin- und herüberlegt, die Puzzleteile immer neu gemischt und wieder zusammengelegt. Schließlich entschied sich diese Trauernde dafür, die Zeichen für eine massive Erkrankung ihres Mannes ernst zu nehmen und den Ort seines Todes als zufällig anzusehen und als Zeichen für seine totale Verwirrung zu deuten. Seine um Verzeihung bittenden Worte nahm sie als Indiz dafür, dass er ihr keine Schuld zuweise. Dass diese Worte auf die Rückseite einer Bewerbung von ihr geschrieben waren, schien ihr erklärbar durch die Neigung ihres Mannes, jedes verwertbare Stück Papier als Schmierpapier zu benutzen, in seinem Auto fanden sich noch mehr solcher Schmierblätter. Das Hochzeitsfoto in seiner Hand deutete sie, als habe er in seiner Todesstunde Trost in dieser glücklichen Erinnerung gesucht.

Daraufhin gingen ihre Fragen nach Schuld in eine neue Richtung, die uns zu einem weiteren Aspekt von Arbeit mit Schuldkonstrukten bringen.

Realitätsprüfung 1

Da sie sich inzwischen sicher war, dass ihr Mann psychisch krank gewesen war, hinterfragte sie nun ihre Reaktionen darauf.

Hätte sie früher etwas bemerken müssen? Hatte sie ihn noch weiter in die Krankheit getrieben? Waren sie und die Ehe vielleicht doch die Ursache für die Erkrankung? Hätte sie seinen Suizid verhindern können?

Das sind Fragen, die sich für eine weitere Realitätsprüfung eignen, in der alle verfügbaren Fakten, die mit den Schuldvorwürfen zu tun haben, zusammengetragen werden.

Meine Klientin führte Gespräche mit der Mutter und einem Lieblingsonkel ihres verstorbenen Mannes und befragte gemeinsame Freunde, wie sie ihn erlebt hatten. Was sie dabei erfuhr, verglich sie mit ihren eigenen Erinnerungen. Schließlich las sie seine Tagebücher, um Aufschluss über seine Gedanken und Gefühle aus einer ganz neuen Sicht zu bekommen. Obwohl sie eine lange und in ihrer Erinnerung sehr vertrauensvolle Ehe geführt hatte, erfuhr sie erst jetzt von einer schweren psychischen Krise ihres Mannes zu Beginn seines Studiums. Er hatte sich monatelang von allen Menschen isoliert, deshalb wusste auch seine Familie nur andeutungsweise, wie schlecht es ihm gegangen war. Nur seine Tagebücher aus jener Zeit gaben Auskunft über schier endlose Verzweiflung an der Welt, Hass auf sich selbst und intensive Todeswünsche.

Sie erfuhr, dass ihr Mann als Jugendlicher mehrmals zusammengeschlagen und oft gehänselt worden war, wovon er ihr nie etwas erzählt hatte.

Freunde, die ihn schon vor der Ehe gekannt hatten, erzählten ihr, er sei mit ihr zusammen viel entspannter und offener geworden, seine »Grübeleien«, wie sie es nannten, seien weniger geworden und erst in den letzten Monaten vor seinem Tod wieder ansatzweise aufgetaucht.

Diese Informationen bestätigten ihre Annahme, ihr Mann sei psychisch krank gewesen, und das nicht erst seit einigen Monaten, sondern mindestens einmal viele Jahre zuvor.

Die Aussagen der Freunde bestätigten ihr auch den eigenen Eindruck, die Ehe sei glücklich gewesen und habe ihrem Mann gutgetan.

Doch ihre Sicht auf ihren Mann änderte sich – was sie zuvor als introvertiert und geheimnisvoll empfunden hatte, schien ihr jetzt verschlossen mit einem Hang zur Unehrlichkeit und in großer Nähe zu einer psychischen Erkrankung.

Details und Deutung 2

Damit änderte sich der Schuldvorwurf erneut – nun ging es ihr nicht mehr (nur) um eine mögliche Fehleinschätzung seiner Krise. Nun stellte sie ihre Liebe und sich selbst grundsätzlich in Frage. *Hatte sie ihn überhaupt gekannt? Hatte er ihr vertraut? Hätte sie*

nicht von Anfang an wissen müssen, wie das endet? War sie nicht selbst schuld an dem Unglück, das sie jetzt erlebte, weil sie von Anfang an blind gegenüber seinen Problemen gewesen war und ihn bis zum Schluss für einen wunderbaren Mann gehalten hatte?

Realitätsprüfung 2

Auch diese Fragen wurden einer gründlichen Realitätsprüfung unterzogen. Wir sprachen über das Kennenlernen und darüber, wie ihr Mann sich ihr gezeigt hatte, was sie von ihm erwartet und was sie an ihm geliebt hatte. Er war etwas älter als sie gewesen und beruflich bereits relativ erfolgreich, während sie am Beginn ihrer Karriere stand. Sie hatte ihn bewundert und er hatte an sie geglaubt, sie waren sich einig darin gewesen, dass berufliches Vorwärtskommen wichtig für beide war. Sie hatten beide auch abends und an Wochenenden gearbeitet und viele Dienstreisen gemacht. Leistung und Aktivsein war für beide zentral, neben der Arbeit hatten sie einen großen Freundeskreis und reisten gern gemeinsam. Im Gegensatz zu ihr zog er sich ab und zu gern zurück, während sie lieber mit Freundinnen unterwegs war. Krankheit, Isolation und Misserfolg spielten in ihrem gemeinsamen Leben keine Rolle.

Im Gespräch stellte sich heraus, dass nicht nur er ihr etwas verschwiegen hatte – seine selbstzerstörerische, vermutlich schwer depressive Phase zu Beginn des Studiums. Auch sie hatte einen Teil ihrer Vergangenheit ausgeblendet. Ihr Vater hatte einen Schlaganfall bekommen, als sie zwölf war. Die Folgen waren Arbeitsunfähigkeit und starke kognitive und soziale Einschränkungen. Sie hatte ihre Pubertät mit einem Vater verbracht, der sich voller Selbstzweifel und Selbsthass in sein ehemaliges Arbeitszimmer zurückgezogen hatte. In ihrem aktiven Erwachsenenleben hatte diese Erinnerung keinen Platz, aber als ihr Mann nach dem Verlust seines Arbeitsplatzes begann, sich zurückzuziehen, war ihr dieses Verhalten seltsam vertraut.

Er war weiterhin unterstützend ihr gegenüber gewesen und hatte sie ermutigt, ihre eigene Karriere weiterzuverfolgen. Den eigenen Misserfolg bei der Suche nach einem neuen Job spielte er herunter, die tiefen Selbstzweifel, die dadurch ausgelöst wurden, teilte er ihr lange Zeit nicht mit. Er übernahm aus eigener Initiative mehr Aufgaben im Haushalt, erzählte ihr von verstärkten sportlichen Aktivitäten und verschiedenen Fortbildungen. Im Nachhinein stellte sie fest, dass vieles davon frei erfunden gewesen war.

Detail und Deutung 3

Die Fragen dieser Klärungsrunde waren:

Hatte sie ihn überhaupt gekannt? Sie stellte fest, dass sie manche Seiten von ihm nicht gekannt hatte und dass sie andere Seiten von ihm daher falsch eingeschätzt hatte. Sie stellte fest, dass sie selbst Seiten von sich versteckt hatte und dass das kein Beweis für mangelnde Liebe war. Nun hielt sie sich nicht mehr für unfähig, jemanden zu kennen und zu lieben, sondern nahm es als normal hin, dass wir alle ein paar Geheimnisse voreinander bewahren.

Hatte er ihr vertraut? Sie wertete es als sehr positiv, dass er ihr viel zugetraut hatte. Den Mut, sich mit seinen Schwächen zu zeigen, hatte er offensichtlich nicht gefunden. Das deutete sie nun als eine Eigenschaft von ihm, die nicht an ihr Verhalten gebunden war und nichts Negatives über die Qualität der Beziehung aussagte.

Hätte sie nicht von Anfang an wissen müssen, wie das endet?

Diese Frage stellte sie sich nicht mehr.

War sie nicht selbst schuld an dem Unglück, dass sie jetzt erlebte, weil sie von Anfang an blind gegenüber seinen Problemen gewesen war und ihn bis zum Schluss für einen wunderbaren Mann gehalten hatte?

Auch diese Frage stellte sie sich nicht mehr. Durch die Erinnerungen hatte sie wieder sehr deutlich gefühlt, dass er für sie immer ein wunderbarer Mann gewesen war. Auch mit seiner Verschlossenheit, seiner Erkrankung und seinem Tod blieb er das für sie, und es tat ihr sichtlich gut, ihre Liebe zu ihm nicht mehr abzuwerten.

Realitätsprüfung 3

Sie kehrte zu den Fragen des Anfangs zurück:

Hätte sie früher etwas bemerken müssen? Im Rückblick stellte sie fest, dass sie bereits kurz nach dem Jobverlust ihres Mannes Veränderungen bemerkt und angesprochen hatte. Das Ausmaß seiner Veränderungen hatte sie aus zwei Gründen nicht wahrgenommen – zum einen hatte er ihr nicht alles erzählt und gezeigt, zum anderen waren ihr der Hang zur Selbstisolation, das Grübeln und das Verstummen von ihrem kranken Vater her vertraut. Daher hatte sie (vielleicht) später als andere mit Besorgnis auf das veränderte Verhalten ihres Mannes reagiert.

Hatte sie ihn noch weiter in die Krankheit getrieben? Sie erinnerte sich an Gespräche mit ihren Freundinnen über die richtige Reaktion auf den zunehmenden Rückzug ihres Mannes – sollte sie ihn in Ruhe lassen, aufbauen oder sogar unter Druck setzen? Sie erinnerte sich an verschiedene Taktiken, die sie ausprobiert hatte. Kurz vor seinem Tod hatte sie ihn überredet, Termine bei einem Coach und bei einer Psychotherapeutin zu machen. Sie hatte ihm immer wieder versichert, er könne es schaffen, sie werde ihn unterstützen und es sei alles nicht so dramatisch. Beim Blick auf all ihre Versuche wurde sie sehr traurig. Die Frage, ob sie ihn in die Krankheit getrieben hätte, wurde unwichtig.

Waren sie und die Ehe vielleicht doch die Ursache für die Erkrankung?

Von dieser Frage hatte sie Abstand genommen.

Hätte sie seinen Suizid verhindern können?

Diese Frage wurde sehr wichtig. Es begann eine intensive Rekonstruktion des letzten Tages. Am Morgen vor seinem Tod hatte sie von anstehenden Veränderungen gesprochen und befürchtete nun, dass er das vielleicht als Hinweis auf Trennungsabsichten gedeutet hatte. Wie immer hatte sie ihn vor der Heimfahrt angerufen, er hatte wie immer erzählt, was er kochen würde, und dass er sich auf sie freue.

Als sie nach Hause kam, war er nicht da gewesen und hatte auch keine Nachricht hinterlassen. Sie begann ihn zu suchen und stellte fest, dass sein Auto nicht in der Garage stand. Sie versuchte vergeblich, ihn mobil zu erreichen. Anschließend telefonierte sie mit verschiedenen Freunden und Bekannten, die er hin und wieder besuchte. Insgesamt wartete sie zwei Stunden und verständigte dann nach Rücksprache mit einer Freundin die Polizei.

Während unserer Gespräche tauchten intensive Erinnerungen an die verschiedenen Erlebnisse dieser Stunden auf und wurden von ihr hinterfragt – *hatte sie etwas »falsch« gemacht?*

Ungefähr anderthalb Jahre nach dem Tod ihres Mannes kamen diese Fragen zur Ruhe, sie hatte sie oft angesehen und war für sich zu der Ansicht gekommen, alles in ihrer Macht Stehende getan zu haben. Sie wünschte sich, sie hätte mehr Informationen über sein Krankheitsbild gehabt, aber sie sprach sich nicht (mehr) schuldig dafür, dass sie als seine Ehefrau keine psychiatrische Erfahrung und auch keine Behandlungskompetenz besessen hatte.

Arbeitsansätze zum Umgang mit internalisierten Regeln

(Dieser Ansatz erfordert eine gute beraterische bzw. therapeutische Grundkompetenz!)

Die Regeln ändern (Einzelbegleitungen von Erwachsenen)

Manchmal ist die Deutung der zusammengetragenen Fakten eingeschränkt durch das internalisierte Regelgebäude des Klienten. Dann liegt die einzige Möglichkeit für alternative Deutungsmuster in einer Umformulierung von Lebensregeln. Wir alle leben nach einer Vielzahl von großen und kleinen Regeln, die uns sagen, was richtig, angemessen und was falsch oder ungebührlich ist. Auch, was für einen Menschen peinlich oder unverschämt ist, was als bewundernswert und großartig eingeschätzt wird, bestimmen diese Regeln (S. 58ff.). Subjektiv als falsch und peinlich eingeschätztes Verhalten erfüllt die Tatbestände für einen Schuldzusammenhang. Manchmal wird der so in Gang gesetzte Schuldmechanismus als unerträglich oder auch absurd erlebt, dann ist zumindest eine leichte Änderung von Regeln möglich.

Bitte beachten Sie: Das Ändern oder sogar Ersetzen von internalisierten Lebensregeln ist ein langwieriger Vorgang. Mit einmaligen Absichtserklärungen oder auch einer momentanen Erleichterung ist eine lebenslang gültige Regel nicht sofort zu entthronen. Deshalb bitte ich Sie um einen behutsamen Einsatz dieses Angebots und um Geduld mit den Klienten, die immer wieder in die Befolgung der alten Regeln zurückfallen. (Und um Geduld mit sich selbst, wenn eine Ihrer Lebensregeln mit Perfektion zu tun hat.)

Direktes Arbeiten mit internalisierten Normen

Welche Regeln eignen sich zur Konstruktion von Schuldzusammenhängen im Trauerprozess?

Anstandsregeln sind hier nicht von Belang. Interessanterweise geht es hier auch nicht um juristische Normen und Gesetze. Die Regeln, die für Trauerprozesse relevant sind, beziehen sich hauptsächlich auf die Gestaltung von Beziehungen. Haben Sie schon mal zu jemandem gesagt: »Ohne dich kann ich nicht mehr leben«? Diese romantische Liebeserklärung ist *auch* eine Beziehungsregel. Wenn einer von den beiden, die das zueinander sagen, stirbt, was heißt das dann für den Überlebenden? Er oder sie kann doch ohne den anderen leben. Ist das Verrat? Macht das die erste Aussage zu einer Lüge? Welche innere Regel gilt hier?

Die Begleitung der oben genannten Klientin wurde sehr erleichtert durch einen Punkt: Sie hatte keine internalisierte Regel, nach der eine Ehefrau für das Glück ihres Ehemannes verantwortlich ist. Sie lebte vielmehr nach der Maxime, dass auch in einer Ehe beide selbst für sich sorgen müssen.

Bei vielen älteren Witwen und Witwern ist das anders. Sie sind groß geworden mit dem Anspruch, einander alles zu sein. Besonders Frauen haben oft verinnerlichte Regeln, nach denen sie das Glück und die Gesundheit ihrer Familie zu garantieren haben. Solange es allen gut geht, betrachten sie das als Erfolg und als Belohnung für ihre Anstrengungen. »Die habe ich gut hingekriegt«, heißt es über die Kinder. »Den habe ich mir gut ausgewählt« oder auch: »Den habe ich mir gut erzogen«, heißt es über den Ehemann. Hier vermischen sich verinnerlichte Regeln über den Sinn eines (Frauen-) Lebens mit Allmachtsphantasien und mit Erklärungswünschen – und solange es allen gut geht, ist Schuld noch nicht im Spiel. Das ändert sich sofort, wenn es einem Familienmitglied nicht mehr gut geht, z. B. bei drohender Arbeitslosigkeit, einer Scheidung oder Erkrankung.

Der vorher gezeigte Stolz auf positive Entwicklungen hat als Kehrseite die Scham über Lebensläufe, die scheinbar nicht gelingen. Ein krebskrankes Kind wird nur teilweise als »gut hingekriegt« wahrgenommen. Der Ehemann mit schweren Depressionen wird nur mit Mühe als »gut ausgewählt« angesehen. Frauen (und auch

Männer), die es für ihren Auftrag halten, andere glücklich zu machen, stehen angesichts von Schicksalsschlägen ihrer Angehörigen vor einer doppelten Herausforderung: Zusätzlich zu den alltäglichen Belastungen und Ängsten erleben sie tiefes Schuldbewusstsein angesichts ihres »Versagens«.

Verinnerlichte Regeln, die so tief mit der individuellen Identität verwoben sind, können nicht vollständig aufgelöst werden!

Meist ist die Arbeit mit Regeländerungen langwierig und erfordert Geduld. Denken Sie an die roten Ampeln (S. 55ff.), oder versuchen Sie einmal, in einem teuren Restaurant nur mit den Händen zu essen. Wenn Ihnen schon die simple Übertretung der Anstandsregel, mit Messer und Gabel zu essen, schwer fällt – wie können Sie von Trauernden die Übertretung lebenslang gültiger Regeln über ihre Daseinsberechtigung verlangen?

Einzelgespräche mit Erwachsenen

Ein *erster Schritt ist die schlichte Wahrnehmung* der inneren Regeln. Solange sie den Status von ewig gültigen Naturgesetzen haben, sind sie unentrinnbar. Veränderung wird in dem Moment möglich, in dem ein Mensch zugeben kann, dass das seine ganz eigenen inneren Gesetze sind, dass es aber durchaus andere geben kann.

Wir können im Gespräch unsere Beobachtungen über vermutete innere Regeln anbieten, um unser Gegenüber in diesem Prozess zu unterstützen.

Formulierungshilfen dabei sind:

- Ich glaube, Ihnen ist ganz wichtig, dass ..., nehme ich das richtig wahr?
- Viele Menschen sagen, das Wichtigste im Leben eines Mannes (einer Frau) ist ..., denken Sie das auch?
- Das erinnert mich an eine Klientin, die gesagt hat, ihre Aufgabe im Leben wäre ... Würden Sie das auch so von sich sagen?

Lassen Sie die Formulierung der inneren Regeln und Handlungsmaxime, die als solche erkannt wurden, erst einmal wirken – manchmal ist die Bewusstwerdung einer solchen inneren Leitlinie bereits der entscheidende Schritt zu ihrer Überwindung.

Im *zweiten Schritt ergänzen Sie die subjektiven Regeln,* die im Gespräch deutlich geworden sind, mit anderen Sichtweisen. Achten Sie dabei darauf, spielerisch mit den verschiedenen Positionen umzugehen, machen Sie keinen Streit über die »richtige« Sichtweise daraus! Wenn das geschieht, sind Sie Teil eines Schuldzusammenhangs. Formulierungshilfen sind:

- Es ist interessant, wie unterschiedlich Menschen das sehen, neulich hatte ich einen Klienten, der meinte, es sei für ihn eher ....
- Gerade habe ich einen Artikel gelesen, in dem wurde eine ganz andere Meinung vertreten ...
- Ich könnte mir vorstellen, dass es darüber auch andere Ansichten gibt ...
- Dann könnte man auch noch so darüber denken ...

Eine andere Arbeitsweise bietet sich an, wenn KlientInnen bemerken, dass sie nach zwei verschiedenen Regeln leben – oft sind das von der Familie übernommene Regeln auf der einen Seite und auf der anderen solche, für die sie sich im Lauf des eigenen Lebens selbst entschieden haben.

Ich erinnere mich an einen jungen Mann, der anderthalb Jahre nach dem Tod seines Vaters mit dem Geld aus seinem Erbe eine Wohnung mit hohen Decken kaufte. Sosehr er sich über die Wohnung freute, war er doch von einem intensiven schlechten Gewissen seinem Vater gegenüber geplagt: »Ich fand Altbau immer toll, aber mein Vater hätte nie Ruhe gegeben wegen der teuren Heizerei, und jetzt habe ich das Geld, für das er so geschuftet hat, für diese Wohnung ausgegeben.«

Lebensaufgaben

Eine andere Klientin war mit einer chronisch kranken Tante aufgewachsen, die bei ihrer Familie zu Hause gepflegt wurde. Alle Familienmitglieder hatten ihr eigenes Wohlbefinden dem der Tante unterzuordnen. Die lauten Schmerzäußerungen und auch aggressiven Attacken der kranken Tante hatte sie als Kind klaglos hinnehmen müssen. Sie war sogar die Einzige gewesen, die ihre Tante durch Vorlesen und Flötespielen beruhigen konnte. Wenn die anderen es nicht mehr ertrugen, wurde sie bereits im Alter von fünf Jahren zu der vor Schmerzen schreienden Tante geschickt. Nicht nur die Tante wurde dann ruhiger, auch ihre Eltern und Geschwister atmeten auf. Ihre Aufgabe im Leben schien es zu sein, durch ihr Wohlverhalten anderen Leiden zu ersparen. Als sie erwachsen war, starb ihre Mutter nach einer kurzen, aber schmerzhaften Krankheit. Es war der erwachsenen Tochter nicht gelungen, durch ihre Anwesenheit, durch Vorlesen oder irgendetwas anderes das Leiden der Mutter zu lindern. Verständlicherweise war sie voller Schuldvorwürfe gegen sich selbst. Die Ursache dieser Vorwürfe fanden wir aber erst, als sie sich an ihre Aufgabe in der Betreuung der kranken Tante während ihrer Kindheit erinnerte. Da begann sie, die alte Regel aus ihrer Kindheit zu verstehen und sich bewusst gegen sie aufzulehnen. Ihre Lebensaufgabe sollte nicht sein, anderen Menschen Leid durch ihre bloße Anwesenheit zu ersparen oder abzunehmen. Wenn das nicht mehr ihre Lebensaufgabe war, musste ihre Ohnmacht in Bezug auf das Leiden ihrer Mutter nicht mehr als »Verfehlung« und schuldbelastet interpretiert werden.

Für Eltern, die es sich zur Lebensaufgabe gemacht haben, ihre Kinder gesund und glücklich heranwachsen zu lassen, kann eine Änderung dieser Lebensaufgabe nur eine graduelle sein. Von einem »Ich muss mein Kind unter allen Umständen zu einem gesunden glücklichen Erwachsenen machen« zu einem »Ich muss mein Bestes tun, um meinem Kind einen gesunden und glücklichen Start ins Leben zu verschaffen; für alles, was an Krankheit und Unglück dennoch auf mein Kind zukommt, muss ich ihm Trost und Beistand sein«. Auch diese Formulierungen sind noch Grundlage für Schuldkonstrukte, denn manche Trauernden urteilen über sich selbst und andere, sie hätten an manchen Punkten nicht das Beste gegeben und getan, oder auch, sie hätten in Zeiten der Not Druck ausgeübt und seien verständnislos gewesen. Regelformulierungen, die ein »MUSS« oder »SOLL« und auch ein »DARF NICHT« beinhalten, sind weiter offen für Schuldzusammenhänge.

Manchmal wandeln sich die Formulierungen von »ich muss« zu »ich kann« oder »ich möchte«. Regeln, die mit »ich darf« formulieren, können ebenfalls sehr entlastend sein. »Ich darf Fehler machen«, » Ich bin ein normaler Mensch, der manchmal müde wird, und das ist richtig so.« Positive Formulierungen sind erleichternder als negative, obwohl auch ein »Ich muss nicht perfekt sein« als neue Regel sehr unterstützend auf PerfektionistInnen wirkt. Aus solchen Formulierungen lässt sich kein Schuldzusammenhang mehr ableiten. Bis neue Regeln formuliert und angenommen werden können, vergehen oft Jahre. Regelveränderung ist meist ein langwieriger, das gesamte Leben in Gegenwart und Vergangenheit betreffender und damit therapeutischer Prozess!

Arbeitsansätze zum Verzeihen

Ganz bewusst habe ich das wichtige Kapitel zum Verzeihen erst so spät in diesem Buch eingeordnet. Verzeihung ist überhaupt nur dann relevant, wenn der konstruierte Schuldzusammenhang tatsächlich einen Regelbruch zum Anlass hatte, also ein Normativer und keine Instrumenteller Schuldvorwurf ist. Verzeihung kommt nur dann zum Zug, wenn die Veränderungsbereitschaft groß genug ist, um den Schuldzusammenhang und die damit verbundenen Mechanismen aufzugeben. So wie Schuld eine Zuschreibung und Bewertung ist, so ist Vergebung/Verzeihung eine Veränderung von Zuschreibungen und Einstellungen.

Bei der Wahl zwischen den Begriffen Vergebung, Verzeihung, Versöhnung habe ich mich für den Begriff »Verzeihen« entschieden, weil in ihm ein altertümliches Wort für beschuldigen enthalten ist, das Wort »zeihen«. Wonach »Verzeihen« soviel heißt wie: damit aufhören, jemanden zu beschuldigen. Mit dem Beschuldigen hören auch die Bestrafungen auf. Das Leben der Beschuldigten, aber auch der Anklagenden wird leichter und unbeschwerter ohne Zwang zur Strafe, Buße oder Wiedergutmachung. Das »Nicht mehr beschuldigen« ist etwas anderes als ein Freispruch. Es heißt: Der Regelbruch besteht, aber ich lasse dem keine Ausgleichsmechanismen folgen. Ich verlange weder Buße noch Reue, ich bestrafe dich nicht und räche mich nicht. Ich stoppe den Schuldmechanismus.

Ein Sprichwort, das in verschiedenen Sprachen existiert, verdeutlicht das, es heißt: »Vergeben, nicht vergessen.«

Verzeihung gewährt kein gnädiges »War gar nicht so schlimm«, Verzeihung heißt: »Es war so schlimm, gerade das verzeihe ich dir.« Damit gehört Verzeihung zu den Dingen, die einem Wunder gleichkommen. Sie ist nicht zu erzwingen. Meiner Ansicht nach ist sie auch nicht zu verlangen. Sie ist (leider) nicht der schnelle Wunderweg zu einem Leben frei von Schuldmechanismen. Da sie ein unerwarteter Weg zu einem neuen Gleichgewicht ist, der ohne Strafe, Vergeltung, Buße auskommt, wird Verzeihung oft als Lösung für jeden geäußerten Schuldvorwurf angesehen. Ich halte das für unangebracht.

»Vergebung ist nicht gleichbedeutend mit Vergessen. Es geht dabei vielmehr um eine Veränderung des Umgangs mit der Erinnerung, um den Beginn einer neuen Reise, gemeinsam mit unseren Erinnerungen, unseren Traumata und der Art, wie Trauma und Hass die Beziehungen zu unseren Mitmenschen bestimmt haben. Vergebung ist Erinnerung, um Brücken zu unseren Mitmenschen zu bauen und uns von der hasserfüllten Wut zu erlösen, die uns manchmal gefangen hält. Vergebung muss nicht notwendig heißen, alle unsere Mitmenschen zu lieben (sie bedeutet aber definitiv nicht, sie zu hassen). Der Geist der Vergebung liegt in der Suche – nicht nach Dingen, die uns trennen, sondern nach etwas, was uns als Menschen gemeinsam ist, strebend nach dem Moment der Menschlichkeit und nach Mitleid und Mitgefühl, welche unsere Menschlichkeit ausmachen.«

Dieses Zitat stammt aus einem Artikel über die südafrikanische »Truth and Reconciliation Commission«. In verschiedenen Ländern haben so genannte Wahrheits- und Versöhnungskommissionen (Truth and Reconciliation Commission) bei der Aufarbeitung von Verbrechen, die unter diktatorischen Regimen geschahen, eine wichtige und zugleich umstrittene Rolle gespielt. In Deutschland sind die südafrikanischen Kommissionen von 1996–98 unter Vorsitz des Nobelpreisträgers Desmond Tutu am bekanntesten. Diese Kommissionen beschäftigten sich mit der Aufarbeitung von Völkermord, Folter und Mord in den zurückliegenden Jahrzehnten. Diese Verbrechen waren von Bürgern untereinander begangen worden, aber auch von Angehörigen der Polizei und Armee. Die Verbrechen waren in großem Umfang begangen worden und hatten vor Bindungen in Freundschaften, Nachbarschaften, Familien und Dorfgemeinschaften nicht Halt gemacht. Die Kommissionen stellten einen Rahmen her, in dem die Opfer, die Angehörigen von Opfern und die Täter mit ihren Angehörigen sich gegenseitig anhörten. Den Opfern und ihren Angehörigen wurde die Möglichkeit gegeben, ihr leidvolles Erleben den Tätern gegenüber auszusprechen. Die Täter verpflichteten sich, das von ihnen verursachte Leid anzuhören, Verantwortung dafür zu übernehmen und sich zu entschuldigen. Umstritten waren diese Kommissionen, wenn sie den Beschuldigten für ihre Teilnahme eine Amnesie, also Straffreiheit zusicherten. Die Kommissionen stellten diese Aussprache in die Öffentlichkeit, da die Folgen der Verbrechen als Verwundung der gesamten Gesellschaft angesehen wurden. Das öffentliche Aussprechen sollte die Spirale aus Rache und Selbstzerstörung stoppen, die den Aufbau einer friedlichen Gesellschaft verhindern kann. Als zweiter Schritt nach dem öffentlichen Aussprechen des Geschehens, zielten diese Treffen auf eine »Versöhnung«. Das meint ein neues Miteinander zu Anerkennung des getanen und erlittenen Unrechts, aber ohne alltägliche Straf- und Racheaktivitäten (S. 39).

Dieses Vorgehen scheint mir übertragbar auf unseren Umgang mit subjektiven Schuldzuweisungen im Trauerprozess.

Voraussetzungen

Richtungen klären

Das Aufheben eines Beschuldigungszusammenhangs kann von verschiedenen Seiten aus geschehen oder eingefordert werden. Wir können anderen verzeihen, wir können Verzeihung durch andere erfahren und schließlich uns selbst vergeben

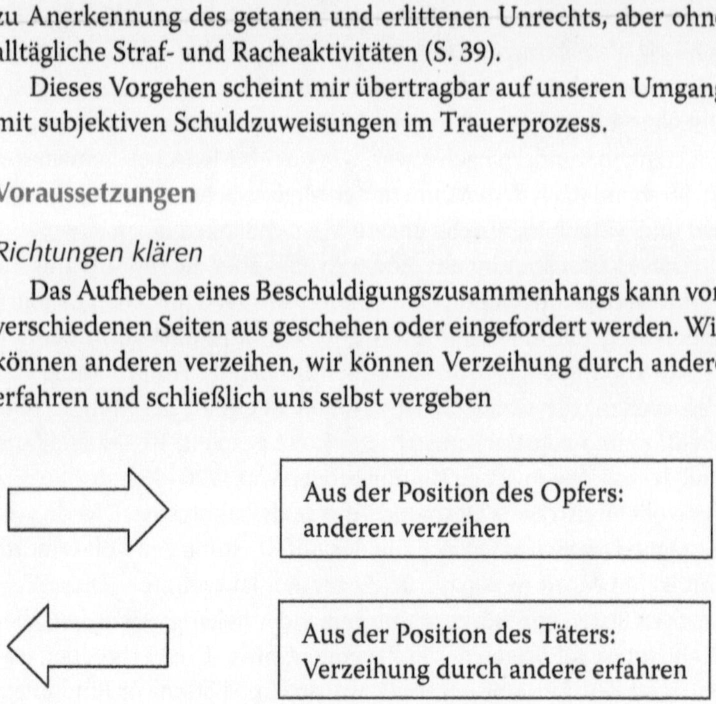

Aus der Position des Opfers und des Täters: sich selbst verzeihen

Schuldzuweisungen treten stets als Vagabundierende Schuld auf (S. 48) und werden entweder gleichzeitig oder nacheinander in alle möglichen Richtungen ausgesprochen. Also müssen wir auch das Verzeihen als etwas begreifen, das in verschiedene Richtungen wirksam wird. Andere nicht mehr zu bestrafen erleichtert das eigene Leben, Energie wird frei, Gefühle und Erinnerungen sind nicht länger an negative und belastende Ereignisse gebunden. Der Schrecken über das Erlittene verliert seine Vormachtstellung im eigenen Denken und Fühlen, die damit verbundene Selbstwahrnehmungen als ausgeliefert und handlungsunfähig werden durch die aktive Handlung des Verzeihens relativiert.

Die tiefste und zugleich schwierigste Form des Verzeihens ist meiner Erfahrung nach die Fähigkeit, sich selbst zu vergeben.

Tatbestände

Sie erinnern sich an das Listenschreiben (S. 157) und die Realitätsprüfung (S. 158f.)? Etwas Ähnliches brauchen wir auch, damit Verzeihen überhaupt einen Anlass haben kann. Es braucht einen klar umrissenen Tatbestand.

Etwas wie »weil ich so eine schlechte Mutter war« ist viel zu allgemein. Wenn Sie Erfahrung mit dem Gewähren oder Erhalten von Verzeihung haben, werden Sie vielleicht erlebt haben, dass solche allgemein gehaltenen Tatbestände das schlechte Gefühl eher verstärken, anstatt eine Erleichterung herbeizuführen.

Ernsthafte Verzeihung (oder Vergebung) braucht einen klar umrissenen Tatbestand mit

- Ort
- Zeitpunkt oder Zeitraum
- Tätigkeit
- Regel, die dabei gebrochen wurde.

Wenn zwei oder mehr Personen im Spiel sind, sollten sich alle Beteiligten über diese Details einig sein (vgl. Versöhnung, S. 187).

Um solch einen Tatbestand zu klären, ist intensives Erinnern notwendig. Nach vielen Durchläufen von »Realitätsprüfung« (S. 158f.) und »Deutung« (S. 159ff.) bleibt von dem ursprünglich geäußerten Schuldvorwurf meist wenig übrig. Viele Vorwürfe an andere und auch an sich selbst halten einer genauen Prüfung nicht stand. Andere verwandeln sich bei genauerem Hinsehen in ganz andere Fragen und auch Vorwürfe. Was übrig bleibt oder neu entsteht, sind deutlich abgegrenzte Handlungen oder auch Gedanken und Gefühle. Sie haben eindeutige und unverwechselbar zu beschreibende Inhalte und sie haben Koordinaten in Raum und Zeit.

Voraussetzungen: Denselben Tatbestand meinen

Sobald zwei Personen an ein- und demselben Prozess des Verzeihens beteiligt sind, müssen sie sich über die Tatbestände, die betroffen sind, einig sein. Da wir von Schuldzusammenhängen sprechen, stehen die beiden, die sich hier auf einen gemeinsam gemeinten Tatbestand einigen müssen, in einem schwierigen Verhältnis zueinander. Sie sind Opfer und Täter, das heißt:

- Einer (der Täter) hat dem anderen ein Leid angetan.
- Einer (der Täter) hatte die Möglichkeit und die Macht, dem anderen Leid zuzufügen, er war stärker und hatte die Kontrolle.
- Einer (das Opfer) hat unter dem anderen gelitten.
- Einer (das Opfer) war schwächer und ausgeliefert.

Das ist eine komplizierte Ausgangssituation, in der zwei sich nicht unbedingt auf Augenhöhe begegnen. Genau das ist aber nötig für etwas, das Verzeihung genannt werden kann. Der Machtunterschied muss aufgehoben werden, die beiden, um die es hier geht, haben mit einem Mal die gleichen Rechte und Pflichten. Sie müssen einander zuhören und sich einigen auf das, worum es beim Verzeihen gehen soll.

Der Punkt, auf den sie beide zielen, sollte für beide einheitliche Koordinaten und Inhalte haben. Sie sind wie zwei Bergarbeitertrupps, die einen Tunnel unter einem Berg hindurch bauen wollen und dazu an entgegengesetzten Seiten beginnen.

Wenn sie sich einig sind über das, was es zu verzeihen gilt, dann treffen sie sich in der Mitte. (Nur) dann findet eine echte Begegnung statt und – wenn beide dazu bereit sind – kann Vergebung und vielleicht sogar Versöhnung stattfinden. Das hieße, geteilte Schuldkonstrukte aufzulösen und daraufhin Strafmechanismen außer Kraft zu setzen.

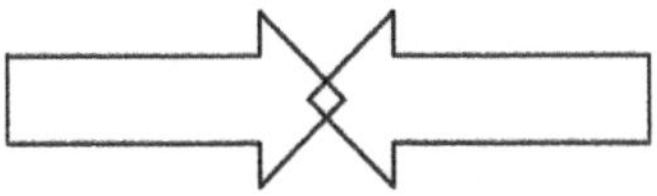

Wenn sie sich nicht einig sind, können viele gut klingende Worte und Gesten gewechselt werden, die aber ohne Bedeutung sind, weil die beiden sich nicht die Mühe gemacht haben, einander zuzuhören. Sie verzeihen sozusagen aneinander vorbei und ins Leere. Bestehende Schuldkonstrukte und Strafmechanismen bleiben von so einer vorgetäuschten Vergebung unberührt. Die Beteiligten merken das relativ schnell, denn es ändert sich nichts an ihrem Leben, ihrer Einstellung zu sich selbst und zur Welt.

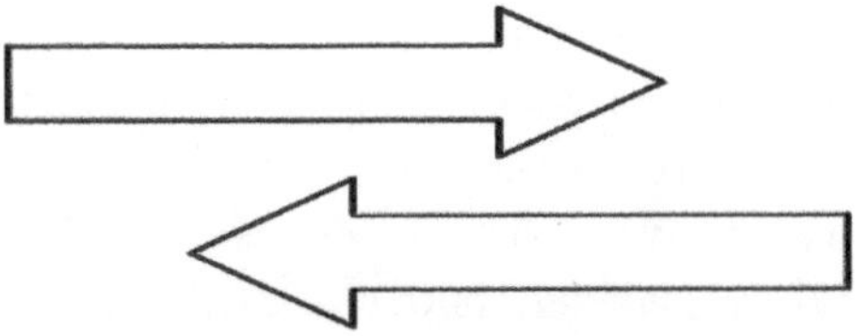

Die Täterposition

Um Verzeihung bitten

Wer um Verzeihung bittet, hat einen Schuldzusammenhang hergestellt, in dem er selbst (primär) die Rolle des Täters innehat. Noch mal zur Erinnerung – als »Täter« wird die Person bezeichnet, die eine Regel gebrochen und dabei einer anderen Person Schaden zugefügt hat. »Täter« im Sinne einer Schuldkonstruktion ist dabei nur jemand, der bereit ist, für diesen Regelbruch und den Schaden, den er dabei verursacht hat, eine Strafe auf sich zu nehmen. Damit steht am Beginn einer Bitte um Verzeihung das *Schuldeingeständnis*.

Schuldeingeständnis heißt: Jemand akzeptiert, dass das, was er getan hat, jemand anderem Schaden zugefügt hat. Und er akzeptiert, dass das, was er getan hat, als »falsch« empfunden wird, denn er empfindet es selbst als Regelbruch. Der Mensch, der in der Rolle des »Täters« sein »Opfer« um Verzeihung bittet, hat sich selbst in den Schuldzusammenhang begeben und »nimmt seine Schuld an«. Das ist ein wichtiger Schritt – um Verzeihung kann nur bitten, wer wirklich und wahrhaftig die Schuldzuweisung des Gegenübers annimmt und die Rolle des Täters akzeptiert.

Auch für Menschen in der Rolle des »Opfers« ist das häufig der wichtigste Schritt (mehr dazu ab S. 181), dass der Mensch, den sie in der Täterrolle sehen, die ihm zugeschriebene Schuld annimmt.

Schuld annehmen

Stellen Sie sich vor, Sie stehen in einem vollbesetzten Bus, jemand rempelt Sie heftig an, sodass Sie fast den Halt verlieren und hinfallen. Stellen Sie sich weiter vor, der Mensch, der Sie angerempelt hat, sieht sich nicht mal nach Ihnen um, sondern drängelt sich weiter durch den Bus. Wahrscheinlich werden Sie wütend, schimpfen innerlich und vielleicht auch zu den Menschen um Sie herum über diese Rücksichtslosigkeit, am liebsten würden Sie diesen Rüpel aus dem Bus werfen lassen.

Oder es passiert etwas anderes – der Mensch, der Sie angerempelt hat, hilft Ihnen, wieder Halt zu finden, sieht Sie an und entschuldigt sich. »Entschuldigen Sie!« oder: »Tut mir leid!« Wahrscheinlich werden Sie darauf antworten: »Ach, war ja gar nicht so schlimm« oder: »Die Busse sind immer so voll um diese Zeit«, vielleicht auch: »Passen Sie doch besser auf«, aber voraussichtlich wird Ihre Wut schnell verraucht sein.

Die scheinbare Floskel »Entschuldigung bitte« beinhaltet ein Schuldeingeständnis – wer »Entschuldigung« oder »Tut mir leid« sagt, gibt zu, etwas getan zu haben, was für ihn selbst nicht angemessen war. Dieses Schuldeingeständnis reicht im Alltag aus, um kleine Regelverstöße wieder ins Gleichgewicht zu bringen. Der Wunsch des »Opfers« nach Rache verraucht in der Regel, sobald der »Täter« zugegeben hat, einen Fehler gemacht zu haben. Das »Entschuldigung bitte« bringt den »mächtigen Täter« für einen kleinen Augenblick in die Position des Bittstellers und Unterlegenen, damit ist das Ungleichgewicht zwischen mächtigem Täter und ohnmächtigem Opfer aufgehoben. Das »Tut mir leid« offenbart darüber hinaus eine Empathie für die Situation des Opfers, Mitgefühl und Anteilnahme drücken sich – wenn auch meist nur floskelhaft – darin aus. Beide Aspekte nehmen dem Schuldmechanismus die Arbeit ab, denn das gestörte Gleichgewicht ist bereits wieder hergestellt.

Vor einigen Jahren gab es eine tragische Geschichte, in der der Wunsch des Opfers nach einer Entschuldigung als Schuldeingeständnis nicht erfüllt wurde. Es ging um einen Mann, dessen Frau und Tochter bei einem Flugzeugzusammenstoß ums Leben kamen. Er reiste zu dem Fluglotsen, der diesen Zusammenstoß nicht verhindert hatte. Der Lotse wurde von seiner Anwältin angewiesen, sich *nicht* bei dem trauernden Vater und Ehemann zu entschuldigen, da dies seine Chancen vor Gericht verschlechtert hätte. Für die Anwältin galt, dass eine persönliche Entschuldigung auch ein juristisches Schuldeingeständnis sowohl für den Lotsen als auch den Flughafenbetreiber beinhaltet hätte. Die persönliche Schuldübernahme des Lotsen, nach der dieser sich ebenfalls sehnte, wurde so verhindert. Der trauernde Ehemann und Vater nahm daraufhin »die Gerechtigkeit selbst in die Hand« und erschoss den Fluglotsen. Ein Ausgleich von »Leben gegen Leben« wurde nötig, weil die persönliche Entschuldigung als Schuldeingeständnis nicht erfolgte. Die hätte dem Mann ausgereicht, er hätte den Fluglotsen und die Flughafenbetreiber nicht weiter behelligt.

Sich entschuldigen heißt – »Ich erkenne meine Schuld an. In meinem eigenen Regelsystem war das, was ich getan habe, falsch. Ich sehe, was ich dir angetan habe, und finde es nicht richtig.« Das allein ist für die »Opfer« von großer Bedeutung!

Verzeihung erbitten

Wenn »Entschuldigung bitte« das Schuldeingeständnis ist, geht die Bitte um Verzeihung einen Schritt weiter. Das »Entschuldigung bitte« ist in erster Linie eine Aussage über den Schuldzusammenhang, den der »Täter« konstruiert hat. Die Bitte um Verzeihung richtet sich an den Schuldzusammenhang, den das »Opfer« konstruiert. Um Verzeihung bitten heißt: »Ich habe etwas getan, was in deinem Regelsystem als falsch angesehen wird. Das akzeptiere ich und schließe mich deiner Wertung an. Ich bitte dich darum, keine Ausgleichshandlungen von mir zu fordern. Ich bitte dich, unsere Beziehung zueinander nicht über Strafen zu definieren.«

Wer um Verzeihung bittet, hofft auf Erleichterung – er möchte von Strafmaßnahmen befreit werden. Dazu muss er erst einmal von seiner mächtigen Täterposition in die Rolle eines Bittstellers wechseln. Und in dieser selbst gewählten Ohnmacht muss er darauf vertrauen, dass das ehemalige Opfer jetzt nicht zum Täter wird. In den Bildern des Schulddreieckes aus Opfer, Täter, Richter heißt das – der Täter bekräftigt im ersten Schritt seine Täterschaft, um im zweiten Schritt einen Schritt hinaus aus dem Schema zu tun. Er bewegt sich nicht wie sonst zwischen Opfer und Täterzuschreibung, über die er ohnehin selbst entscheidet (Richter). Vielmehr hält er es für möglich, dass das ehemalige Opfer etwas anderes tun wird, als einfach nur die Rollen zu vertauschen. Damit ist die (ernst gemeinte) Bitte um Verzeihung/Vergebung/Entschuldigung bereits ein Schritt jenseits des Schuldzusammenhangs. Sie ist der *erste* Schritt – im zweiten ist der Mensch in der ursprünglichen Opferposition gefragt, darauf zu antworten.

In einem dritten Schritt ist noch einmal der Mensch in der Täterrolle gefragt – denn wenn jemand einen Schuldzusammenhang akzeptiert hat, ist nicht länger nur das »Opfer« für dessen Aufhebung zuständig. Auch innerhalb des Menschen selbst ist dann die Frage nach Verzeihung wichtig, dann geht es darum, sich selbst zu vergeben (S. 189f.).

Die Opferposition

Für die Person, die sich primär auf der Opferposition befindet, wird Verzeihen oft erst möglich, wenn die Person auf der Täterposition ein Schuldeingeständnis äußert. Wenn wir uns an den Begriff »Vagabundierende Schuld« erinnern, verstehen wir auch, warum das so ist. Schuldzusammenhänge sind stets eine Deutung und Interpretation von Ereignissen, es gibt nie eine endgültige Gewissheit. Stattdessen gibt es eine stete Bewegung aller beteiligten Personen zwischen den Positionen »Opfer«, »Täter«, »Richter«, wahlweise auch noch »Ankläger«, »Verteidiger«, »Sachverständige« und Zeugen. Der Mensch, der sich primär in der Opferposition befindet – damit meine ich Menschen, die in erster Linie Leidtragende einer Situation sind –, wird sich trotzdem in manchen Momenten auch die Rolle des (Mit-)Täters geben.

Instrumentelle Selbstbezichtigungen

Wenn niemand die Sicht des »Opfers« teilt und der Mensch in der »Täterposition« die Anschuldigungen leugnet, kommt der Mensch in der Opferposition viel schwerer zur Ruhe. Seine Selbstzweifel und Selbstbeschuldigungen werden sich abwechseln mit den Vorwürfen gegen andere und so den Kreislauf der Vagabundierenden Schuld in Bewegung halten. Für den Menschen in der »Opferrolle« ist ein Schritt hinaus aus dem Schuldzusammenhang ohne die Schuldanerkenntnis des Menschen in der »Täterrolle« schwer. Er wird umso schwerer, je größer der Schaden ist, den das Opfer erlitten hat. Das erleben wir bei Kindern, die körperliche und sexuelle Gewalt erleiden, denen aber gesagt wird, das sei normal oder das sei ihre Einbildung und gar nicht geschehen. Das erleben wir auch bei erwachsenen Opfern von Gewalt bei einer Vergewaltigung oder brutalen Entführung, wenn die Täter ihr Handeln bagatellisieren. Wir erleben es ebenfalls bei Menschen, die in Diktaturen durch Folter, Diskriminierung oder die Tötung von Angehörigen tiefes Leid erfahren, das von den Tätern als unvermeidlich oder sogar richtig bewertet wird. Angesichts solcher Schicksale werden die meisten Menschen sehr parteilich und betreten in bester Absicht den Schuldzusammenhang des leidenden »Opfers«, um dort als

»Richter« für Ordnung und Gerechtigkeit zu sorgen. Leider ist das nur begrenzt wirksam. (Schuldvorwürfe gegen sich selbst sind in diesen Fällen Instrumentelle Schuldzuweisungen der Opfer von Gewalt, um sich selbst zu ermächtigen und so der erlebten, unerträglichen Ohnmacht zu entkommen, vgl. S. 73).

Die Richterposition in einem subjektiven Schuldzusammenhang kann und muss jeder Mensch selbst einnehmen! Das Betreten des Schuldzusammenhangs birgt auch die Gefahr, in den Strudel der Vagabundierenden Schuldzuweisungen eines anderen Menschen zu geraten und dort von der erwünschten Rolle des Richters schnell in andere Rollen gedrängt zu werden. Gleichzeitig löst das Mitspielen im Schuldzusammenhang der KlientIn automatisch das Errichten eigener Schuldzusammenhänge aus, die ebenfalls anfällig für Rollenwechsel sind. Beides ist für die vertrauensvolle Beziehung zwischen KlientIn und TherapeutIn eine große Herausforderung und sollte mit großer Vorsicht behandelt werden! Das »Abstand halten« ist in diesem Zusammenhang besonders wichtig (vgl. S. 98)!

Die Richterrolle, mit der wir gern die Selbstzweifel von KlientInnen aus dem Weg räumen würden, steht uns nicht offen. Die Rolle des Zeugen oder der Sachverständigen können wir aber manchmal einnehmen, um KlientInnen in der Annahme der eigenen Bewertung des Geschehens zu stärken.

Schuldannahme und Schuldbestätigung

Eine Schuldannahme des »Täters« ist also für viele Menschen, die sich als »Opfer« sehen, die Voraussetzung für ein Verzeihen. Wenn der Täter selbst diese Schuldannahme nicht leisten kann oder will, müssen andere Menschen den subjektiven Schuldzusammenhang des Opfers bestätigen. Für die »Opfer« ist das Bestätigtwerden in ihrer Sicht auf die Dinge notwendig, um einen Schritt weiter zu gehen. »Endlich glaubt mir jemand!«, sagen sie dann. Erst wenn ein anderer Mensch ihre Sicht auf die Dinge bestätigt, kann die Vagabundierende Schuld zur Ruhe kommen. Das ist der erste Schritt zur Lösung aus dem Schuldzusammenhang und damit zum Verzicht auf Ausgleichshandlungen.

Trauernde erleben das z. B., wenn sie ärztliche Kunstfehler für den Tod des Angehörigen verantwortlich machen. Manche von ihnen führen jahrlange juristische Auseinandersetzungen und verzweifeln daran, dass die Beschuldigten nichts zugeben. Eine teilweise Befriedigung finden sie dann, wenn trotzdem ein juristisches Schuldurteil gesprochen wird, also eine akzeptierte Instanz ihre Anschuldigungen als rechtmäßig bewertet. Den gleichen Effekt haben journalistische Enthüllungen, wenn eine andere akzeptierte Instanz wie ein Fernsehsender oder ein Nachrichtenmagazin ihre Sicht der Dinge bestätigt. Im kleineren Rahmen erleben das viele Trauernde in Trauergruppen, wenn die schlechten Erfahrungen mit Institutionen wie Krankenkassen, Kliniken, Versicherungen oder Ermittlungsbehörden ausgetauscht werden und eine Bestätigung der eigenen Erfahrungen stattfindet. Damit kommen die Vagabundierenden Schuldzuweisungen in alle Richtungen zur Ruhe, die Trauernden hören auf, an ihrem eigenen Verstand zu zweifeln. Sie beginnen sich selbst wieder zu glauben.

Die Voraussetzung für Verzeihung ist immer, auch aus Sicht der Opferposition, ein klar definierter Tatbestand mit einer eindeutigen Rollenverteilung. Verzeihung wird überhaupt erst möglich, wenn der Mensch auf der Opferposition sicher ist, was es zu verzeihen gäbe und dass er wirklich in der Position ist, zu verzeihen – das kann nämlich nur das »Opfer«.

Ein Stillstand im vagabundierenden Schuldkarussell ist bereits ein erster Schritt zum Verlassen des Schuldzusammenhangs, darauf aufbauend kann es zu einem Verzeihen kommen – oder auch nicht. Überall da, wo der hergestellte Schuldzusammenhang auch eine instrumentelle Funktion hat, ist das Verzeihen eine nicht lösbare Aufgabe. Verzeihen würde bedeuten, den Erklärungszusammenhang und das Autonomiegefühl aufzugeben oder die letzte Bindung zu zerstören. Solange diese Funktionen des Schuldzusammenhangs überwiegen, ist das Indirekte Arbeiten an den zugrunde liegenden Bedürfnissen vorrangig. Verzeihung kann erst zum Thema werden, wenn die Lösung aus dem Bindungs- und Erklärungszusammenhang »Schuld« aushaltbar geworden ist.

Verzeihen löst unerwünschte Verbundenheit mit dem Täter

Es gibt keine Pflicht des Menschen in der Opferposition, zu verzeihen. Für Menschen, die tiefes Leid erfahren haben, ist der

Wunsch nach Rache und Strafe für den Täter oft genauso lange lebendig wie die Auswirkungen seiner Tat. Sie gewinnen eine gewisse Befriedigung, wenn der Täter auch leidet an Gefängnisstrafen, Geldbußen oder sogar dem eigenen Tod.

Warum ist Verzeihung auch für Menschen auf der Opferposition interessant?

Dafür müssen wir uns an die »Nebenwirkungen« von Schuldzusammenhängen erinnern. Was Schuldzusammenhänge immer tun, ist: Sie stellen enge Beziehungen her. Ein Schuldzusammenhang bindet Opfer und Täter aneinander, solange er aufrechterhalten wird. Für die »Klebkraft« des Schuldzusammenhangs ist es unwichtig, ob er von den Menschen, die darin vorkommen, geteilt wird. So bleibt der Mensch auf der »Opferposition« stets intensiv mit dem Menschen beschäftigt, den er in der Täterrolle sieht. Dieser Mensch wird sich aber nicht einmal an den erinnern, der aus dessen Sicht »sein Opfer« ist, solange er keinen eigenen Schuldzusammenhang herstellt. Das Opfer bleibt durch den Schuldzusammenhang an den Täter gebunden, es muss an ihn denken, ihn verfluchen, seine Bestrafung wünschen. Das sind Gefühle und Gedanken, die für lebendige und beglückende Beziehungen nicht mehr zur Verfügung stehen. In diesem Sinn kann das Auflösen eines Schuldzusammenhangs für Menschen in der »Opferposition« eine große Befreiung sein.

Aus diesem Grund favorisieren viele therapeutische und philosophische Schulen und die christliche Theologie das Verzeihen, wenn es um den Umgang mit Schuldfragen geht. Ich stimme ihnen allen zu, dass es eine wunderbare und befreiende Erfahrung sein kann, von einem Schuldzusammenhang abzulassen, der an einen verletzenden und zerstörerischen Menschen bindet. Aber für die meisten Menschen ist es ein langer Weg bis dorthin, und für manche ist dieser Weg nicht gangbar. Für viele andere ist Verzeihen gar nicht das richtige Angebot, weil sie mit ihren Schuldzusammenhängen wichtige Fragen aus ihrem Lebens- und Trauerprozess beantworten. Deshalb bin ich der Meinung, dass Verzeihen/Vergebung eine Möglichkeit ist, aber keine Pflicht! In Vorträgen sage ich dazu plakativ: »Vergebung muss nicht sein!« und höre jedes Mal unmittelbar erleichtertes Aufatmen und verblüfftes Lachen.

Verzeihung über den Tod hinaus

In Trauerprozessen ist eine der beteiligten Personen an einer Vergebung häufig der oder die Verstorbene. Die Hinterbliebenen geben sich die Schuld an den Todesumständen oder dem Tod selbst. Darüber hinaus sprechen sie sich schuldig an missglückten Lebensentwürfen miteinander, an Streit, Rücksichtslosigkeit und Ungeduld. Dieselben Dinge werfen sie den Verstorbenen vor. Viel Schuld wird den Verstorbenen auch an den Schwierigkeiten im Weiterleben gegeben, das geschieht eher in unterschwelliger Verbitterung und Groll gegenüber den Toten als in offen geäußerten Vorwürfen. Selten geht es in diesen Vorwürfen um Gewalt und Missbrauch, die einer dem anderen angetan hat, aber auch das kommt vor.

Wenn der Wunsch nach Vergebung sich auf verstorbene Menschen bezieht, gibt es stets eine Seite, die sich nicht mehr eindeutig zu den Vorwürfen äußern kann. Verstorbene können weder ihre Täterschaft annehmen noch als Opfer eine Bitte um Entschuldigung mit einer Geste der Vergebung beantworten. Die trauernden Hinterbliebenen müssen ihre Auseinandersetzung mit den zugeschriebenen Normbrüchen in erster Linie mit sich allein ausmachen. Da das sehr unbefriedigend ist, suchen Trauernde verschiedene Wege, die authentische Meinung der Verstorbenen in Erfahrung zu bringen.

Ich erinnere mich an einen jungen Mann, der 600 km von seiner schwerkranken Mutter entfernt lebte. Er bemühte sich, jedes Wochenende bei ihr zu sein, doch als seine Frau an einem schweren Infekt erkrankte, entschied er sich, das gemeinsame Baby zu versorgen, statt wie üblich zu seiner Mutter zu reisen. Ausgerechnet an diesem Wochenende starb sie. Der junge Mann machte sich große Vorwürfe, dass er seine Mutter allein gelassen hatte. Einige Monate nach dem Tod seiner Mutter traf er ihre Nachbarin, die ihm erzählte, seine Mutter sei so stolz auf ihn gewesen und habe über seine Besuche gesagt: »Der Junge tut, was er kann, manchmal ist mir das sogar ein bisschen viel, wenn er jedes Wochenende hier ist, ein Anruf tut es doch auch.« Dafür erfuhr der junge Mann eine große Entlastung, denn seine Mutter hat dieser Aussage zufolge gar nicht von ihm erwartet, jedes Wochenende bei ihr zu sein. In dieser Sicht auf die Dinge hatte er keine Norm gebrochen – das Thema Schuld verlor folgerichtig seine Bedeutung für ihn.

Andere Trauernde suchen in den Tagebüchern und Briefen der Verstorbenen nach schriftlichen Hinweisen darauf, ob diese ihnen Schuld zugewiesen haben oder nicht.

Wieder andere suchen Hilfe bei Menschen, die (angeblich) Kontakt zu Verstorbenen aufnehmen können, um eine Entlastung von ihrer »Schuld« zu bekommen. All diese Methoden scheitern in der Regel daran, dass Menschen, die so intensiv an Schuldzuweisungen durch die Verstorbenen glauben, damit ihr Bedürfnis nach Verbundenheit und Ermächtigung stillen – diese Instrumentellen Beschuldigungen sind dem Verzeihen jedoch nicht zugänglich!

Wenn Hinterbliebene sich als Täter am Verstorbenen sehen, gilt dasselbe wie für Verzeihensprozesse gegenüber lebenden Menschen – zunächst muss der Tatbestand geklärt werden, um den es gehen soll. Der Wunsch, ein Verstorbener möge verzeihen, dass die Trauernde »eine so schlechte Ehefrau« oder »schuld an deinem Tod« war, ist einfach deshalb unerfüllbar, weil diese Tatbestände so nicht existieren. Zunächst muss – wie sonst auch – geklärt werden, um welches Verhalten es gehen soll, es braucht eine Handlung, einen Ort, eine Zeit oder einen Zeitraum und eine Regel, gegen die verstoßen wurde. Oft klären sich dabei die Vorwürfe gegen sich selbst oder auch gegen den Verstorbenen, und es wird sichtbar, dass viele Vorwürfe sich auf Zeiten lang vor dem Sterben beziehen. Einige Beispiele: Eine Witwe gesteht sich ein, dass sie ihren Mann aus Sicherheitsdenken oder dem Wunsch, von zu Hause wegzukommen, geheiratet hat. Einer Mutter wird deutlich, dass sie die Schwangerschaft mit ihrem Kind als Druckmittel gegen ihren Mann benutzt hat. Ein Vater bemerkt, dass er seinen Sohn nach dessen Schulabschluss zur Verwirklichung der aufgegebenen eigenen Lebenspläne drängte. Diese Einsichten sind in zwei Richtungen für das Verzeihen offen – in Richtung auf den Verstorbenen und in Richtung auf den Trauernden selbst. In Richtung auf den Verstorbenen können Hinterbliebene in der Regel nur phantasieren, ob die/der Verstorbene ihnen über den Tod hinaus grollt und wie ein rachsüchtiger Geist um sie herum schwebt. Therapeutische Methoden, die mit Aufstellungen oder dem »Leeren Stuhl« arbeiten, ebenso Rollenspiele, in denen die/der Trauernde selbst in die Rolle der/des Verstorbenen schlüpft, können den inneren Überzeugungen authentischen Ausdruck verleihen. Diese Methoden erfordern eine fundierte Ausbildung! Wer die nicht hat, kann sich mit Fragen behelfen, z. B.: »Spüren Sie XY als Racheengel um sich rum?« oder: »Was würde XY zu Ihren Vorwürfen gegen sich selbst sagen?« Trauernde antworten in der Regel: »XY würde sagen – du spinnst doch, lass das endlich.«

Die wichtigere Frage ist die nach der Fähigkeit, sich selbst zu verzeihen. Dazu ist eine Veränderung von verinnerlichten Normen erforderlich, die grundsätzliche Perfektion und in Beziehungen aufopfernde Selbstlosigkeit fordern. Die Veränderung solcher Normen bzw. das Eingeständnis, ihnen nicht genügen zu können, ohne sich permanent dafür bestrafen zu müssen, ist ein langwieriger Prozess. Hinterbliebene, die zu dieser Form von Aussöhnung mit sich selbst fähig sind, glauben auch an die Bereitschaft der Verstorbenen, ihnen zu verzeihen.

Ebenfalls nicht einfach ist der Umgang mit Vorwürfen gegen die Verstorbenen, da sie nicht mehr zu den Vorwürfen Stellung nehmen können. Das Anerkennen des Schuldzusammenhangs muss dann von lebenden Personen übernommen werden. Das sind bestenfalls lebende Angehörige und Freunde, die z. B. Gewalt oder Vernachlässigung durch den Verstorbenen in der Beziehung bestätigen. Alternativ sind Beratende oder Mitglieder der Trauer- oder Selbsthilfegruppe diejenigen, die den Normbruch bezeugen. Auch die oben bereits aufgezählten therapeutischen Methoden können den Dialog mit den beschuldigten Verstorbenen abbilden. Trotz aller methodischen Kunstgriffe ist das Verzeihen über den Tod hinaus oft noch schwieriger als das Verzeihen den Lebenden gegenüber.

Versöhnung

Es gehört zu den vorgefassten Urteilen über Schuldfragen, dass Verzeihen und Versöhnen eigentlich dasselbe seien. Dieser Meinung bin ich nicht.

Vergeben oder Verzeihen bedeutet – einen Schuldzusammenhang auflösen. Damit wird auch die bisher eindeutig definierte Beziehung zwischen den Menschen auf der Opfer- und der Täterposition aufgegeben. Das ist nicht identisch mit dem, was wir »Versöhnung« nennen. Zwei Menschen sind versöhnt, wenn sie eine neue Beziehungsebene miteinander finden und weiter etwas miteinander zu tun haben. Das muss jedoch nicht geschehen. Verzeihung löst zunächst eine intensive schmerzhafte Beziehung auf. Ob dann eine neue Beziehungsebene gefunden oder z. B. in einer Partnerschaft eine alte Beziehungsqualität wieder entdeckt werden kann, ist eine neue Frage.

Wenn der Mensch auf der Opferposition dem Menschen auf der Täterposition verzeiht, kann das im klärenden Gespräch miteinander sein, häufig geschieht das aber mit sich allein. Die Gedanken und Gefühle in Richtung auf den Beschuldigten beruhigen sich, er ist plötzlich nicht mehr so wichtig, er rückt weg aus dem Mittelpunkt der eigenen Aufmerksamkeit. Dieses »Nicht mehr dran denken« ist oft das Merkmal, an dem Menschen spüren, dass sie verziehen haben. Verzeihung löst Bindungen und Erklärungszusammenhänge – zunächst entsteht eine innere Leere. Da, wo die vielen schweren Gedanken und die Rachsucht viel Raum einnahmen, ist plötzlich nichts mehr. Eine Möglichkeit, diesen leeren Raum zu füllen, ist das Knüpfen einer neuen und positiven Bindung zu dem Menschen, der bisher auf der »Täterposition« verortet wurde. Wenn diese positive Bindung gar nicht ganz neu ist, sondern an gute gemeinsame Erfahrungen in der Vergangenheit anknüpft, nennen wir das Versöhnung.

Ehepaare wünschen sich solch eine Versöhnung, wenn sie einander verziehen haben. Selbst wenn sie nicht als Paar beieinander bleiben können, möchten sie doch ein »versöhntes« Verhältnis zueinander, das freundschaftliche Begegnungen ermöglicht.

Eltern wünschen sich solch eine Aussöhnung mit ihren erwachsenen Kindern, Erwachsene wünschen sich das mit ihren alternden Eltern.

Die meisten Angehörigen von Sterbenden und auch die meisten Trauernden wünschen sich sowohl die lösende Vergebung als auch die neuerlich verbindende Versöhnung. Diese neue Bindung muss aber erst wachsen und erfordert Anstrengung von beiden Seiten! Verzeihung reicht nicht aus zum Aufbau einer neuen, vorwurfs- und schuldfreien Beziehung, sie ist nur die Voraussetzung dafür!

»Vergib uns unsere Schuld« – göttliche Vergebung

Manche Menschen glauben an einen Gott, der straft und rächt. Sie fürchten das Fegefeuer und die ewige Verdammnis. Andere Menschen glauben an einen gnädigen Gott, der jede Untat verzeihen kann. Für Trauernde (und Sterbende) ist das keine interessante theologische Frage, sondern ein existenzielles Ringen mit Auswirkungen auf ihre Lebensqualität. Da wir nicht mit Gewissheit sagen können, welche Meinung Gott dazu hat, sind wir wie so oft auf unsere subjektiven Deutungen angewiesen. Für mich gilt ein Satz, der in vielen Begräbnisansprachen vorkommt: »Niemand fällt tiefer als in Gottes Hand.« Für Menschen, die sich selbst intensiv Schuld zuweisen, ist es der Beginn einer Aussöhnung mit sich selbst, wenn sie an eine höhere Macht glauben, die sie ohne Aburteilung annehmen kann. Das Zusprechen einer solchen Überzeugung kann durch jeden Menschen geschehen, der diese Überzeugung hat. Tatsächlich sind wir in der Beratung, in der Krisenintervention und Notfallseelsorge VertreterInnen dieser annehmenden Einstellung zu Menschen. Wenn es uns gelingt, einen »Raum ohne Strafe« und Abwertung zu schaffen, können Hinterbliebene mit etwas mehr Gewissheit darauf hoffen, dass dieser Raum des Angenommenseins auch über den unmittelbaren Kontakt mit uns hinausgeht.

Über diese Verkörperung hinaus kann ein seelsorgerliches Gespräch und Ritual notwendig sein. Dazu müssen die entsprechenden Geistlichen hinzugezogen werden.

Sich selbst verzeihen

Wenn der Schuldvorwurf gegen das eigene Handeln gerichtet ist, sind Opfer, Täter und Richter ein und dieselbe Person. Trauernde, die sich selbst anklagen, zu wenig oder das Falsche getan zu haben, brauchen die Verzeihung von sich selbst. Doch sich selbst zu verzeihen ist das schwierigste Verzeihen, das ich kenne. Es bedeutet das Außerkraftsetzen von internalisierten Regeln, die Perfektion und Selbstaufgabe um jeden Preis fordern. Solche Regeln sind aber so tief verinnerlicht, dass sie nur langsam und meist nur in Teilstücken abgelegt werden können.

Sich selbst verzeihen heißt – ertragen und sogar befürworten, nicht alles richtig machen zu können. Es bedeutet ein Eingeständnis der eigenen Beschränktheit in Vergangenheit, Gegenwart und Zukunft. Denn sich selbst zu verzeihen bringt ein Aufgeben des Perfektionsanspruchs mit sich. Damit wird die Hoffnung, irgendwann einmal allen Anforderungen ohne Einschränkung gerecht werden zu können, aufgegeben. Das ist für die meisten von uns, die wir viele hochgesteckte Ansprüche an uns haben, eine Utopie.

Sich selbst verzeihen heißt – auch das hinzunehmen, eben nicht perfekt, unperfekt zu werden.

In meinem ersten Seminar mit Trauernden zum Thema Schuld bat ich die TeilnehmerInnen am letzten Tag, ein Symbol mitzubringen für das, was ihrer Meinung nach das Gegenteil von »Schuldigsein« ist. Solche Aufgaben werden in der Regel sehr individuell gelöst, selten kommt innerhalb einer Gruppe ein Symbol zweimal vor. Deshalb war ich verblüfft, dass gleich drei Teilnehmerinnen dasselbe Symbol mitbrachten: einen Spiegel. Alle drei erklärten sie, das Gegenteil von »Schuldigsein« sei für sie, sich selbst ins Gesicht sehen zu können.

Aus meiner eigenen Geschichte kenne ich eine ähnliche Situation. Nachdem ich jemanden sehr ernsthaft um Verzeihung gebeten hatte, diese Verzeihung aber nur eingeschränkt gewährt worden war, fuhr ich mit dem Auto nach Hause. Auch wenn mein Gegenüber mir (noch) nicht alles verziehen hatte, was ich getan hatte, fühlte ich mich mit mir selbst im Reinen. Ich konnte endlich selbst ertragen, was ich getan hatte, ohne mich weiter mit Scham und Selbstbestrafung zu quälen. Beim Blick in den Rückspiegel sah ich mich selbst und war erstaunt über meine Reaktion auf mein Spiegelbild – »Das bin ich«, dachte ich. »Jetzt weiß ich, wozu ich fähig bin, im Guten wie im Schlechten. Und das alles bin ICH.«

Verzeihung vorbereiten

Was ist es nun, das Verzeihen? Wie macht man das und woran merkt man, dass es geklappt hat?

Beim Nachdenken darüber fand ich erstaunliche Parallelen zwischen dem Prozess des Verzeihens und dem des Trauerns. Zunächst einmal sind beide tatsächlich Prozesse, die Zeit in Anspruch nehmen und viele gegensätzliche Facetten haben.

Eindeutigkeit steht am Anfang. Es braucht eine Klarheit über das, was es zu verzeihen gibt. Wenn wir mit Worden von der »Wirklichkeit des Verlusts« am Beginn von Trauerprozessen sprechen, so könnten wir hier analog von der »Klarheit des Schuldvorwurfs« sprechen. Ohne eine klare Definition des Verlusts kann kein Trauerprozess beginnen, ohne eine klare Definition des Schuldvorwurfs kann kein Verzeihensprozess in Gang kommen. Um diese Klarheit zu erlangen, sind die Arbeitsmethoden der Realitätsprüfung (S. 158f.) und Deutung (S. 159ff.) hilfreich. Auch die Arbeit mit Normen kann dazukommen. Für die meisten Menschen steht das Indirekte Arbeiten an Beziehungsaspekten, Machtfragen und Erklärungsmodellen immer wieder im Mittelpunkt. Sobald der betreffende Mensch für einen dieser Punkte neue Lösungsmöglichkeiten gefunden hat, ändern sich die Schuldvorwürfe entweder inhaltlich oder in ihrer Gewichtung für den Menschen.

Erst wenn ein Tatbestand klar definiert ist und der Schuldzusammenhang keine anderen Funktionen mehr hat für den Menschen, der ihn herstellt, erst dann wird Vergebung eine Option.

In dieser Zeit der Klärung durchlaufen Menschen eine Vielzahl von Gefühlen – auch dies analog zum Trauerprozess. Die meisten dieser Gefühle und Gemütszustände werden als unangenehm und unerwünscht erlebt. Es sind die Gefühle, die im Zusammenhang mit dem stehen, was wir uns selbst oder anderen vorwerfen, sie umfassen Zorn, Ekel, Rachsucht, Mordgelüste, Verzweiflung, Ohnmacht, Schmerz, Ratlosigkeit und Leere. Im fortschreitenden Prozess gibt es aber auch positiv bewertete Empfindungen von neuem Lebensmut, Kreativität und Selbstbewusstsein.

All diese Gefühle und Zustände müssen gefühlt und ausgedrückt werden – es gibt meiner Erfahrung nach kaum innere Vergebung ohne vorherigen Schmerz und Zorn. Zum Ausdruck von Gefühlen im Beschuldigungs- und Verzeihensprozess kann alles verwendet werden, was allgemein zum Ausdruck genutzt wird: Reden, Schreiben, Malen, Werken, Singen, Tanzen, Rituale, Gebet und Meditation und anderes.

Im Verlauf dieser Gefühlsäußerungen wird sich die Einstellung zum definierten Tatbestand ändern, eine erneute Deutungsrunde wird einsetzen. Auch das kennen wir von Trauerprozessen, sie sind nicht gradlinig in klar voneinander abgegrenzten Stadien, sondern kehren immer wieder zu einzelnen Themen und Entwicklungsaufgaben zurück, die sich jedes Mal ein Stück weiter verändern.

Irgendwann stellen sich neue Gefühle ein, manchmal nur für Momente – Respekt und Mitgefühl. Beide gelten unerwartet sowohl für die Person auf der Opferposition wie für die Person auf der Täterposition. Meine Erfahrung ist, dass mit dem Ausleben der negativen Gefühle die beste Basis für eine gelassene und schließlich verzeihende Einstellung geschaffen wird. Wenn die abwertenden und zerstörerischen Impulse langsam schwächer werden, kann mit Visualisierungen, Briefen, Ritualen das neue Bewusstsein von Respekt und Mitgefühl verstärkt werden. Mein Eindruck ist, dass es den Trauernden oft selbst gelingt, dafür intensive Ausdrucksformen und auch rituelle Gestaltungen zu finden, und wir gefordert sind, uns auf eine ermutigende und bezeugende Rolle zu beschränken.

8. Die Fragen nach Schuld bei Suizidtrauernden

Instrumentelle Schuldzuweisungen

Suizid ist eine relativ seltene Todesursache bei Erwachsenen. Bei Menschen, die älter als 25 sind, macht sie ca. 1,2 % der Todesfälle aus. Die meisten der rund 10.000 Suizide, die in Deutschland jedes Jahr gezählt werden, bleiben rätselhaft und für die Angehörigen und FreundInnen der Gestorbenen nur ansatzweise verständlich. Überall da, wo Erklärungszusammenhänge fehlen, liegt es nahe, Instrumentelle Schuldvorwürfe zur Herstellung von nachvollziehbaren Zusammenhängen und Erklärungen für das Unerklärliche zu formulieren. Deshalb beschäftige ich mich im ersten Teil dieses Kapitels mit den möglichen Instrumentellen Schuldzuweisungen zur Herstellung von Erklärungszusammenhängen (S. 65). Viele der geschilderten Zusammenhänge gelten auch für andere Todesursachen, bei plötzlichem Tod durch Unfall, Infarkt oder Gehirnblutung; und bei tabuisierten Todesursachen wie einem Sterben durch Mord oder in einem Terroranschlag. Bei all diesen Todesursachen stellen Angehörige sich und anderen die Frage nach dem »Warum?« und beantworten sie häufig mit Schuldzusammenhängen. Diese Instrumentellen Schuldzuweisungen können der Minderung erlebter Ohnmacht und der Herstellung von Bindungen über den Tod hinaus dienen. Erst wenn die existenziellen Nöte und Bedürfnisse, die den Instrumentellen Schuldzuweisungen zugrunde liegen, anders befriedigt werden können, beginnt die Arbeit an den verbleibenden Normativen Schuldzuweisungen, auf die ich am Ende dieses Kapitel eingehe. In der Suizidtrauer finden sich meist mehrere, wenn nicht alle Formen von Instrumentellen und Normativen Schuldzuweisungen (S. 53ff.). Das erfordert

Geduld und langen Atem bei den Trauernden ebenso wie bei den Beratenden. Deshalb ist die Stabilisierung durch Arbeit mit Ressourcen zu Beginn und im gesamten Ablauf einer Beratung mit Suizidtrauernden von großer Bedeutung (S 107ff.)!

Schuld als Antwort auf das »Warum?«

Knapp ein Zehntel der Suizide wird von jungen Menschen begangen, die zwischen elf und 24 Jahre alt sind – ihre selbst verursachten Tode hinterlassen besonders viel Ratlosigkeit. Die Suizidforschung hat bis heute kein schlüssiges Modell vorlegen können, das erklärt, warum bei einem geringen Prozentsatz von Menschen der Selbsterhaltungstrieb versagt und sie in der Lage sind, ihren Tod selbst herbeizuführen. Als sicher gilt, dass Selbsttötungen in jeder bekannten Zeit, Kultur und Gesellschaftsform vorkommen. Selbsttötung ist offensichtlich eine menschliche Handlungsmöglichkeit, aber eine Ausnahme von der Regel unseres menschlichen Überlebenswillens, der sich bei 99 % der Menschen in fast allen Situationen durchsetzt. Diese Ausnahme verstört, weil der Überlebenswille eine wichtige Konstante und Grundbedingung menschlichen Lebens und vor allem auch menschlichen Zusammenlebens ist. Jeder einzelne Suizid widerspricht dem als selbstverständlich vorausgesetzten unbedingten Lebenswillen, der als allgemeingültiges Naturgesetz angesehen wird. Selbsttötungen haben etwas zutiefst Verstörendes, weil sie so etwas wie ein generelles »Lebensgesetz« zu verletzen scheinen. Interessanterweise reagieren Angehörige von Menschen, die sich selbst getötet haben, anders auf diese existenzielle Verstörung als andere, die dem verstorbenen Menschen nicht nahgestanden haben. Die direkten Angehörigen und FreundInnen eines Menschen, der sich selbst getötet hat, reagieren auf die *grundsätzliche* Frage: »Wie kann es überhaupt zu Suiziden kommen?« nicht mit Schuldzusammenhängen, sondern mit Angst und Verunsicherung. Der totale Bruch mit einer bedeutenden Selbstverständlichkeit ihres Lebens führt zu der Befürchtung, dass alle bisherigen Gewissheiten in Wirklichkeit nicht existieren. Das gilt für Gewissheiten über sich selbst ebenso wie für selbstverständliche Grundannahmen über die Welt und andere Menschen.

Diese Verunsicherung empfinden auch Außenstehende als Reaktion auf einen Suizid – die daraus entstehenden Verunsicherungen lösen sie aber häufig mit der Herstellung von Schuldzusammenhängen. Diese erklärenden Schuldzusammenhänge geben stets anderen die Schuld, z. B. der Gesellschaft ganz allgemein, der Zeit und häufig den Angehörigen. Die Herstellung von scheinbar logischen Schuldzusammenhängen befriedigt das Bedürfnis nach einer nachvollziehbaren Erklärung und schafft gleichzeitig Distanz: Suizid wird innerhalb der hergestellten Erklärungszusammenhänge zu etwas, was nur anderen Menschen widerfahren kann, aber nicht innerhalb der eigenen Familie möglich ist. Die Außenstehenden entlasten sich, indem sie den ohnehin am stärksten Betroffenen Schuld zuweisen. Da Schuld nicht ohne Straf- oder Bußforderungen zugewiesen werden kann, folgen Strafen in Form von Ausgrenzung bis hin zu öffentlicher Beschuldigung. Für Suizidtrauernde ist es manchmal hilfreich, sich bewusst zu machen, aus welch großer eigener Not andere Menschen ihnen Schuld zuweisen. Diese Erkenntnis kann den Schuldzuweisenden gegenüber leider kaum kommuniziert werden, aber sie kann verhindern, dass die meist stark vorhandenen Selbstbeschuldigungen der Suizidtrauernden durch die Anschuldigungen von außen noch verstärkt werden.

Für enge Angehörige wiegt der Bruch von scheinbaren Naturgesetzlichkeiten weniger stark – vielleicht gibt es bei engen Bindungen eine höhere Toleranz für ungewohntes Verhalten. Die Frage nach dem »Warum?« ist für Suizidtrauernde weniger allgemein, im Sinne von: »Wie können Menschen so was tun?« Sie möchten vor allem ergründen: »Warum und wie hat dieser eine ganz besondere Mensch sich selbst getötet?« Schuldzuweisungen gegen sich selbst und gegen andere stellen Instrumentelle Schuldzusammenhänge her, die diese Frage beantworten sollen. Für die Arbeit mit diesen Erklärungen herstellenden Schuldvorwürfen ist es wichtig, zunächst die vorhandenen Informationslücken festzustellen. Die inneren Prozesse des Verstorbenen werden immer deren Geheimnis bleiben, dem Hinterbliebene sich mit verschiedenen Phantasien annähern, aber es gibt meist Informationen über äußere Fakten, die erst durch gezieltes Nachfragen zugänglich werden. Informationsquellen können die PolizeibeamtInnen und NotfallseelsorgerInnen bzw. Angehörige eines Kriseninterventionsteams sein, die direkt beim Verstorbenen waren. Darüber hinaus können unter bestimmten Umständen (Verwandtschaft ersten Grades und Vermittlung durch einen Rechtsanwalt) Ermittlungsakten eingesehen werden, denn diese müssen mindestens zehn Jahre aufbewahrt werden. Akten und EinsatzbeamtInnen können Auskunft über den Zustand des Leichnams und die ermittelten Todesumstände geben. Da Angehörige oft nicht einmal den genauen Todeszeitpunkt kennen, ist jede Information für sie von Bedeutung. Kognitive Sachinformationen sind notwendig, um die »Realität des Todes« begreifen zu können. Umso mehr, als eine Realisierung des Todes mit Hilfe der eigenen Sinne im Rahmen einer Abschiednahme vom Leichnam oft gar nicht oder erst mit einer Verzögerung von mehreren Tagen möglich ist. Wenn der Verstorbene selbst gefunden wurde, ist die leibliche Begegnung mit seinem Tod meist ein traumatisches Erlebnis, das die weiteren Trauerprozesse behindern kann (vgl. Traumatische Trauer, S. 92ff.).

Das Einholen von Informationen über die Zeit vor dem Suizid und über alle erfahrbaren Fakten im Zusammenhang mit der Suizidhandlung an sich wird ausführlich im Kapitel »Arbeitsansätze bei fehlenden Informationen«, S. 128, beschrieben. Wenn die erreichbaren Informationen eingeholt sind, bleiben zwangsläufig Lücken – Suizid ist in der Regel ein einsames Sterben, über dessen äußeren Ablauf selten alle Einzelheiten bekannt werden. Diese Informationslücken werden größer, wenn z. B. ein Mensch vor seinem Tod einige Tage verschwunden war oder erst Tage nach seinem Tod gefunden wurde. Schuldzusammenhänge werden oft genutzt, um diesen großen Informationsmangel auszugleichen, sie sind häufig generalisiert und unspezifisch oder wirken ausgesprochen übertrieben – wie im Kapitel »Immer, alles, nie, nichts«, S. 124f., angeführt, sind Generalisierungen und Übertreibungen ein gut erkennbares Zeichen für Instrumentelle Schuldvorwürfe. Wenn alle möglichen Informationen eingeholt sind, bleiben Schuldzuweisungen übrig, die aber in der Regel klarer umrissen sind. Für viele Hinterbliebenen beginnt dann ein oft langwieriger Prozess, in dem die vorhandenen Wissenslücken mit unterschiedlichen Phantasien gefüllt und der entstehende Gesamtzusammenhang auf verschiedene Arten gedeutet wird. Die Deutungen beziehen sich immer auch auf die Beziehung und enthalten dann konkrete Schuldvorwürfe gegen den Trauernden selbst oder gegen andere Menschen, seien es Familienangehörige oder andere. An dieser Stelle geschieht ein Wechsel zum Direkten Arbeiten, das die Normen untersucht, deren Bruch die Trauernden sich oder anderen vorwerfen (Normative Schuldvorwürfe). Direktes und Indirektes Arbeiten finden hier teilweise gleichzeitig bzw. in schnellem Wechsel statt.

Ohnmacht begrenzen durch Schuldzuschreibungen gegen sich selbst

Das aktive Einholen von Informationen kann auch als Angebot zur »Ermächtigung« der Trauernden begriffen werden. Sie können aktiv etwas tun und erreichen, und das mindert ihr Bewusstsein, dem Geschehen vollkommen ausgeliefert zu sein. Wie jeder plötzliche Tod überfällt auch ein Suizid die Angehörigen des Verstorbenen unvorbereitet. Nichts konnte im Vorfeld geklärt werden, es gab keine Chance, unterstützende Netzwerke zu aktivieren. Das Erlebnis des Ausgeliefertseins ist in diesen ungeschützten Konfrontationen mit einer Todesnachricht besonders stark.

Wenn dem Suizid eine psychische Erkrankung oder erkennbare Krise vorausging, haben die Angehörigen schon in dieser Zeit intensive Ohnmachtserfahrungen gemacht. Zu den Risikogruppen für Suizidhandlungen gehören Menschen, die an Schizophrenie oder depressiven Störungen erkrankt sind. Beide Krankheitsbilder beeinflussen das Wesen und das Kontaktverhalten der Erkrankten. Das gilt auch für die dritte Risikogruppe, Menschen mit einer langjährigen Suchterkrankung. Die Angehörigen erleben, dass ein vertrauter und geliebter Mensch sich komplett verändert und sich nicht mehr am bisherigen Leben beteiligt. Das geschieht nicht aus eigener Entscheidung des Erkrankten, sondern als Folge einer psychischen Erkrankung oder Sucht. Angehörige haben meist eine unterschiedlich lange und umfangreiche Geschichte der Beeinflussungsversuche hinter sich. Der Wunsch, dem erkrankten Angehörigen zu helfen, mischt sich dabei mit Rettungsphantasien. Die Vorstellung, dass echte »Liebe« jede Krankheit und ganz besonders psychische Störungen heilen könne, ist in unserer Gesellschaft stark verankert. Wenn Angehörige wiederholt erleben, dass ihre Liebe, ihre Appelle und ihre Unterstützung keinerlei dauerhaften Einfluss auf den Gemüts- und Geisteszustand ihrer Lieben haben, ist das bereits eine starke Ohnmachtserfahrung. Das Verhalten und Erleben angesichts von Krisen im Bereich Gesundheit, Finanzen, Arbeit und Beziehungen ist vergleichbar – auch hier erleben Angehörige sich als machtlos, wenn die Betreffenden sich immer weiter in Ängste und Sorgen hineinsteigern. Wenn die psychische Erkrankung oder die Krise schließlich in einen Suizid mündet, vertieft sich das eigene Ausgeliefertsein an die Krankheit und/oder die Verzweiflung des anderen.

Dieses Ausgeliefertsein wird verstärkt durch das Erleben der eigenen Unfähigkeit, einen geliebten Menschen am Leben zu erhalten – eine Form von Ohmacht, die Angehörige von Menschen, die an einer körperlichen Erkrankung sterben, genauso erleben! Das Besondere an einem Suizid ist aber die Beteiligung des Verstorbenen an seinem eigenen Tod. Je nach vorangegangener Erkrankung und subjektiver Deutung wird eine Einwilligung bis hin zum bewussten Entschluss dem eigenen Sterben gegenüber angenommen. Die Vorstellung, dass ein geliebter Mensch sich gegen ein Leben mit seinen Angehörigen entscheidet, oft im Bewusstsein des intensiven Leidens, das damit auf die Angehörigen zukommt, wird als extreme Zurückweisung verstanden. Suizidtrauernde fühlen sich häufig in ihrem eigenen Existenzrecht und in ihrem grundsätzlichen Lebenswert in Frage gestellt: »Wenn nicht mal meine Mutter/mein Mann für mich am Leben bleiben konnte, dann kann mich kein Mensch lieben.« Sehr schnell entsteht daraus ein Instrumenteller Schuldzusammenhang: »Dann stimmt irgendwas nicht mit mir, es muss an mir liegen, ich muss etwas falsch gemacht haben, dass das passiert ist.«

Schuldzuweisungen gegen sich selbst sind in diesen Situationen eine verzweifelte Suche nach Auswegen aus dem Ohnmachtserleben. Solche Instrumentellen Schuldvorwürfe gegen sich selbst, die Handlungsspielräume und Selbstbestimmung wiederherstellen sollen, werden durch Direktes Arbeiten eher verstärkt als gemindert. Jedes Mal, wenn diesen Trauernden die objektive Absurdität ihrer

Selbstbezichtigungen vor Augen geführt wird, erleben sie sich erneut als fehlerhaft und »falsch«, ihre Selbsteinschätzung »Mit mir stimmt etwas nicht« wird damit bestätigt. Die Grundeinstellungen des Innehaltens, Aushaltens und Abstandhaltens sind hier hilfreicher, um Trauernden respektvoll, wertschätzend und geduldig begegnen zu können (S. 98). Sie brauchen Akzeptanz und einen Raum, in dem sie sich äußern können. Sie profitieren von Wahlmöglichkeiten innerhalb der Beratung und von Ermunterung zu eigenen Entscheidungen. Jede Form von »Ermächtigung« in der Gegenwart erhöht die Chance, dass die zurückliegende Ohnmacht Stück für Stück ertragen werden kann. Erst dann können Schuldvorwürfe, die unbewusst zur Herstellung von Handlungsfähigkeit benutzt werden, Stück für Stück verschwinden. Genaueres dazu finden Sie im Kapitel »Der Mittelpunkt: Stabilisierung und Ressourcen«, S. 107ff.

In Schuld verbunden

Nach einem Suizid fällt es vielen Angehörigen sehr schwer, daran zu glauben, dass es tatsächlich Liebe und Verbundenheit zwischen ihnen und der/dem Verstorbenen gegeben hat. Sie empfinden die Selbsttötung als Zurückweisung und Abwertung ihrer Person, aber auch als Entwertung der geteilten Zeit und gelebten Beziehung. Die Sehnsucht nach Verbundenheit hört dadurch jedoch nicht auf. Das tiefe Bedürfnis nach Verbindung über den Tod hinaus und nach Bestätigung der zurückliegenden Verbundenheit kann durch Schuldzusammenhänge gestillt werden. Suizidtrauernde geben sich häufig ausdauernd die Schuld am Tod der/des anderen wie übrigens viele Trauernden nach plötzlichen Toden. Bei Suiziden werden die Selbstbezichtigungen der Hinterbliebenen durch die offenen oder latenten Schuldzuweisungen der Umwelt verstärkt. Das ist ein wesentlicher Unterschied zwischen Trauernden nach plötzlichen Toden und Suizidtrauernden. Ein zweiter wichtiger Unterschied ist der Rückblick auf die gemeinsam gelebte Zeit. Da der Suizid so stark als Abwertung und Zurückweisung interpretiert wird, kann auch das zurückliegende Glück nicht mehr als solches geglaubt werden. Positive Bindungsfaktoren scheinen im Rückblick nicht mehr wahrhaftig, es scheint den Trauernden, sie hätten sich geirrt, sie seien weder geliebt worden noch hätten sie geliebt. Nach dem Weginterpretieren aller positiven Bindungsanteile bleibt ein Vakuum, das für die meisten Trauernden nicht aushaltbar ist. Schuldzusammenhänge ermöglichen eine intensive emotionale Verbundenheit zu den Verstorbenen – auch wenn sie negativ gefärbt ist und sich ausschließlich auf unbefriedigende und verletzende Teile der Beziehung bezieht. Instrumentelle Schuldzusammenhänge, die der Herstellung von Bindung zu den Verstorbenen dienen, können am besten durch die (Wieder-)Herstellung positiver Bindungselemente gemindert werden. Wenn es gelingt, wieder »in Liebe verbunden« zu sein, verlieren die Instrumentellen Schuldzusammenhänge, die diese Bindung für eine Weile hergestellt haben, sofort an Bedeutung. Ausführliche Hinweise dazu finden Sie im Kapitel »Schuldzusammenhänge als Bindungsfaktor über den Tod hinuas«, S. 69.

Sünde Suizid – Normative Schuldzuweisungen

Die meisten Gesellschaften und Religionen formulieren ein striktes Verbot und eine starke Ächtung von Suizidhandlungen. Auch in Westeuropa ist Suizid ein Tabu. Noch vor wenigen Jahrzehnten wurden die so genannten »Selbstmörder« ebenso wie Mörder und andere schwere Verbrecher »hinter der Friedhofsmauer« und ohne seelsorgerlichen Beistand beerdigt. Ihnen wurde damit jeder Respekt verweigert und zudem nach den damals gültigen religiösen Vorstellungen eine wesentliche Voraussetzung für ein ewiges Leben verwehrt. Solche starken Tabus wirken lange weiter. Auch heute noch ist jede Selbsttötung ein Bruch von religiösen Gesetzen, die sich auf Römer 14,7–9 berufen: »Keiner von uns lebt ja sich selbst, keiner von uns stirbt sich selbst.« Der Katholische Katechismus nennt Selbsttötung eine »schwere Verfehlung gegen die rechte Eigenliebe … die Nächstenliebe und … die Liebe zum lebendigen Gott« (Katholischer Katechismus 1993, 2281). Beide Amtskirchen bestatten jedoch heute Menschen nach einem Suizid genauso wie nach jeder anderen Todesursache. Die irdische Sanktion für die »Sünde«, als die Suizid nach wie vor bezeichnet wird, ist also aufgehoben. Doch vor allem für ältere Menschen, die mit der Vorstellung von einer unnachgiebigen himmlischen Gerichtsbarkeit aufgewachsen sind, ist die ewige Verdammnis für ihre durch Suizid verstorbenen Angehörigen eine bedrückende Möglichkeit.

Juristisch betrachtet gibt es keinen Normbruch durch Suizidhandlungen – sie sind in Deutschland nicht strafbar, es existiert auch kein Tatbestand der »Beihilfe zum Suizid«. Viele Angehörige empfinden es jedoch als indirekte Bestrafung, dass ihnen die Kosten für Rettungseinsätze und Bergungsarbeit z. B. bei einem Scheinsuizid in Rechnung gestellt werden.

Die massive Irritation, die Selbsttötungen auslösen, weil sie dem Vertrauen in den unbedingten Überlebenswillen jedes Menschen widersprechen, habe ich bereits zu Beginn dieses Kapitels angesprochen.

Diese Irritationen führen bei Außenstehenden zu Instrumentellen Schuldvorwürfen gegen die Angehörigen – die sehen darin ihre eigenen Selbstvorwürfe bestärkt. Auf die instrumentelle Seite der Selbst- und Fremdbezichtigungen von Suizidtrauernden bin ich bereits eingegangen. Nun bleiben die Normativen Schuldvorwürfe, die Angehörige nach einem Suizid gegen andere, aber vor allem gegen sich selbst richten. Regelbrüche, die sie sich selbst vorwerfen, beziehen sich auf das eigene Verhalten. Die verinnerlichten Normen für Liebe und Zusammenleben sind nirgendwo schriftlich fixiert. Sie sind eine individuelle Mischung aus kollektiven Regelungen der verschiedenen Bereiche, am stärksten werden sie beeinflusst von den Regelwerken der eigenen Herkunftsfamilie (S. 58ff.). Obwohl sie den Betreffenden (also uns allen) selbst kaum bewusst sind, bilden sie die Richtschnur des individuellen Verhaltens. Diese Regeln fordern für elterliche und partnerschaftliche Liebe hellseherische Fähigkeiten, gepaart mit der Bereitschaft zur Selbstaufgabe. Die Selbstbezichtigungen von Suizidtrauernden enthalten fast immer die Beschuldigung, nichts oder zu wenig gemerkt zu haben, und münden in die Selbstanklage, nichts oder zu wenig unternommen zu haben, um den Suizid zu verhindern. Dabei unterstellen sich die Hinterbliebenen Egoismus, Desinteresse und Achtlosigkeit als Motiv. Sie zweifeln häufig massiv an ihrer Wahrnehmungsfähigkeit und stellen ebenfalls ihre grundsätzliche Beziehungsfähigkeit in Frage. Solange diese Selbstbezichtigungen einen generellen Charakter haben wie »Ich war immer eine schlechte Mutter« oder »Ich kann eben niemanden lieben«, weist das auf Instrumentelle Schuldzusammenhänge hin. Dann ist das Indirekte Arbeiten am sinnvollsten. Erst wenn abgrenzbare Handlungen und Gedanken in den Schuldvorwürfen auftauchen, kann damit direkt gearbeitet werden. KlientInnen brauchen großes Vertrauen zu den Beratenden, um einzelne Handlungen, für die sie sich schuldig fühlen und gleichzeitig schämen, auszusprechen. Ich erinnere mich an einen Mann, dessen Ehefrau sich nach fast 30 Jahren Ehe selbst getötet hatte. Sie war schon lange depressiv erkrankt und hatte mehrere Suizidversuche unter anderem dank seiner Aufmerksamkeit überlebt. Er sprach sich selbst schuldig sowohl an ihrem Tod wie am Ausbruch der Depression, weil diese Erkrankung das erste Mal auftrat, nachdem er eine Affäre mit einer anderen Frau zugegeben hatte. Es kostete ihn sehr viel Mut, mir von dieser Affäre zu erzählen, er war voller Scham, dass er sein Eheversprechen, das er sehr ernst nahm, gebrochen hatte. Während und nach seiner Erzählung blickte er mich voller Angst an und erwartete geradezu, dass ich mich von ihm abwende. Zu meiner eigenen Erleichterung fühlte ich keinerlei abwertendes Urteil in mir und konnte ihm authentisch meine bleibende Sympathie und Wertschätzung ausdrücken. Erst als ich ihn in den Arm nahm, konnte er mir das auch glauben.

Wenn Selbstoffenbarungen innerhalb einer Gruppe stattfinden, ist es von großer Bedeutung, dass die gesamte Gruppe ihren weiterbestehenden Respekt ausdrückt.

Eine Atmosphäre der Sicherheit muss gegeben sein, die KlientInnen müssen vermuten können, dass ihr Geständnis nicht mit Vorhaltungen oder Therapieabbruch bestraft wird. Absichtlich schreibe ich nicht »KlientInnen müssen Vertrauen haben«, denn das ist ihnen je nach der Schwere ihrer Selbstbezichtigung nicht möglich. Die Angst vor Verachtung und Bestrafung ist bei Selbstbezichtigungen groß. Inhalt dieser Geständnisse sind meist Dinge, die in keinem direkten zeitlichen oder sachlichen Zusammenhang mit dem Suizid stehen. Es ist wichtig, hier (trotzdem) bei den eingeübten Grundeinstellungen der Zurückhaltung und des Nicht-Richtens zu bleiben. Subjektive Schuldeingeständnisse brauchen Aufmerksamkeit und Respekt mehr als ein Abwiegeln und Kleinreden des Tatbestands. Für manche Trauernde ist das Erlebnis des Erzählens mit einem einfühlsamen, nicht abwertenden Gegenüber bereits eine große Erleichterung, die die subjektive Schuldbelastung stark mindert. Wahrscheinlich ist es die Erfahrung, mit dem Geschehenen da sein zu können, ohne darauf reduziert zu werden, die eine Form von Vergebung sich selbst gegenüber ermöglicht (vgl. »Sich selbst verzeihen«, S. 189f.).

Für andere ist jede Selbstoffenbarung der Beginn eines neuen Deutungsprozesses, in dem die Tatbestände und die Normen, nach denen sie bis dato verurteilt wurden, überprüft werden. Ausführliche Informationen zu der Arbeitsweise finden Sie im Kapitel »Direktes Arbeiten«, S. 151ff.

9. Schuldzuweisungen in der palliativen und hospizlichen Arbeit

Schuldzuweisungen gehören zum palliativen Alltag. Sie können sich gegen alle Beteiligten richten und ebenso von allen Beteiligten ausgesprochen werden: von Angehörigen, Erkrankten und Pflegenden. Als vagabundierende Schuldzuweisungen richten sie sich meist gegen mehrere Beteiligte zugleich oder in schnell wechselnden Zyklen gegen ständig neue Personen. Unabhängig davon, ob Schuldzuweisungen Normativ oder Instrumentell sind, stets untergraben sie den achtsamen Umgang miteinander, denn zwischen »Opfern« und »Tätern« gibt es weder Mitgefühl noch Respekt. Die Mehrzahl dieser Vorwürfe hat instrumentellen Charakter, sie beziehen sich nur an der Oberfläche auf den Bruch einer Norm, eines Gesetzes oder eines inneren Anspruchs. Darunter dienen sie als Mittel zum Zweck, das heißt, sie sind ein meist unbewusst eingesetztes Instrument zur momentanen oder langfristigen Situationsbewältigung. Vor allem für die Angehörigen, aber auch für die Erkrankten und die Pflegenden sind Schuldzuweisungen eine Möglichkeit, existenzielle Nöte im Umgang mit Krankheit und Sterben zu bewältigen (S. 64). Besonders belastend für die Pflegenden sind Schuldzuweisungen der Angehörigen und der Erkrankten gegen ihr professionelles Tun, z. B.: »Sie haben meinen Mann nicht richtig behandelt, deshalb ist er gestorben!« Die große Angst vor arbeitsrechtlichen und juristischen Konsequenzen führt dazu, dass der instrumentelle Charakter dieser Beschuldigungen oft nicht verstanden wird. Dieses große Missverständnis führt zu vielen Stress-Situationen zwischen Pflegenden und Angehörigen. Auf diese Instrumentellen Schuldvorwürfe und die Möglichkeiten, sie durch kleine Angebote aus dem Indirekten Arbeiten zu entschärfen, gehe ich weiter unten ein. Zunächst einige Hinweise für den kräfteschonenden Umgang mit Vorwürfen, die sich zumindest vordergründig auf den angenommenen

Bruch von Normen – das können juristische, arbeitsrechtliche und ethische Normen sein – beziehen.

Angesichts von Beschwerden und Anklagen durch Angehörige und PatientInnen sind folgende Verhaltensweisen der Pflegenden entlastend für alle Beteiligten:

- Angstfrei zuhören, es ist sehr wahrscheinlich, dass die Beschuldigungen zur subjektiven Entlastung geäußert werden und keine arbeitsrechtlichen Konsequenzen haben werden.
- Sich daran erinnern, dass PatientInnen und ihre Angehörigen das Recht haben, kritische Fragen zu stellen, Zweifel zu äußern und vermutete Missstände zu benennen.
- Die Vorwürfe selbstkritisch überprüfen, jede Station kann sich noch verbessern, Fehler sind menschlich und normal.
- Auf die vorhandenen Schiedsmöglichkeiten hinweisen, z. B. Gespräche mit den Vorgesetzten oder einer Schiedsstelle.
- Informationen geben, die für die Bewertung einer Situation notwendig sind. Das können medizinische oder rechtliche Informationen sein, die den Betroffenen helfen, die Situation, in der sie sich falsch behandelt fühlen, anders einzuschätzen.
- Vorwürfe, die sich auf juristische Normen beziehen, von denen trennen, die sich auf moralische Normen berufen, dazu gehört vor allem der Anspruch auf Perfektion. Pflegende können nicht übermenschlich sein, auch wenn sie sich das selbst wünschen.
- Unterstützung im Team suchen durch Einbeziehung von Vorgesetzten oder Moderatoren in Gesprächen über Vorwürfe.
- Selbstzweifel und Zweifel an der eigenen Station bzw. bestimmten KollegInnen von den Vorwürfen der PatientInnen oder Angehörigen trennen. Eigene Vorwürfe gehören in eine Teambesprechung oder Supervisionssitzung, nicht in das Gespräch mit einem aufgebrachten Angehörigen.

Moral und Gewissen

Die Auseinandersetzung mit den eigenen moralischen Ansprüchen ist eine wichtige Voraussetzung für den vorurteilsfreien Umgang mit den Schuldvorwürfen, die im palliativen Kontext erhoben werden. Was Person A für den »richtigen« oder »anständigen« Umgang mit Krankheit und Leid hält, muss für Person B nicht gelten. Pflegende brauchen klare eigene Wertmaßstäbe für ihr berufliches Handeln, sie können diese aber nicht für allgemeingültig erklären. Sterben, Begleiten und Trauern sind Ausnahmesituationen vor allem für die PatientInnen und Angehörigen; in diesen Extremsituationen greifen sie auf ihre eigenen moralischen Wertmaßstäbe zurück und sind nur selten in der Lage, diese inmitten ihrer existenziellen Krise zu verändern.

Hilfreich kann sein:

- Den Unterschied zwischen eigenen und fremden Wertvorstellungen wahrnehmen und aufrechterhalten.
- Wertfrei zuhören – Scham und Schuld gehören eng zusammen. Wer sich selbst oder auch enge Angehörige einer moralischen Verfehlung beschuldigt, schämt sich dafür und fürchtet, verachtet zu werden. Ein Zuhörer, der sich nicht abwendet, ist für viele bereits eine Entlastung.
- Informationen anbieten, die für die Norm bedeutsam sind. Das geschieht häufig, wenn es darum geht, ob ein »liebender«, »guter« Angehöriger sich vom Kranken- oder Sterbebett entfernen darf. Pflegende können erklären, dass ein Spaziergang allein nicht von Lieblosigkeit zeugt, sondern vielmehr die eigenen Kräfte aufbaut, um dem geliebten Menschen besser beistehen zu können. Auch die normative Einordnung von Sterbesituationen kann durch einfache Informationen entscheidend verändert werden. Das Wissen um die Häufigkeit, mit der Menschen gerade dann sterben, wenn fürsorgliche Angehörige nicht anwesend sind, entlastet.
- Den Kontakt zu anderen Gesprächspartnern vermitteln, die als moralische Autorität akzeptiert werden, z. B. eine SeelsorgerIn.

- Das Gespräch mit denjenigen ermutigen, die unmittelbar mit den Beschuldigungen zu tun haben.
- Entlastung innerhalb des Teams suchen, wenn eigene Moralvorstellungen von den Berichten oder Handlungen des Patienten bzw. seiner Angehörigen berührt werden.
- Eigene Wertmaßstäbe in Bezug auf das eigene Handeln überprüfen und Perfektion als Maßstab hinterfragen.

Zweifel an der eigenen Professionalität

Eine große Gruppe von Schuldzuweisungen bei der Versorgung kranker und sterbender Menschen formuliert diese junge Ärztin: »Immer wenn jemand auf meiner Station gestorben ist, habe ich gedacht: einem Kollegen mit mehr Erfahrung wäre das nicht passiert!« Da ÄrztInnen die Entscheidungen über Behandlungen treffen und verantworten müssen, sind sie eine Gruppe, die intensiv über schuldhaftes Verhalten bei sich selbst nachdenkt. Die große Macht, die ÄrztInnen über das Leben anderer Menschen besitzen, wird nicht nur durch Vorschriften, sondern auch durch einen Moralkodex begrenzt. Der ständige Abgleich des eigenen Tuns mit internalisierten Regelwerken sorgt für ein Handeln, das relativ wehrlose PatientInnen nicht ausnützt oder beschädigt. Die hohe Moralität von ÄrztInnen und Pflegenden ist eine Art Versicherung für die PatientInnen. Für die Psychohygiene von ÄrztInnen und Pflegenden ist es allerdings notwendig, die internalisierten Regeln immer wieder kritisch zu überprüfen – verlangen sie Selbstaufgabe und Wunderheilungen? Dann ist es Zeit für ein Direktes Arbeiten an einer Normveränderung (vgl. S. 167).

Schuldfragen am Lebensende

Eine zweite wichtige Gruppe von Schuldfragen im palliativen/hospizlichen Alltag bilden die Selbstbezichtigungen von Sterbenden, die im Sterbeprozess auf ihr Leben zurückblicken. Dabei kommen manchmal lang gehütete Geheimnisse zutage, wenn z. B. ein alter Mann sich daran erinnert, dass er als Soldat an einer Massenerschießung beteiligt war. Diese Selbstoffenbarungen geschehen meist gegenüber Pflegenden, vor allem im Nachtdienst, oder bei ehrenamtlichen BegleiterInnen. Sie können von großer Angst vor einer göttlichen Verurteilung begleitet sein – wenn diese im Vordergrund steht, ist es sinnvoll, eine/n SeelsorgerIn dazuzuholen. Darüber hinaus ist das zulassende, nicht-urteilende Zuhören das Wichtigste. Für jeden Menschen, der sich etwas eingesteht, was er selbst als schuldhaft bewertet, ist die Reaktion seines Gegenübers von großer Bedeutung. Erlebt er/sie, dass Menschenwürde und Respekt auch nach dem Geständnis noch auf ihn/sie bezogen werden, kann das ein Schritt zu einer Versöhnung mit sich selbst sein (vgl. »Sich selbst verzeihen«, S. 189f.). Schwierig wird das für Pflegende, wenn Tatsachen berichtet werden, die ihren eigenen Wertvorstellungen widersprechen. Das Wissen um die Ausübung von sexueller Gewalt vor allem gegenüber Kindern löst bei vielen Menschen unmittelbare Abwehr und die Sanktion des Kontaktabbruchs aus. Hier kommt es zu einem Konflikt zwischen verschiedenen Werten/Normen – auf der einen Seite die Ablehnung von sexueller Gewalt, auf der anderen Seite die Arbeitsmoral, die allen PatientInnen gleichermaßen ein selbstbestimmtes, würdevolles und begleitetes Sterben zusichert.

Dieses moralische Urteil muss getrennt werden vom Selbstschutz, wenn eigene Gewalterfahrungen in der Konfrontation mit einem »Täter« aktualisiert werden. Solche retraumatisierenden Erfahrungen für KollegInnen können (und müssen meiner Meinung nach) durch die Arbeitsaufteilung innerhalb des Pflegeteams verhindert werden. Die wertschätzende oder zumindest wertneutrale Pflege jedes Patienten, unabhängig von seiner Vergangenheit, kann so gleichzeitig mit der Wertschätzung der KollegInnen gewährleistet werden.

Wenn Schuldvorwürfe der Sterbenden gegen sich oder andere ihre lebenden Angehörigen betreffen, kann das Bedürfnis nach Vergebung und Aussöhnung entstehen. Entscheidend ist die Frage, wer dieses Bedürfnis entwickelt – sind es nur die Pflegenden, besteht die Gefahr, Druck aufzubauen, der an den Bedürfnissen und Möglichkeiten der Betroffenen vorbeigeht. Eventuell haben die gegenseitigen Beschuldigungen instrumentellen Charakter und können gar nicht durch Vergebung aufgelöst werden, sondern nur durch Beantwortung der existenziellen Fragen und Bedürfnisse, die sich in ihnen ausdrücken. Darauf gehe ich weiter unten ein. Manchmal ist Vergebung dem Einzelnen auch im Sterbeprozess nicht möglich. Manchmal ist Vergebung möglich, aber nicht eine Versöhnung.

Für Pflegende ist es wichtig, eigene Ideale von einem »guten, versöhnten Sterben« nicht zum Maßstab für die Sterbenden und ihre Angehörigen zu machen, die diesen Idealvorstellungen oft nicht entsprechen können. Auch als Maßstab für ihr eigenes Handeln sind solche Ideale ungeeignet, wenn sie das eigene professionelle Tun abwerten, sobald die PatientInnen »unideal« sterben. Die Grundhaltungen »Abstandhalten« und »Aushalten« sind hier sehr hilfreich (vgl. S. 19ff.).

Instrumentelle Schuldzuweisungen durch Erkrankte und Angehörige

Der Umgang mit Erkrankung ist für die Betroffenen und für ihre Angehörigen eine Ausnahmesituation, vieles in ihrem Leben ändert sich, sie sind zu ständigen Anpassungsprozessen gezwungen. Körperliche Schmerzen und mögliche Entstellungen, finanzielle und bürokratische Probleme stellen zusätzliche Belastungsfaktoren dar. Zuversicht, Resignation und Verzweiflung wechseln sich ab. Der Druck auf die Erkrankten und ihre Angehörigen steigt mit der Dauer der Erkrankung, ihre Ressourcen werden Stück für Stück aufgebraucht. Am Ende des kräftezehrenden Weges steht für die meisten kein glücklicher Neuanfang, sondern der endgültige Abschied durch den Tod.

Instrumentelle Beschuldigungen finden einen idealen Nährboden in solchen Belastungssituationen. Diese können situativ sein, dazu gehören die Zeiträume kurz nach dem Versterben und vor bzw. nach einer wichtigen Diagnosestellung. Aber auch andauernde Belastungen fördern Schuldvorwürfe in alle Richtungen (gegen sich selbst, gegen andere, durch andere), das ist in länger andauernden Krankheits- und Sterbeprozessen zu beobachten. In der Begegnung mit diesen Instrumentellen Schuldvorwürfen gibt es zwei Risiken:

- die Annahme, jeder Schuldvorwurf sei tatsächlich an der Feststellung von Schuld oder Unschuld im normativen Sinn interessiert, diese Annahme führt zu Fehlkommunikation und unnötigem Stress.
- die mangelnden Möglichkeiten, das Instrument »Schuldvorwurf« durch etwas anderes zu ersetzen. Die Situation von schwerstkranken Menschen und ihren Angehörigen ist durch viele Faktoren erschwert, Handlungsalternativen sind unter diesen schwierigen Bedingungen nicht immer zu finden. Damit erhöht sich die Not, die ursprünglich mit einem Schuldzusammenhang beantwortet wurde, schlimmstenfalls intensiviert sich der Instrumentelle Schuldzusammenhang in Krisensituationen noch. Das Innehalten ist der erste Schritt aus dieser Spirale – sobald Zeit- und Handlungsdruck ihn ermöglichen.

Schuldvorwürfe, die Erklärungen schaffen

Schuldvorwürfe können auch darauf hinweisen, dass die Betreffenden zu wenig Informationen haben, um eine Situation einzuschätzen. Es kann sein, dass die Vermittlung von Diagnosen, Behandlungsschritten und Stationsroutinen von den stark gestressten Betroffenen nicht vollständig aufgenommen und verarbeitet werden konnten. Je weniger Menschen verstehen, was um sie herum vorgeht, desto eher greifen sie zu Schuldzusammenhängen, um die vielen Informationslücken zu füllen. Dies gilt besonders auch für Gruppen, denen Informationen in dem Wunsch, sie zu schonen, nicht gegeben werden: Kinder, Jugendliche, Behinderte, demenziell veränderte Menschen und Angehörige, die selbst erkrankt sind.

Unwissen führt zu schwer aushaltbarer Fassungslosigkeit und kann in Schuldvorwürfe münden, die »nur« dazu da sind, dem unerklärlichen Geschehen eine nachvollziehbare Logik zu verleihen. Es kann sein, dass Angehörige und Erkrankte, die viele Beschuldigungen formulieren, Informationsdefizite haben bzw. das vorhandene Wissen nicht umsetzen können. Stresssituationen beinträchtigen die Fähigkeit, Informationen aufzunehmen, es wäre also einen Versuch wert, Dinge wiederholt, anders formuliert oder in einer entspannteren Situation mitzuteilen.

Schuldvorwürfe zur Herstellung von Verbindung

Schuldvorwürfe sind mit einer starken gedanklichen und emotionalen Beteiligung verbunden. In emotional vorgetragenen Beschuldigungen kann sich daher auch der Wunsch nach mehr Kontakt ausdrücken. Kranksein, Sterben und Trauern sind Prozesse, die mit dem Verlust von vertrauten Bindungen verbunden sind. PatientInnen ebenso wie ihre Angehörigen und FreundInnen erleben sich vielfach allein mit einem überwältigenden Geschehen. Trotz der vielen Personen, die zur Pflege und Unterstützung da sind, können sie sich einsamer und unverbundener als je zuvor erleben. Beschuldigungen können auf diesem Hintergrund als Kontaktangebot verstanden werden, als Wunsch nach einer intensiven emotionalen Verbundenheit, die auf anderen Wegen nicht mehr erreichbar scheint.

Wer Schuldvorwürfe so versteht, kann statt verletztem oder empörtem Rückzug andere Kontaktmöglichkeiten suchen und anbieten. Für Pflegende gibt es häufig keine ausreichenden Zeitkontingente, die sie den PatientInnen mit großem Kontaktbedarf zur Verfügung stellen können. Sie können jedoch die Qualität der einzelnen Begegnungen intensivieren und, statt mit Abwehr auf die Beschuldigung zu reagieren, diese validierend oder mit Humor beantworten. Damit nehmen sie das Kontaktangebot an und eröffnen eine neue Ebene des Kontakts, die – wenn auch nur für einen Moment – keine Beschuldigungen braucht.

Schuldvorwürfe zur Herstellung von Handlungsfähigkeit

In Schuldvorwürfen kann sich ein Leiden am mangelnden Einfluss auf eine Situation ausdrücken. Wer andere oder sich selbst beschuldigt, kann in diesen Fällen das Ausgeliefertsein an fremde Entscheidungen und unbeeinflussbare Vorgänge nicht aushalten. Hilfreich sind hier Angebote zur Mitgestaltung des Pflegealltags und Ermutigung zum eigenen Tun. Die Akzeptanz von Widerspruch spielt in diesem Zusammenhang eine wichtige Rolle, denn manchmal ist Verweigerung die letzte Form von Selbstbestimmung, die einem Menschen bleibt. Was für die Erkrankten das letzte Mittel der Selbstbestimmung sein kann, wird für die Pflegenden zu einer Konfrontation mit ihrer eigenen Ohnmacht. In solchen Situationen entstehen sehr schnell Vagabundierende Beschuldigungen zwischen Pflegenden, PatientInnen und Angehörigen. Alle Beteiligten leiden unter dem Mangel an Einfluss auf die sich verschlechternde Situation, und zur Entlastung »schieben sie sich gegenseitig die Schuld zu«. Ein Innehalten ist der erste Schritt zum Stopp dieses unheilvollen Reaktionsmusters (vgl. »Innehalten«, S. 19ff.). Dieses Innehalten ist am ehesten von den Pflegenden zu erwarten, sie haben eine Ausbildung für diese Situationen erhalten, während PatientInnen und Angehörige aus ihrem Alltag herausgerissen wurden und nur auf ihre üblichen Bewältigungsmuster zurückgreifen können.

Schuldvorwürfe als Ventil oder Platzhalter

Situative Belastungen führen zu Beschuldigungen, die heftig und kompromisslos vorgetragen werden, aber genauso schnell auch wieder gegenstandslos sind. Wenn Instrumentelle Schuldvorwürfe als Ventil für Überforderung und tiefe Verzweiflung geäußert werden, ist es hilfreich, sie nicht mit Normativen Vorwürfen zu verwechseln. Das gilt genauso für Schuldvorwürfe, die als Platzhalter für andere Gefühle und Gedanken genutzt werden. Viele Pflegende empfinden es als Zumutung, immer wieder »Blitzableiter« für die in Wut und Vorwürfen geäußerte Not der Angehörigen zu sein. Gleichzeitig gibt es keine Möglichkeit, die Verzweiflung der Angehörigen abzuwehren oder gar zu verbieten. Das Verständnis für den instrumentellen Charakter der oft vehement vorgebrachten Anschuldigungen dient aber dem Selbstschutz und der Entlastung der Pflegenden. Sie können die Angst vor rechtlichen Konsequenzen in den Hintergrund stellen und auf Rechtfertigungen oder Gegenbeschuldigungen verzichten. Hilfreich ist es, wenn eine unbeteiligte Person wie der/die SeelsorgerIn dazukommt und durch eine validierende Moderation die angespannte Zweiersituation entspannt. Unterstützend sind auch Vorgesetzte (Pflegedienstleitung, StationsärztIn), die in der akuten Situation den Pflegenden zur Seite stehen, den Angehörigen vermitteln, dass ihr Anliegen auch von den Vorgesetzten ernst genommen wird, und die Vorwürfe eventuell auf sich nehmen. Beides gelingt nur, wenn die hinzukommenden Personen sich neutral und wertschätzend in alle Richtungen verhalten können. Dabei unterstützt eine Vergegenwärtigung der Grundeinstellungen »Abstand halten« und »Aushalten« (vgl. S. 19ff.). Ziel der Interventionen ist eine Deeskalation – nicht ein Urteil darüber, wer gerade Recht hat. Wenn die Verwirrung und Überforderung durch Anklagen zum Ausdruck gebracht werden konnten, wird für manche Angehörige der Weg frei für klarere Gefühle und Bedürfnisse. Dann kann z. B. selbstbestimmt Abschied genommen werden, was für den weiteren Trauerprozess sehr hilfreich ist.

Schuldvorwürfe als Lebensmuster

Für manche Menschen ist Schuld ein Lebensmuster, das auf jede beliebige Situation angewandt wird. Die Welt besteht in ihren Augen aus Opfern und Tätern. Auch sich selbst können sie nur in einer dieser Rollen sehen, meist wechselt die Zuschreibung von Situation zu Situation und ist oft sogar gleichzeitig nebeneinander vorhanden (vgl. »Vagabundierende Schuld«, S. 48). Solch ein Lebensmuster entsteht durch Prägung in der Erziehung oder durch eine Generalisierung von Instrumentellen Schuldvorwürfen zur Erhaltung von Handlungsfähigeit, Bindung und Erklärungszusammenhängen. In einer Krankheits- und Sterbesituation ist dieses Lebensmuster nicht mehr änderbar. Pflegende können hier unterstützen, indem sie sich nicht in das Muster der Schuldzuweisungen integrieren lassen, sondern an einer vorurteilsfreien, wertschätzenden Grundhaltung festhalten (Abstand halten, Aushalten).

10. Schuldzuweisungen bei trauernden Kindern und Jugendlichen

Kinder sind die einzigen Trauernden, die unmittelbar und lang anhaltend von der Aussage »Du bist nicht schuld daran« entlastet werden. Das gilt jedoch nur für Schuldzuweisungen aus dem normativen Bereich. Kinder bis ins Grundschulalter hinein sind noch dabei, Normen zu erlernen. Ihr Schuldkonstrukt ist noch nicht komplett ausgeformt, es kann durch glaubwürdige Aussagen einer Autoritätsperson beeinflusst werden. Das gilt leider auch für Beschuldigungen, die heftig geäußert werden, sei es als Beschuldigung gegen das Kind direkt, z. B.: »Wenn du besser auf deine kleine Schwester aufgepasst hättest, wäre sie nicht auf die Straße gelaufen und überfahren worden!«, oder als Schuldzuweisung gegen andere, z. B.: »Deine Großmutter ist eine herzlose Frau, dein Vater könnte noch leben, wenn sie nicht so hart gegen ihn gewesen wäre.«

Schuldzuweisungen gegen andere

Kinder sind leicht manipulierbar, was ihre Vorstellungen von Schuld und Unschuld angeht, das heißt – wir müssen sehr vorsichtig mit unseren Äußerungen ihnen gegenüber sein. Beschuldigungen gegen das Kind selbst sollten unbedingt unterlassen werden! Aber auch Schuldzuweisungen gegen andere Familienangehörige, ÄrztInnen, PolizeibeamtInnen werden von Kindern als gültige Urteilssprüche wahrgenommen und nicht als momentanes Ventil für Wut und Hilflosigkeit. Schuldzuweisungen gegen die Verstorbenen verursachen intensive Loyalitätskonflikte für die Kinder. Sie haben auch über den Tod hinaus eine bedeutsame Bindung an das verstorbene Elternteil oder Geschwisterkind. Aussagen wie »Nimm dir bloß kein Bespiel an deiner Mutter, die hatte kein Verantwortungsgefühl und war immer nur hinter anderen Männern her« oder »Dein Bruder hat sich mit Alkohol und Drogen zugrunde gerichtet und unsere Familie dazu, ich weiß nicht, warum du um so jemanden trauerst« werten die Verstorbenen und auch die Trauer um sie ab. Die natürliche Sehnsucht der Kinder nach Verbundenheit über den Tod hinaus kann dann nur über negative Beziehungsanteile geschehen. Es droht eine Identifikation mit den abgelehnten Eigenschaften oder Taten der verstorbenen Eltern bzw. Geschwister, weil im Zusammenhang mit ihnen nichts anderes bekannt ist. Es besteht die Gefahr, dass diese Kinder genau das abgelehnte Verhalten imitieren, z. B. Sucht, auffälliges Verhalten, Schulversagen, Selbstverletzung bis hin zu Suizid.

Erwachsene Bezugspersonen und Autoritätsfiguren sollten deshalb unbedingt ausgewogen über die Verstorbenen sprechen (»Positive und ganzheitliche Erinnerungen«, S. 140ff.). Kinder brauchen positive Verbindungen zu ihren toten Eltern oder Geschwistern, weil diese engen Angehörigen für sie Teile ihrer selbst sind. Ausschließlich negative, abwertende und Schuld zuweisende Erinnerungen an verstorbene Elternteile, Geschwisterkinder oder nahe Großeltern, Onkel/Tanten etc. beschädigen das Selbstbewusstsein von Kindern. Die Erinnerungen und persönlichen »Vermächtnisse« sind alles, was ihnen von diesen für sie wichtigen Menschen bleibt, sie sind Teil ihrer Identität über die Kindheit hinaus. In der Arbeit mit Menschen, deren Eltern sich während ihrer Kindheit das Leben genommen haben, erlebe ich die Sehnsucht nach einer positiven Verbundenheit mit den verstorbenen Eltern. Solange diese toten und abwesenden Eltern verteufelt werden, haben ihre erwachsenen Kinder einen abwertenden Zugang zu sich selbst und zum Leben insgesamt. In dem Moment, in dem positive, »unschuldige« Beziehungsanteile fühlbar werden, gewinnen diese Menschen an Selbstbewusstsein und vertrauen sowohl in sich selbst wie in das Leben insgesamt.

Normative Schuldzuweisungen

Die relativ leichte Beeinflussbarkeit von Kindern, wenn es um Normen geht, ermöglicht situative Entlastungen im Bereich der Selbstbezichtigungen. Es hilft vor allem Kindern bis zur Vorpubertät, wenn eine Autoritätsperson ihnen deutlich sagt, dass jemand anderes (z. B. ein Unfallfahrer) oder niemand dieses Geschehen verursacht hat. Eine solche Aussage gewinnt an Gültigkeit, wenn sie in einem ruhigen Moment mit großer Klarheit und direkt an das Kind gerichtet wird. Die Situation setzt voraus, dass das Kind aufnahmefähig und bereit für ein echtes Gespräch ist. Dazu muss die/der Erwachsene von dem Kind als Autoritätsperson akzeptiert werden, ansonsten löst die Aussage »Du bist nicht schuld« Widerspruch und gegebenenfalls eine Vertiefung der Selbstbezichtigung aus.

Auch ein Eingehen auf die kindlichen Omnipotenzvorstellungen ist wichtig. Den Kindern sollte auf kindgerechte Art und Weise erklärt werden, dass das »Totwünschen« nur in Märchen und Geschichten funktioniert.

Wie ist tot?

Für ihr Bedürfnis nach Erklärungen für den Tod eines Familienmitglieds brauchen Kinder Antworten auf alle ihre Fragen. Wenn Eltern, KindergärtnerInnen und LehrerInnen Fragen zu bestimmten Krankheitsbildern nicht erklären können, findet sich vielleicht der Kinderarzt oder eine Hospizmitarbeiterin, die diese Fragen kindgerecht und kompetent beantworten kann. Manche Kindertrauerangebote haben solche »Fragestunden an Fachpersonen« bereits in ihre Gruppenangebote aufgenommen. Die Kinder erleben sich dadurch wertgeschätzt, gleichzeitig können sie einer neutralen Fachperson Fragen stellen, die sie Eltern oder Großeltern aus Angst vor starken Emotionen nicht stellen würden.

Gerade weil Kinder in ein Verständnis dessen, was »Totsein« alles bedeutet, erst hineinwachsen, brauchen sie Erklärungen und Antworten auf ihre Fragen. Es gibt heute zahlreiche Bilderbücher, die kindgerecht auf Fragen nach Krankheitsbildern, aber auch nach einem möglichen Leben nach dem Tod und dem Umgang mit Trauer eingehen. Das gemeinsame Ansehen und Besprechen solcher Bücher verbindet trauernde Kinder und Erwachsene miteinander und schafft eine gemeinsame Sprache im Umgang mit dem Sterben und Trauern. Selbst Jugendliche finden in diesen Büchern oft gute Anregungen für ihren Blick auf Leben und Tod.

Darüber hinaus ist eine unmittelbare Anwesenheit in möglichst vielen Situationen für Kinder hilfreich, denn sie verstehen viel vom »Dabeisein«, dem Sehen, Hören und Fühlen von Kranksein, Sterben und Totsein. Kinder, die sogar wissen wollen, »warum ist die Banane krumm«, sind mit Sicherheit daran interessiert, »warum ist meine Mutter gestorben?« Das Wort »erfahren« steht im Deutschen sowohl für sinnliches Erleben wie auch für das Erwerben von kognitivem Wissen. Diese beiden Ebenen brauchen Kinder, um sich den Tod von wichtigen Bezugspersonen erklären zu können. Je weniger sie sinnlich und kognitiv über ein Sterben »erfahren« können, desto stärker drängen sich Schuldzusammenhänge als Instrument zur Bewältigung ihrer Ratlosigkeit auf.

Das »Dabeisein« und vor allem das Mitgestalten in diesem Dabeisein ist das Einzige, was Kindern gegen ihr Ohnmachtserleben angeboten werden kann. Dabei unterscheiden sie sich nur in der Wahl ihrer Gestaltungsmittel von Erwachsenen. Bezugspersonen und UnterstützerInnen werden bis an den Rand der Unerträglichkeit mit ihrer eigenen Ohnmacht konfrontiert, wenn sie Kinder allein zurückbleibend und leiden sehen. Leider ist das Schonen und Raushalten der Kinder kein Weg, ihnen ihr Schicksal zu erleichtern. Oft schonen Bezugspersonen sich selbst mit dem Fernhalten der Kinder von Krankenzimmern, Abschiedsräumen und Beerdigungen. Sie versuchen dabei die eigenen Ängste und eventuelle eigene Kindheitserfahrungen zu bewältigen, doch den Kindern nehmen sie damit in der aktuellen Situation wichtige Erlebnisse zum Begreifen ihres Verlusts weg. Instrumentelle Schuldzuweisungen können dann die einzige Möglichkeit werden, mit dem ein Kind/Jugendlicher sich den Tod eines nahen Menschen erklären kann.

Ich hab ihn totgewünscht

Kindergarten- und Grundschulkinder sind sich ihrer Getrenntheit von anderen Menschen und Dingen nicht so bewusst, wie es Erwachsene sind. Sie fühlen sich mit allem und allen direkt verbunden. Nur deshalb funktioniert es, wenn Kinder aufgefordert werden, ihren Teller leer zu essen, damit morgen die Sonne scheint, denn das eigene Handeln hat in ihrer Vorstellung selbstverständlich Auswirkungen auf die umgebende Welt. Dieses »magische Denken« beinhaltet eine Omnipotenzvorstellung, also die Überzeugung, auf alles Einfluss ausüben zu können. Bezogen auf den Tod sind diese Kinder davon überzeugt, andere mit ihren Wünschen krank machen und töten zu können. Der Gedanke »Ich wünschte, meine Schwester wäre tot, dann könnte ich mit ihren Sachen spielen« kann in der Vorstellung des Kindes zur eigentlichen Ursache ihres Unfalltods werden. Auch wenn das Kind während des Wünschens je nach Alter nicht exakt unterscheiden kann zwischen »Wegsein« und »Totsein«, ist der reale Tod des Geschwisters doch sofort als große Katastrophe erlebbar. Kinder tendieren dazu, sich eine Verursachung für alle bedrohlichen Geschehnisse in ihrem Leben zuzuschreiben.

Das »magische Denken« bereitet den Boden dafür. Die Notwendigkeit dafür entsteht jedoch aus der Unerträglichkeit von Ausgeliefertsein. Wie bereits ausführlich im Kapitel »Sich selbst Schuld zuweisen als Ermächtigung«, S. 73, geschildert, ist die subjektive Umdeutung von ausgeliefertem Erleiden in verursachtes Erleiden ein unbewusster Schutzmechanismus. Kinder, die noch kein gefestigtes Normsystem besitzen, deuten zunächst ihre Rolle in einem bedrohlichen Geschehen um. Sie interpretieren sich selbst als Auslöser dessen, was sie bedroht. Diese Bedrohung kann z. B. in einem sexuellen Übergriff, einer Prügelstrafe oder dem Tod eines Familienmitglieds bestehen. Damit machen sie sich in ihrem eigenen

Bewusstsein zu Menschen, die Tod bringen, andere Menschen zu Gewaltausübung veranlassen und – da sie das für sich behalten – andere andauernd belügen. Sobald Normen wie »Du sollst nicht töten« oder »Du darfst nicht lügen« ausreichend verinnerlicht sind, setzen Selbstbestrafungen für den selbst beurteilten Normverstoß ein. Aus einem Überlebensmechanismus wird so eine Quelle permanenter Selbstentwertung.

Wir sollten nicht unterschätzen, wie bedrohlich der Tod eines Familienmitglieds vor allem für Grundschulkinder ist. Kindern ist bewusst, dass sie abhängig sind von dem Wohlwollen der umgebenden Erwachsenen. Ihr Frühstück, ihr Pausenbrot, ihre Fahrten zum Training und Musikunterricht, ihre Gutenachtgeschichte und vieles mehr sind in Gefahr. Wenig in ihrem Leben bleibt gleich. Wenn ein Geschwister oder Elternteil stirbt, sind die überlebenden Eltern oft so stark mit ihrer eigenen Trauer beschäftigt, dass wenig Emotionalität für die lebenden Kinder bleibt. Diese verlieren zusätzlich zum Verlust des Elternteils/Geschwisters nicht nur die gewohnten Abläufe und oft genug finanzielle Sicherheit, sondern auch noch die Zuwendung der überlebenden Familienmitglieder. Kaum eine Situation kann für ein abhängiges Kind bedrohlicher sein. Schuldzuweisungen an sich selbst zur Regulierung des unerträglichen Ohnmachtserlebens sind beinahe selbstverständlich im Umgang von Kindern mit Trennung und Tod. Diese Instrumentellen Selbstbezichtigungen können durch Worte gemindert, nicht aber aufgehalten werden. Aus Kindern, deren Eltern oder Geschwister gestorben sind, werden Erwachsene, die ihre Trauer und auch ihre Instrumentellen Schuldzuweisungen mit hineinnehmen in das Erwachsenenleben. Möglicherweise entsteht ein »Lebensmuster Schuld«, das den Blick auf die Welt in ein Schwarz-Weiß-Raster zwängt, wenn die Nöte des trauernden Kindes so groß sind, dass es seine Bedürfnisse nach Erklärung, Handlungsfähigkeit und Verbundenheit mit Instrumentellen Schuldzuweisungen füllt.

In einer Psychotherapie können Erwachsene an diesen Mustern arbeiten und Änderungen herbeiführen, die ihnen das Leben leichter machen.

Akzeptanz und Bedingungslosigkeit

Normative Schuldzuweisungen können bei trauernden Kindern und Jugendlichen durch klare normative Entlastungen oft mit einem Schlag entkräftet werden.

Die möglichen Instrumentellen Schuldzusammenhänge entziehen sich jedoch dem direkten Zugriff. Wenn sie entstehen, zahlen die trauernden Kinder mit sich verschärfenden Strafmechanismen einen hohen Preis für die Herstellung von Verbundenheit, Erklärung und Ermächtigung, die sie brauchen. Eine dauerhaft bestehende Selbstbezichtigung führt zu einem niedrigen Selbstwert und zu Abscheu vor sich selbst. Deshalb ist es not-wendend, wenn trauernde Kinder und Jugendliche »Räume ohne Strafe« in ihrem Alltag und Zusammensein mit Freunden und Familienangehörigen erleben können. Was wir trauernden Kindern und Jugendlichen als Angehörige und als Beratende anbieten können:

- Angebote zu intensiven, positiven Bindungsfaktoren mit den Verstorbenen
- Angebote zu schuldfreien Erklärungsmöglichkeiten für den Tod
- Angebote zur »Ermächtigung« des Kindes/Jugendlichen in der Gestaltung ihres Alltags und ihres Trauerprozesses
- Kontakt und Erziehung nach verständlich kommunizierten Regeln
- Akzeptanz und bedingungslose Zuneigung/Aufmerksamkeit

Literatur

Christine Fleck-Bohaumilitzki, Christian Fleck: Wenn Kinder vor ihren Eltern sterben, Kreuz Verlag, 2008.

Viktor E. Frankl: Argumente für einen tragischen Optimismus, In: Sinnvoll heilen, Herder, 1984.

Mathias Hirsch: Schuld und Schuldgefühl, 7. überarbeitete Aufl., Vandenhoeck & Ruprecht, 2017.

Thomas Hülshoff: Emotionen, 4., aktualis. Aufl., Ernst Reinhardt Verlag, 2012.

Verena Kast: Trauern. Phasen und Chancen des psychischen Prozesses, 4. Aufl., Kreuz Verlag, 2013.

Bessel A. van der Kolk, Alexander C. McFarlane, Lars Weiseath (Hrsg.): Traumatic Stress, Junfermann Verlag, 2000.

Leon Mann: Sozialpsychologie, Psychologie Verlags Union, 1997.

Robert A. Neimeyer (ed.): Meaning Reconstruction & the Experience of Loss, American Psychological Association, 2003.

William J. Worden: Grief Counselling and Grief Therapy, sec. ed., Routledge 1991.

Aktuelle Veröffentlichungen von Chris Paul

Chris Paul: Ich lebe mit meiner Trauer, 1. Auflage der Neuausgabe, Gütersloher Verlagshaus, 2021.

Chris Paul: Wir leben mit deiner Trauer, 1. Auflage der Neuausgabe, Gütersloher Verlagshaus, 2021.

Chris Paul: Warum hast du uns das angetan? Ein Begleitbuch für Trauernde nach einem Suizid, 2. Auflage der völlig überarbeiteten und ergänzten Neuauflage, Gütersloher Verlagshaus, 2020.

Chris Paul: Keine Angst vor fremden Tränen! Trauernden Freunden und Angehörigen begegnen, 5. Auflage, Gütersloher Verlagshaus, 2021.

Chris Paul: Schuld – Macht – Sinn, Arbeitsbuch für die Begleitung von Schuldfragen im Trauerprozess, 6. Auflage, Gütersloher Verlagshaus, 2021.

Chris Paul: Neue Wege in der Trauer- und Sterbebegleitung, Hintergründe und Erfahrungsberichte für die Praxis, vollständig überarbeitete und ergänzte Neuauflage, Gütersloher Verlagshaus, 2011 (vergriffen, Restexemplare über die Autorin erhältlich).

Chris Paul: Suizidtrauer bei Kindern und Jugendlichen angstfrei unterstützen, 6. überarbeitete Auflage, AGUS-Schriftenreihe 2018.

Chris Paul: Schuldzuweisungen im Trauerprozess nach einem Suizid, AGUS Schriftenreihe, Download unter:
https://agus-selbsthilfe.de/nc/wir-bieten-an/broschueren/

Vortragsperformance von Chris Paul und Ida Maria Paul alias Clownin Aphrodite: Macht Schuld etwa Sinn?, DVD, 90 Minuten, erhältlich:
https://chrispaul.de/tide-shop/